U0916015

皮书系列

皮书系列

广视角 · 全方位 · 多品种

皮书系列

皮书系列

皮书系列

皮书系列

皮书系列为“十二五”国家重点图书出版规划项目

皮书系列

皮书系列

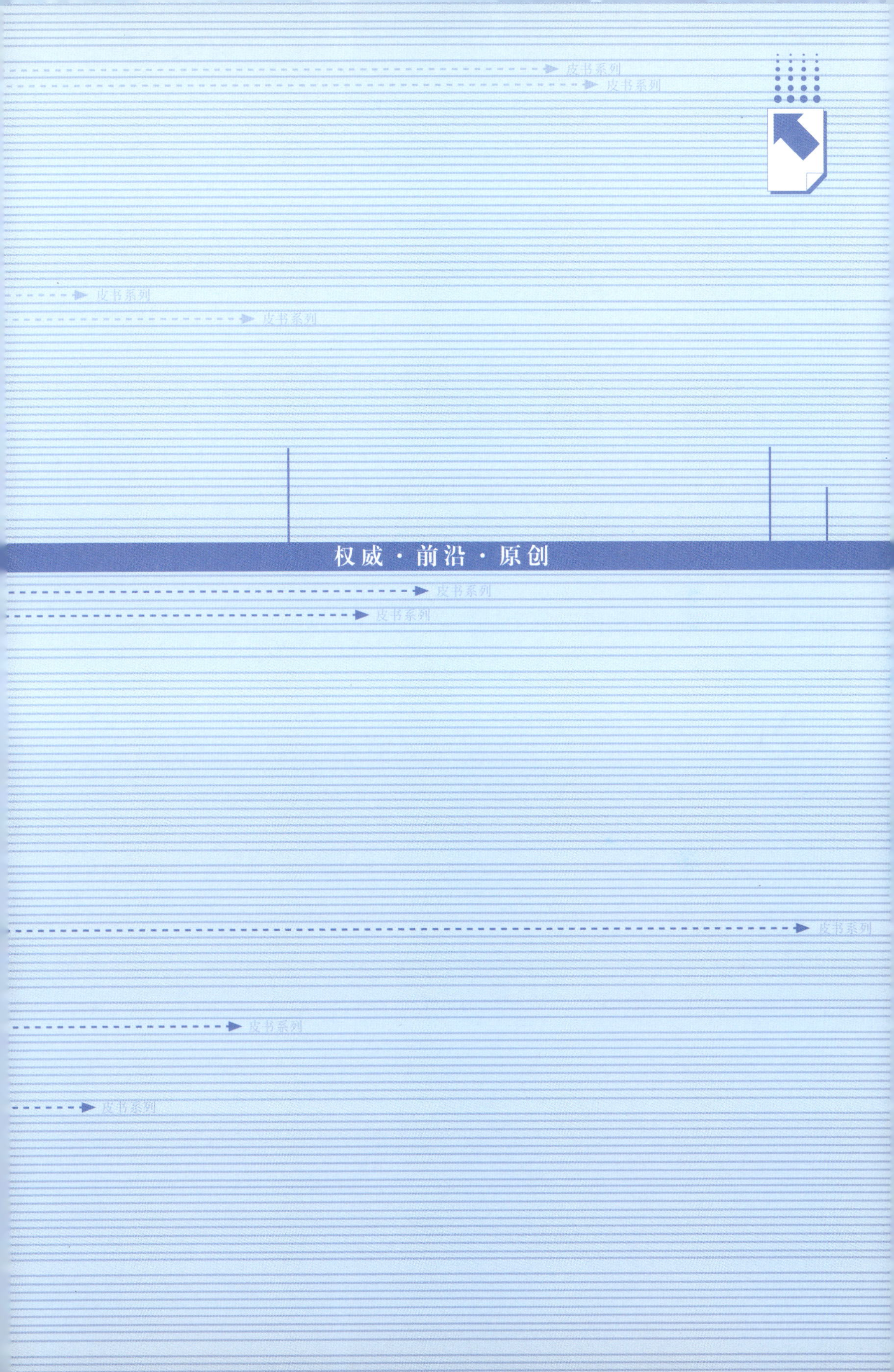
皮书系列
皮书系列
皮书系列
皮书系列
权威·前沿·原创
皮书系列
皮书系列
皮书系列
皮书系列
皮书系列

2012年 河南社会形势分析与预测

SOCIETY OF HENAN ANALYSIS AND FORECAST (2012)

推进中原经济区社会管理创新

主　编／刘道兴　牛苏林
副主编／周全德　李怀玉　刘振杰

社会科学文献出版社
SOCIAL SCIENCES ACADEMIC PRESS (CHINA)

图书在版编目（CIP）数据

2012年河南社会形势分析与预测：推进中原经济区社会管理创新/刘道兴，牛苏林主编．—北京：社会科学文献出版社，2012.1
（河南蓝皮书）
ISBN 978-7-5097-2977-9

Ⅰ.①2… Ⅱ.①刘… ②牛… Ⅲ.①社会分析-河南省-2012 ②社会预测-河南省-2012 Ⅳ.①D668

中国版本图书馆CIP数据核字（2011）第261319号

河南蓝皮书
2012年河南社会形势分析与预测
——推进中原经济区社会管理创新

主　　编／刘道兴　牛苏林
副 主 编／周全德　李怀玉　刘振杰

出 版 人／谢寿光
出 版 者／社会科学文献出版社
地　　址／北京市西城区北三环中路甲29号院3号楼华龙大厦
邮政编码／100029

责任部门／皮书出版中心（010）59367127　　责任编辑／高　启　任文武
电子信箱／pishubu@ssap.cn　　责任校对／杜若普
项目统筹／邓泳红　　责任印制／岳　阳
总 经 销／社会科学文献出版社发行部（010）59367081　59367089
读者服务／读者服务中心（010）59367028

印　　装／北京季蜂印刷有限公司
开　　本／787mm×1092mm　1/16　　印　　张／19.75
版　　次／2012年1月第1版　　字　　数／339千字
印　　次／2012年1月第1次印刷
书　　号／ISBN 978-7-5097-2977-9
定　　价／59.00元

主要编撰者简介

刘道兴 男，1954 年 6 月生，河南省南阳市人。现任河南省社会科学院副院长，研究员。河南省管专家，兼任河南省经济学会副会长、河南省自然辩证法研究会副理事长。长期从事经济社会发展问题研究，承担国家社会科学规划课题 1 项，省社科规划课题 3 项，独立撰写或参编专著《河南可持续发展研究》、《转型与升级》、《科学论》、《教育投入的革命》等多部，发表学术论文多篇。

牛苏林 男，1958 年 12 月生，福建省漳浦县人。现任河南省社会科学院社会发展研究所所长，研究员。河南省管专家，兼任河南省社会学学会副会长、秘书长，河南省统一战线理论研究会副会长，民盟中央兼职研究员。长期从事哲学、宗教学、社会学研究，独立承担国家社会科学规划课题 2 项，省部级课题多项，出版著作《不朽思想的历程》、《马克思恩格斯的宗教理解》、《河南：走向现代化》、《构建和谐中原》、《河南社会发展与变迁》等多部，发表学术论文数十篇。

摘　要

本书由河南省社会科学院主持编纂，系统概括了近年来尤其是2011年河南社会建设与社会管理所取得的主要成绩，分析了当前面临的形势、任务和亟须认真破解的主要问题，并对河南2012年社会发展提出对策和建议。

全书由总报告、分报告、专题报告、行业报告组成。总报告由河南省社会科学院"河南社会形势分析与预测课题组"撰写，代表本书对河南社会形势分析与预测的基本观点。总报告认为，2011年，即"十二五"开局之年，河南以加快结构调整和发展方式转变为主攻方向，以促进"三化"协调发展为主线，以改善民生为抓手，大力推进经济社会的协调发展，经济总量突破2.5万亿元人民币，人均GDP突破4000美元，全省经济社会发展进入一个新的阶段。中原经济区建设上升为国家区域发展战略，为中原崛起绘制出具有划时代意义的宏伟蓝图。2012年，中原经济区建设将全面实施，必定为河南振兴注入新的发展动力。但是，人口多、底子薄、基础差、人均指标低的基本省情，决定了河南在未来的发展中仍会面临诸多困难和制约因素。转变发展方式、大力改善民生、共享发展成果、创新社会管理、推进社会公平，以及着力破解发展瓶颈、全面提升发展的质量，将是河南实现科学发展、加快推进以改善民生为重点的社会建设面临的主要任务。分报告、专题报告、行业报告，邀请省内知名专家学者，从不同视角研究、评析社会发展中的热点难点问题。全书资料翔实，内容丰富，客观反映了2011年河南社会发展的轨迹，破解了和谐中原建设中的矛盾和问题，提出了促进社会和谐发展的对策建议，展望了2012年河南社会形势的发展趋向。

序

2011 年，即“十二五”开局之年，河南以加快结构调整和发展方式转变为主攻方向，以促进“三化”协调发展为主线，以改善民生为抓手，大力推进经济社会的协调发展，使经济总量突破 2.5 万亿元人民币，人均 GDP 突破 4000 美元，全省经济社会发展进入到一个新的阶段。在大力发展经济的同时，河南省委、省政府高度重视社会建设，使经济社会发展的协调性进一步增强。“十大民生工程”如期完成，居民收入稳步增长，百姓幸福指数明显提高，文化强省建设迈出坚实步伐，科技、教育、医药卫生等领域改革全面推进，服务型政府建设富有成效，城镇新增就业稳定增长，农村劳动力转移就业突破 2500 万人，就地就近转移就业大幅增加，城乡社会保障体系逐步健全，新农村建设和新型农村社区建设扎实推进，和谐中原建设取得了明显绩效，积累了宝贵经验，经济社会发展持续保持了好的趋势、好的态势和好的气势。

2011 年 10 月，《国务院关于支持河南省加快建设中原经济区的指导意见》（简称《指导意见》）正式发布，标志着中原经济区建设正式上升为国家发展战略。《指导意见》提出了建设中原经济区的指导思想、基本原则、发展目标和战略举措，是建设中原经济区的纲领性文件，为中原崛起绘制出具有划时代意义的宏伟蓝图，为河南振兴注入新的发展动力。与此同时，在中共河南省第九次党代会审议通过的报告中，提出了今后五年的主要奋斗目标：综合经济实力明显提升，生产总值突破 4 万亿元，财政总收入增速高于生产总值增速；城镇化率接近 50%，“三化”协调发展格局初步形成，破解“三农”问题要取得重大进展；文化教育科技发展水平明显提升，文化强省建设要取得新进展；实现居民收入增长和经济发展同步、劳动报酬增长和劳动生产率提高同步；基本公共服务水平切实提高，就学、就业、就医、养老、住房等问题要得到更好解决，生态环境质量进一步改善；民主法制更加健全，社会管理更加完善，人民权益得到更好保障，社会大局和谐稳定。毫无疑问，河南正走向富民强省的新阶段。

2012年，中原经济区建设全面实施，必将为河南振兴注入新的发展动力。但是，人口多、底子薄、基础差和人均指标低的基本省情，决定了河南在未来的发展中仍将面临着诸多困难和制约因素。转变发展方式、大力改善民生、共享发展成果、创新社会管理、推进社会公平，着力破解发展瓶颈，全面提升发展质量，将是河南实现科学发展、加快推进以改善民生为重点的社会建设面临的主要任务。面对新形势、新任务，我们一定要认真贯彻落实党的十七届六中全会精神和河南省第九次党代会精神，以科学发展为主题，以加快转变经济发展方式为主线，以建设中原经济区、加快中原崛起和河南振兴为总体战略，以富民强省为中心任务，认真总结河南社会建设的成就和经验，大力推进经济社会协调发展，加强和创新社会管理，着力改善民生，维护社会稳定，为建设中原经济区、加快中原崛起和河南振兴创造更好的社会条件。

近年来，河南省社会科学院紧紧围绕省委、省政府的决策部署，围绕人民群众关心的重大理论和现实问题，不断深化研究，为河南省经济社会协调发展提供了有力的理论支持。河南社会蓝皮书在不断总结经验的基础上，不断改进、不断创新，质量和水平进一步得到提高，逐渐形成了自己的特色，在广大读者中产生了广泛影响。2012年河南社会蓝皮书，系统概括了2011年河南社会建设和社会管理的进展和成效，客观分析了河南构建和谐社会面临的形势任务和亟须破解的瓶颈问题，对2012年社会发展提出了一系列对策建议。这些研究成果，涵盖了河南社会建设的各个方面，反映出河南社会发展的总体面貌，总结了全省各地的经验和做法，具有一定的全局性、针对性和前瞻性，对于推进河南“十二五”规划的顺利实施，对于推进中原经济区建设、加快中原崛起和河南振兴具有一定参考意义。

赵建才

2011年12月8日

（本文作者系河南省人民政府副省长）

目 录

𝔹Ⅰ 总报告

𝔹Ⅱ 分报告

BⅢ 专题报告

BⅣ 行业报告

总 报 告

B.1

加强和创新社会管理 全面推进中原经济区建设

——2011～2012 年河南社会发展形势分析与预测

河南省社会科学院课题组*

摘　要：2011 年，即“十二五”开局之年，河南以加快结构调整和发展方式转变为主攻方向，以促进“三化”（工业化、城镇化和现代农业化）协调发展为主线，以改善民生为抓手，大力推进经济社会的协调发展，经济总量突破 2.5 万亿元人民币，人均 GDP 突破 4000 美元，全省经济社会发展进入一个新的阶段。中原经济区建设上升为国家区域发展战略，为中原崛起绘制出具有划时代意义的宏伟蓝图。2012 年，中原经济区建设将全面实施，必为河南振兴注入新的发展动力。但是，人口多、底子薄、基础差、人均指标低的基本省情，决定了河南在未来的发展中仍会面临诸多困难和制约因

* 课题组负责人：刘道兴、牛苏林；执笔：牛苏林、刘振杰、李怀玉、冯庆林、张侃。

素。转变发展方式、大力改善民生、共享发展成果、创新社会管理、推进社会公平，以及着力破解发展瓶颈、全面提升发展的质量，将是河南实现科学发展、加快推进以改善民生为重点的社会建设面临的主要任务。

关键词： 中原经济区　“三化”协调　统筹城乡

一　2011 年河南社会形势的基本特点

2011 年，即实施“十二五”规划的开局之年，河南经济社会发展呈现出许多令人瞩目的亮点：综合经济实力跃上新台阶，经济总量突破 2.5 万亿元人民币，人均 GDP 突破 4000 美元，财政总收入达到 2800 亿元；粮食产量连年稳定在 1000 亿斤以上，2011 年突破 1100 亿斤；工业增加值预计达到 1.4 万亿元，民营经济占国民经济比重达 60% 以上，成为河南发展的强大支撑；人民生活明显改善，城乡居民人均可支配收入、农民人均纯收入增速较快，预计分别达到 18000 元和 6000 元;① 社会事业全面进步，百姓幸福指数明显提高。文化强省建设迈出坚实步伐，科技、教育、医药卫生等领域改革全面推进，服务型政府建设富有成效；城镇新增就业稳定增长，农村劳动力转移就业突破 2500 万人，就地就近转移就业大幅增加。城乡社会保障体系逐步健全，保障范围逐年扩大，保障水平不断提高。新农村建设和新型农村社区建设扎实推进，农村生产生活条件得到改善，农村贫困人口大幅减少。经济社会发展协调性增强，社会和谐稳定的局面进一步巩固。

2011 年 10 月，《国务院关于支持河南省加快建设中原经济区的指导意见》（简称《提导意见》）正式发布，标志着中原经济区正式上升为国家发展战略。《指导意见》提出了建设中原经济区的指导思想、基本原则、发展目标和战略举措，是建设中原经济区的纲领性文件，为中原崛起绘制出具有划时代意义的宏伟蓝图，为河南振兴注入新的发展动力。与此同时，在中共河南省第九次党代会审议通过的报告中，提出了今后五年的主要奋斗目标：综合经济实力明显提升，生产总值突破 4 万亿元，财政总收入增速高于生产总值增速；城镇化率接近 50%，

① 卢展工：《深入贯彻落实科学发展观　全面推进中原经济区建设　为加快中原崛起河南振兴而努力奋斗》，中共河南省第九次党代会工作报告。

“三化”协调发展格局初步形成，破解“三农”问题取得重大进展；文化教育科技发展水平明显提升，文化强省建设取得新进展；实现居民收入增长和经济发展同步、劳动报酬增长和劳动生产率提高同步，使人民生活质量得到明显提升；基本公共服务水平切实提高，就学、就业、就医、养老、住房等问题得到更好解决，生态环境质量进一步改善；民主法制更加健全，社会管理更加完善，人民权益得到更好保障，社会大局和谐稳定；促进中部地区崛起的支撑作用明显提升，成为带动中部地区崛起的核心地带，走在中部地区崛起前列。毫无疑问，河南正走向富民强省的新阶段。

1. 中原经济区上升为国家发展战略，河南社会建设注入新的发展动力

《指导意见》聚焦中原经济区建设，事关河南经济社会发展大局，关乎中原地区1亿多人的福祉，具有重大而深远的民生意义。

河南是一个农业大省，农业、农村、农民始终是关系全省发展的全局性和根本性问题，是统筹城乡协调发展的重点和难点，也是建设中原经济区的关键。针对河南这一基本省情，《指导意见》对中原经济区建设进程中的“三农”问题，给予了高度的重视。《指导意见》多处明确强调：积极探索不以牺牲农业和粮食、生态和环境为代价的“三化”协调发展的路子，是中原经济区建设的核心任务；巩固提升农业基础地位，保障国家粮食安全，破除城乡二元结构，促进“三化”协调发展，为全国同类地区创造经验，是中原经济区建设的重大意义所在；坚持把解决好“三农”问题作为重中之重，促进农业稳定发展、农民持续增收、农村全面繁荣，加快推进基本公共服务均等化，确保广大城乡居民共享改革发展成果，是加快建设中原经济区的基本原则；国家重要的粮食生产和现代农业基地，全国工业化、城镇化和农业现代化协调发展示范区，是国务院对中原经济区五大战略定位的前两条。毫无疑问，从“核心任务”到“重大意义”，从“基本原则”到“战略定位”，《指导意见》通篇凸显了党和国家对河南农业大省重要地位的高度重视，对中原经济区建设进程中积极探索一条“三化”协调的科学发展之路，为全国同类地区发展起到典型示范作用寄予深切的厚望。

在政策扶持方面，《指导意见》还制定和出台了一系列强农惠农的新政策、新举措。诸如：支持黄淮海平原、南阳盆地、豫北豫西山前平原优质专用小麦、专用玉米、优质大豆、优质水稻产业带建设；优先安排并重点支持重大控制性水利工程；加大对生猪调出大县的政策扶持力度，建设全国优质安全畜产品生产基地；支持驻马店、周口、商丘、濮阳等地建设国家级现代农业示范区，推进许昌、南阳等地建设国家级农业科技园区；加大粮食主产区投入和利益补偿，提高对产粮大县奖励标准，加大中央预算内投资对主产区的投入力度，优先在主产区安排重大农业发展项目；允许河南在城乡资源要素配置、土地节约集约利用、农村人口有序转移、行政管理体制改革等方面先行先试；等等。这一系列针对性强的新举措，涉及面广、指向具体、含金量高、运作意义大。

针对河南社会事业发展滞后的省情，《指导意见》坚持“以人为本”，为加快中原经济区建设打造出多项惠民政策：在教育方面，提出要“加快构建基本公共教育服务体系，优化配置义务教育资源，基本实现县域内义务教育均衡发展”，“加快普及学前教育和高中阶段教育”。这对河南实现教育均衡发展意义重大。针对河南省高等教育落后的现状，《指导意见》提出要“加快高水平大学和重点学科建设，支持郑州大学和河南大学创建国内一流大学，将符合条件的高校纳入‘中西部高等教育振兴计划’”。这意味着河南有望在不久的将来改变没有国内一流大学的历史。

在促进农民增收上，《指导意见》明确提出了惠农利农的扶持性政策，诸如“允许农民流转土地承包经营权”、“鼓励和引导农民专业合作社等提供服务”、“扩大对种粮农民各种补贴”、“确保农民在土地增值中的收益权”等；针对就业难的问题，提出要“加大对高校毕业生、返乡农民工等创业扶持力度”，“实施全民技能振兴工程，加强农村劳动力转移就业技能培训，推进农民工培训资金省级统筹，完善覆盖城乡的公共就业服务体系”。对进城务工的农民，中原经济区将“创新农民进城落户的社会保障、住房、技能培训、就业创业、子女就学等制度安排”，“妥善解决农民工流动中的社会问题，健全农民工权益保障机制”，“加大对返乡农民工等创业扶持力度”的政策优惠。在如何改善困难群体的生活方面，《指导意见》作出了详细、具体的规定：“加大扶贫开发力度，逐步提高扶贫标准，增加扶贫资金投入，加快解决集中连片特殊困难地区的贫困问题”。对偏远山区、生态脆弱区和自然条件恶劣地区的贫困村，要“加大易地扶贫搬迁力度”，“促进扶贫开发与农村最低生活保障制度有效衔接”，“支持建设濮（阳县）范（县）台（前县）扶贫开发综合试验区。按照国家相关政策，加大对革命老区、豫西贫困山区、丹江口库区的支持力度”。

在加强和创新社会管理方面，《指导意见》明确提出，加强人口大省的社会

管理应着重从以下方面入手：①加强社会管理能力建设，构建社会管理源头治理、动态监控和应急处置有效机制，全面提高社会管理科学化水平。②加快城乡社区服务设施建设，完善基层社会管理和服务体系，创新社区管理服务体制，健全多元投入和运行经费保障机制。把更多人力、财力、物力投到社会基层，着力解决好人民最关心、最直接、最现实的利益问题。③支持各类社会组织发展，推动政府部门向社会组织转移职能，加快建立和完善政府向社会组织购买服务的制度。针对社会管理多元治理格局难以有效运行的现状，《指导意见》强调要更加注重社会管理制度创新，切实推进从重政府包揽、轻多方参与的社会管理模式，向政府主导、社会多方共同参与的社会治理模式转变。④加强法治政府和服务型政府建设，促进公平司法、公正司法，建立健全科学的利益协调机制、诉求表达机制、矛盾调处机制和权益保障机制。《指导意见》强调建立健全“四大机制”，这就要通过加强制度建设，创新体制机制，抓紧建立一套能够不断解决利益矛盾、妥善化解利益冲突、有效促进和谐的利益调节机制，从而使各种利益协调和诉求表达、矛盾调处和权益保障能够在法治的轨道上运行，各种社会矛盾和社会冲突能够在现有的体制框架内解决，使社会既充满活力又保持稳定，既不断发展又能有效平衡各种利益关系。⑤加强公共安全体系建设，严格食品药品安全和安全生产监管。探索建立人口均衡发展的政策和服务体系。改革和调整户口迁移政策，创新流动人口管理机制。《指导意见》强调要注重解决当前社会管理的紧迫问题与加强薄弱环节，强化公共安全监管，进一步提高城市安全水平；加强和改进流动人口服务管理，完善实有人口全覆盖管理和服务机制；加强虚拟社会管理，建立网上网下一体化管理体系，完善网上舆情引导机制，第一时间回应社会关切。

总之，《指导意见》“普惠民生”情怀细致入微，对河南加快推进以改善民生为重点的社会建设意义深远而重大。

2. 新农村建设步伐加快，城乡统筹成效显著

促进“三化”协调发展、加快城镇化进程，是河南现代化进程中的一项历史性任务，事关当前和今后一个时期全省经济社会发展全局。河南省是个人口大省，共有2万多个行政村，20多万个自然村，要走出一条不以牺牲农业和粮食、环境和生态为代价的“三化”协调之路，任务十分艰巨。

河南城乡统筹工作全面展开，源于2008年1月1日《中华人民共和国城乡规划法》的实施。2010年10月，《河南省人民政府关于推进城乡建设加快城镇化进程的指导意见》的颁布与实施，把城乡统筹工作提到了战略的高度，并由此循序渐进地加快了城乡统筹的步伐。近年来，河南坚持以增强中心城市辐射带动作用，以增强县域城镇承载承接作用，以增强新型农村社区战略基点作用，着力构建城乡一体化发展新格局。目前，河南指导并督促完成了158个县（市、区）的村镇体系规划编制工作，在抓好省级重点镇和省级示范村规划建设的同时，督促各地进行乡镇总体规划和村庄规划的编制。全省158个县（市、区）和1712个乡镇总体规划已全部编制完成。全省村庄环境综合整治累计完成投资245.68亿元，修建村内道路46145公里，自建供水设施1342个、供水管道16752公里，改造农村危房超过11.2万户。创建中国历史文化名镇（村）9个、全国特色旅游景观名镇6个。[①] 统筹城乡发展、推进城乡一体取得了实质性进展。

3. 社会管理战略地位提升，"社会善治"力度加大

2011年以来，"创新社会管理"更多地出现在高层视野中，"化解社会矛盾"、"破解社会难题"、"提高社会管理科学化水平"越来越受到各级政府的关注。按照中央的新要求，加强和创新社会管理，将全面纳入今后我国经济社会发展规划，成为实现党和国家长治久安的重大战略。

河南是人口大省，也是流动人口大省，社会管理任务尤其繁重。河南按照中央部署，结合省情，以完善机制为主线，以化解社会矛盾为抓手，以夯实基层为基础，以群众满意为根本标准，全省社会管理呈现出新特点。

一是推行郑州市首创的"四议两公开"工作法，全面提高了村级事务决策和管理的科学化、民主化和制度化水平。目前，这一工作法已在河南省4.7万多个行政村推广实施。

二是开展社会稳定风险评估工作。2010年4月，河南省委、省政府印发《关于深入推进社会稳定风险评估工作的意见》，明确要求对涉及重大工程建设、拆迁改造、土地征用、国企改革有关重大决策及涉及群众利益方面的事项进行社会稳定风险评估。目前，河南省的省辖市都出台了配套制度，158个县（市、区）制定了社会稳定风险评估实施意见。2010年，全省共有1016件决策事项进行了风险评估，经评估不予实施的有105件，占风险评估总数的11%，从源头

① 河南省住房和城乡建设厅：《河南省住房城乡建设"十二五"规划纲要》，2011年6月17日。

上减少了一大批社会矛盾的发生。①

三是多策并举加强信访源头治理。在处理涉法涉诉信访问题过程中，河南省探索建立了督查、评查、回访、群众满意的“两查一访一满意”工作机制。近年来，全省处理涉法涉诉信访案件1万多起，基本实现了案结事了、息诉罢访、群众满意。

四是构建群众工作网络。目前，全省18个省辖市、158个县（市、区）已全部设立党委群众工作部，形成了以群众工作部为龙头、以群众工作站为纽带、以群众工作室为基础、以村组群众工作信息员为前哨的四级群众工作网络，开通了一条畅通民意“高速路”和解决群众问题的“绿色通道”。

五是构建社会治安防控体系。目前，全省专职巡防队员达9.4万人，各种形式的群防群治队伍达150余万人。已累计投入资金37.52亿元，安装视频监控探头61.6万余个，建立各级监控室11669个，农村和城市技防设施覆盖率均达到90%以上，初步建立起点线面结合、网上网下结合、人防物防技防结合、打防管控结合的立体化社会治安防控体系。②

4. 就业形势稳中趋好，结构性矛盾日益突出

2011年，河南省就业情况好于上年同期，就业形势基本稳定。截至2011年9月底，全省城镇新增就业107.5万人，完成年度目标任务的107.5%，同比增加4.6万人；失业人员再就业37.6万人，完成年度目标任务的107.4%，同比增加3.4万人；困难人员再就业17.2万人，完成年度目标任务的114.7%；城镇登记失业率3.36%。2011年高校毕业生就业率达80.56%，同比增加1.4个百分点。2011年前三季度，全省新增发放小额担保贷款74亿元，同比增长85%，扶持创业者12万人，带动就业和小企业吸纳就业39万人。③

2011年，随着中部地区承接产业转移的规模日益庞大，各类产业集聚区方兴未艾，吸纳劳动力的能力继续增加，全省就业形势稳中趋好。2008年实施大招商以来，河南省实际利用外资合计达1万亿元。面对不断上升的土地和劳动力

---

① 王云河：《河南规定凡涉及群众利益事项要进行风险评估》，新华网·新华新闻，2010年12月9日；http://news.xinhuanet.com/politics/2010-12/09/c_12863839.htm。

② 张建新、李凤虎：《平安建设护航科学发展》，2011年10月24日第6版《河南日报》。

③ 卢展工：《深入贯彻落实科学发展观　全面推进中原经济区建设　为加快中原崛起河南振兴而努力奋斗》，中共河南省第九次党代会工作报告。

成本，劳动密集型产业向中西部转移成为趋势。尤其是富士康、娃哈哈、杉杉、奇瑞等一批龙头型、基地型、资金技术劳力复合型项目的抢滩中原，快速推进了中部地区产业转型升级，在有力地拉动经济增长的同时，创造了大批新的就业岗位。

农村富余劳动力转移就业出现了可喜变化。近年来，河南农村劳动力转移就业总量持续放大，已经达到2455万人，其中省内转移1250万人，省内就近转移务工人员总量首度超过省外，不少民工在家门口就地转移实现就业（见图1）。2011年，全省回乡创业的农民工达到70多万人，创办企业16万多个，年产值700多亿元，带动300多万农村劳动力就地就近就业。①

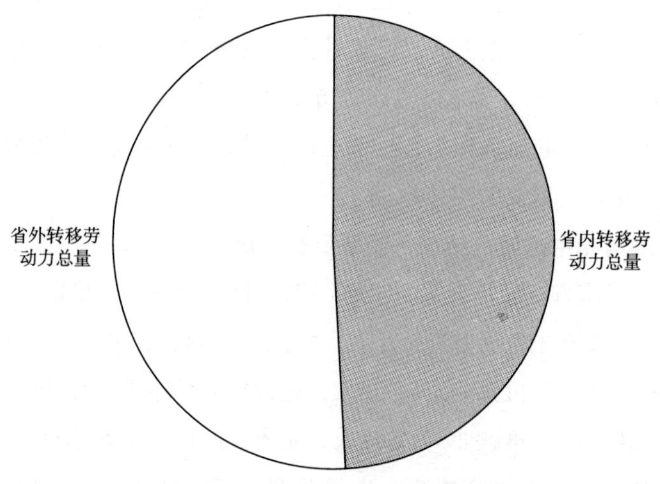

图1　2011年河南农村劳动力转移趋势

作为人力资源大省，河南的就业总量压力和就业结构性矛盾等问题依然突出。据河南省人社厅测算，2011年河南省城镇需要就业再就业的总量将达200万人以上，而城镇新增就业岗位供给明显不足，供需缺口在100万以上。此外，招工难与就业难并存的现象日趋明显，人力资源供需不对称、不匹配的结构性矛盾也越发突出。在劳动力价格快速上涨的同时，加快产业结构调整、提升劳动力素质等问题显得越来越重要。

① 曹晓龙：《用工荒中的“双面”河南》，2011年2月21日第15版《新金融观察》。

2010 年河南第三产业从业人员达 1577 万人，仅占 26%，低于全国平均水平 11 个百分点。这也折射出河南省的第三产业发展滞后、吸纳就业能力弱、公共服务水平低等问题。从技能结构上看，全省技能性劳动者 388 万人，占城镇从业人员的 39.7%，高技能人才仅占技能人才的 19.5%，均低于全国平均水平。经济发展方式的转变和产业结构的调整、淘汰落后产能、推动产业升级，都对劳动力素质提出了更高要求，稳定和扩大就业任务仍然十分繁重，结构性矛盾将长期存在。①

5. 社会建设成效显著，民生工程惠及城乡

近年来，河南省委、省政府坚持把改善民生作为加快推进社会建设的重点，以办好“十大实事”为载体，从就学、就业、就医、社会保障和住房保障等问题入手，坚持每年为人民群众办好“十大实事”，5 年来全省各级财政共投入资金 2000 多亿元，改善民生的力度不断加大，关乎百姓利益的内容不断拓宽，惠民利民的政策不断完善，初步形成了改善民生的长效机制。

社会建设重在改善民生。2011 年，河南全省财政用在教育文化、医疗卫生、就业、住房等与人民群众直接相关领域的支出合计达 1700 亿元，如果再加上农业水利、交通运输和节能环保等支出，则达到 2400 亿元，总量较上年增加 28%。②

进一步提高了城乡低保人均补差水平和农村五保供养标准。从 2011 年 1 月起，城市低保对象人均月补助水平从不低于 145 元提高到 160 元，农村低保对象人均月补助水平从不低于 60 元提高到 72 元；农村五保对象集中供养标准从每人每年不低于 2000 元提高到 2240 元，分散供养标准从每人每年不低于 1200 元提高到 1320 元；新农合的报销比例再次提高，且报销门槛也有所降低。从 2011 年 7 月 1 日起，城镇无职业老人的养老保障开始实施，年底试点覆盖范围与新农保一起达到 60%，力争 2012 年基本实现制度全覆盖，初步实现人人老有所养。

积极推进关闭破产企业退休人员、困难企业职工、非公有制经济从业人员、灵活就业人员和农民工参加医保。开封、商丘、周口、驻马店、南阳、信阳 6 市

---

① 梁鹏：《河南目前已新增就业达到了百万　结构性矛盾仍然长期存在》，新华网·新华新闻，2011 年 10 月 21 日；http：//news. xinhuanet. com/fortune/2011 – 10/21/c_ 111112841. htm。

② 河南省财政厅：《2011 年河南省财政预算规划》。

所有县（市、区）正式启动实施国家基本药物制度，实行药品零差率销售。进一步提高筹资标准，对新农合和城镇居民医保补助标准均提高到每人每年200元。为切实解决农民看病难问题，支持3万个村卫生室进行了标准化建设改造。以0~6岁儿童、孕产妇、老年人、慢性病患者和重型精神疾病患者等人群为重点，全省于2011年年底基本实现居民电子健康档案建档率达到50%。

为解决困难群体的住房问题，在中央高层的强力推动下，保障房建设也正在如火如荼地展开。2011年，全省45.12万套保障性住房建设任务计划投资364亿元，各地、市已经在2011年9月份陆续开工，并在加快建设进度、完善分配管理、加强督查问责等方面提出具体措施和要求。

6. 南水北调中线河南段实施，21万移民搬迁安置顺利推进

2011年8月底，随着河南境内的16.2万人搬离家园离开百年故土，南水北调中线河南段集中移民工作基本结束。2014年，丹江口水库的水将淹没这里的大片土地，实现“一渠清水送京津”。南水北调中线工程涉及湖北、河南、河北、北京和天津共5个省（市），库区移民和征迁群众超过40万人。其中，河南境内的移民和征迁群众共计21.1万人（库区移民15.6万，征迁群众5.5万）①（见图2）。

在水利工程建设方面，移民是最大难题。为了加快进度，南水北调中线工程要在短短五年内在全长1277公里的干线上移民搬迁安置超过35万人，其难度可想而知，这在世界水利移民史上也是绝无仅有的。为此，各地百姓都做出了巨大牺牲。

对于河南而言，南水北调工程除了“移民最多”之外，还有“渠道最长”、“占地最广”、“文物最多”等，而且在工程建设、征地移民、生态保护、水污治理、文物抢救等方面任务都相当艰巨。

7. 高考生源大省一年锐减10万，众多农村子弟无奈弃“龙门”

2011年，河南高考报名总人数85.5万人，比上年锐减近10万人。2008年，河南省高考报名人数为98.8万人，一度创下了历史最高水平。从2009年起，这一数量开始下降，但降幅并不是太大，当年考生报名人数为95.9万。2010年，

① 文静：《南水北调中线集中移民月底结束 35万人转移安置》，2011年8月号/下半月《新华月报》。

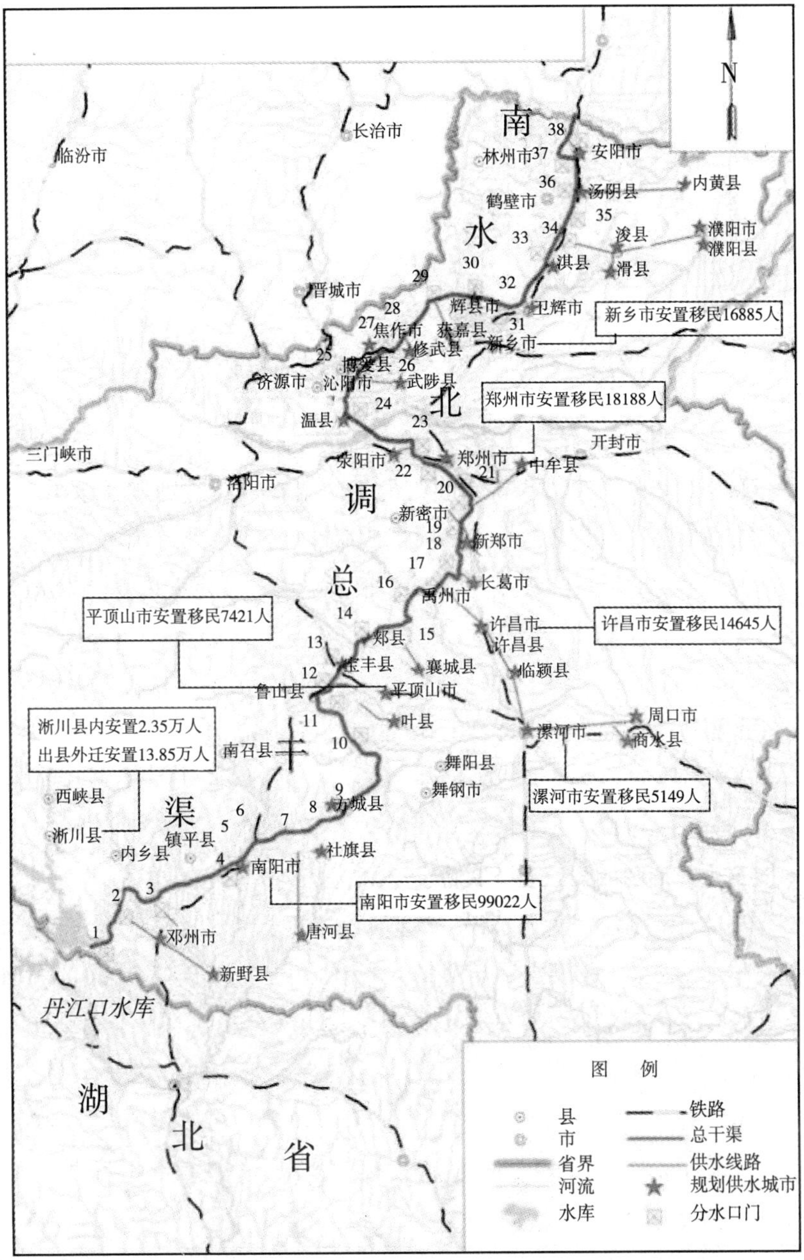

图2　南水北调中线工程河南段移民示意图

再次降低至95.2万人，不过仍居全国首位。2011年，降幅十分明显，引起各界关注（见图3）。

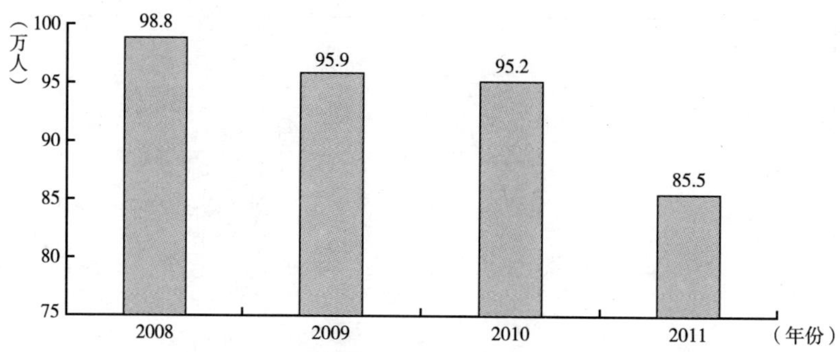

图3 2008～2011年河南高考报名人数变化情况

造成考生大幅减少的主要原因是，2011年是河南省高中阶段实行“新课改”后的第一次高考。由于实行“新课改”的学生要在高二进行学业水平考试，该分数要不同程度地计入高考总分，同时课改后课程科目及内容都较往届有不小的变化，这就为学生们回校“复读”设置了很大障碍，迫使大量复读生无奈弃考。鉴于河南省优质高等教育资源长期以来相对短缺导致招生数量少、生源又十分庞大，河南考生备感压力。为了有机会考上较为理想的大学，只能走复读之路，多年来全省参加高考的复读生占考生的比例大多在30%以上。

上学成本持续走高、就业压力增大、就业满意度降低等因素，已成为越来越多农村寒门子弟放弃高考的直接原因。

8. 安全生产形势明显改善，食品安全成为社会关注的焦点

在《安全河南创建纲要（2010～2020年）》出台后，省委已连续两年将此项工作列入省委常委会工作要点和十项民生工程，并成立了创建工作领导小组，明确工作职责，建立工作制度，完善工作程序。2011年上半年，全省年度各类生产安全事故数量下降27.7%，事故死亡人数也实现了大幅减少。全省各类生产安全事故死亡832人，同比减少318人，下降27.7%，事故死亡人数实现了大幅度下降；全省共发生较大事故15起、重大事故2起，没有发生特别重大事故，重大以上事故数量和死亡人数同比减少5起、224人，分别下降71.4%和89.6%，重、特大事故实现了大幅度下降；全省共发生煤矿事故5起，死亡7人，同比减少12起、148人，分别下降70.6%和95.5%，煤炭百万吨死亡率0.058，煤矿事故实现了大幅度下降。

作为全国第一粮食大省和第三食品工业大省，河南正经历着前所未有的食品

安全的袭击和困扰。2011 年以来，食品安全日益成为河南全社会关注的焦点。由于监管漏洞等方面原因所导致的食品安全问题，毒牛奶、地沟油、瘦肉精等问题食品出现，对河南省食品行业造成极大冲击，食品安全已经成为河南消费者的心腹之痛，严重影响了人民的身体健康和社会的和谐。

二 2011 年河南社会发展存在的主要问题

2011 年，河南在十分复杂的国内外形势下，特别是在全国经济增速有所放缓的形势下，经济社会发展总体呈现出好的趋势。同时，在综合经济实力和人均发展水平没有根本改变的境况下，社会发展面临的各种矛盾和问题依然严峻。

1. 城镇化率低于全国 10 个百分点，“三化”协调发展短期难以有效破解

“十一五”期间，经过全省的共同努力，河南城镇化水平有了长足的发展。截至 2011 年底，全省城镇化率达到 41.3%，比“十五”末期提高了近 9 个百分点。按照河南省发展规划，2015 年河南城镇化率要达到 48%。但由于基数大、底子薄、起点低，河南省的城镇化率到“十二五”末期仍然难以赶上全国平均水平（见图 4）。

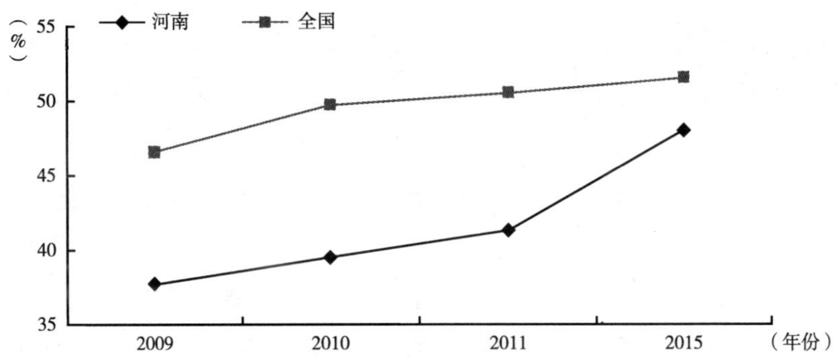

图 4 近年来河南城镇化率与全国平均水平差距

促进“三化”协调发展是河南“十二五”时期的一项重大任务，也是中原经济区建设的核心任务。河南要探索一条不以牺牲农业和粮食、生态和环境为代价的“三化”协调发展之路，需要着力破解四大难题。

一是“三化”进程的用地难题。人多地少是制约“三化”发展的最现实问题，一方面城市扩张要占地、工业化进程要占地、一些交通基础设施的发展要占地；另一方面又必须实行最严格的耕地保护制度、实行最严格的集约节约用地制度，河南的耕地为1.2亿亩，人均1.2亩，确保基本农田面积这个红线。人多地少已成为制约“三化”发展的最现实问题。

二是农村人口有序转移的难题。河南城市化率只有41.3%，全国是50%，比全国低了8.7个百分点。如果未来10年城市化率提高15个百分点，需要转移1500万农村人口。切实解决农民进城的就业、户籍、住房、社会保障、子女入学等问题，逐步使符合条件进城落户的农民真正转为城镇居民，享有平等权益，人的问题将成为制约“三化”协调的最大症结。

三是城乡利益协调难题。对失地农民的一次性补偿方式使部分农民陷入无地、无钱、无技术的困境，也容易因征地补偿不公、安置不妥，导致城乡统筹中的利益分割不平衡，可能使地方政府和失地农民陷入“利益博弈”。同时，在城市空间迅速扩张的同时，人口的城市化却十分滞后，大量农村人口因体制性障碍而不能真正分享城市化、工业化的成果。

四是保护生态环境的难题。近年来，一些地区在发展工业化和城镇化过程中，生态环境代价过大，污染下乡，小城镇及周边农村环境日益恶化，百姓生活环境水平明显下降，环境突发性事故和环境隐患增多。由于受发展基础、发展方式、人口等多种因素的制约，河南省资源与环境形势原本就十分严峻，随着“三化”加快发展，如何保证在工业化和城镇化过程中不损失生态环境，怎样保证在实现经济社会快速发展的同时，把发展的负效应和代价降到最低限度，使自然生态环境在城乡一体化进程中得到有效的保护，仍然是制约“三化”协调发展的一个重大问题。

2. 社会管理主体“一政独大”，多元治理格局难以有效运行

党的十六届四中全会提出的“党委领导、政府负责、社会协同、公众参与”的十六字社会管理格局，是对我国多年来社会管理实践的科学总结，符合我国现阶段社会管理的客观要求。但目前很多地方政府依然是社会管理的唯一主体，包揽所有社会管理事项，“越位”、“错位”、“缺位”问题突出，社会管理多元治理格局难以有效运行，各级政府社会管理的任务进一步加大加重。

一是政府仍然扮演着“全能主义”的角色。政府在社会管理领域通过采取行政命令、指示、规定、条例、指令性计划等行政手段，控制了所有社会资源，

包括人权、财权和物权等，社会的空间异常狭小，私人或其他社会团体几乎无法参与各类社会事业的管理。

二是社会组织管理体制滞后，社会组织独立性差，作用发挥受限。河南省现有的大多数社会组织都带有较浓的官办色彩。

三是社区建设和管理体制改革进展缓慢，社区自治功能难以有效发挥。社区管理体制由于受到传统的“大政府”观念和长期的行政化管理的影响，居委会行政化倾向没有得到彻底改变，绝大部分居委会仍然扮演着“政府派出机构的派出机构”的角色。

3. 消费价格持续走高，低收入群体不满情绪增加

近年来，受国际经济衰退的影响，国内消费价格指数（CPI）持续走高。2011 年 7 月，全国 CPI 更是上涨 6.5%，创 37 个月以来的新高。河南省作为一个农业大省，正在进行艰难的经济转型，在国内外经济环境的冲击下，河南省的消费价格指数也持续走高，一度高于全国 CPI 增长幅度。河南省统计局统计数据显示，2011 年 1 ~8 月份，全省居民消费价格总指数比上年同期上涨 6.1%。八大类商品中，食品类上涨 12.5%，其中粮食上涨 10.9%，肉禽及制品上涨 27.3%，鲜菜下降 1.9%；居住类上涨 8.2%；医疗保健和个人用品上涨 3.0%；家庭设备用品及维修服务上涨 1.9%；烟酒及用品上涨 3.7%；娱乐、教育文化用品及服务上涨 1.0%，衣着类上涨 1.9%，交通和通信上涨 0.8%（见表 1）。①

表 1　2011 年 1 ~8 月份全省消费价格指数

类别	食品类	居住类	烟酒类	医疗保健	家庭设备	衣着类	娱乐文教	交通、通信
涨幅（%）	12.5	8.2	3.7	3.0	1.9	1.9	1.0	0.8
排名	1	2	3	4	5	5	6	7

消费价格指数的持续走高，给广大民众特别是低收入群体的生活带来了巨大的影响，引发了民众对政府的不满。低收入群体由于物价持续高涨引发生活信心不足，容易引起社会不稳定，给社会管理带来了隐患。调查显示，此时有 31.94% 的人会选择上访，9.26% 的人会进行群体示威，5.56% 的人会铤而走险

① 河南省统计局综合处：《1 ~8 月份全省国民经济运行简明分析》，河南省统计局网站，2011 年 9 月 21 日；http：//www.ha.stats.gov.cn/hntj/tjfw/tjfx/qsfx/ydfx/webinfo/2011/09/1316511215711453.htm。

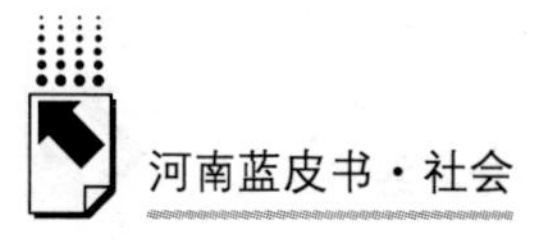

去获得满足基本生活的财物，6.94%的人会去行乞。

4. 社会矛盾叠加特征凸显，征地拆迁成为社会冲突的主要诱因

社会转型时期矛盾叠加特征凸显，和谐发展面临诸多考验，影响社会稳定的不确定因素明显增多，如就业难、看病难、住房难、上学贵等民生问题日益凸显，收入分配差距扩大，仇官、仇富、仇贪、仇腐等社会情绪滋长，环境污染投诉增加，劳资纠纷事件时有发生，婚姻家庭案件增多，公共卫生事件防控难度增大，食品安全和药品安全隐患依然存在。

近年来，在诸多社会矛盾中，征地拆迁日益成为社会冲突的主要诱因，一些地区因征地拆迁引发的恶性事件多次发生，由此引发的社会冲突和群体性事件日益增多。

5. 城镇化进程加快，乡村治理面临诸多挑战

当前，社会矛盾比较多地集中在农村，农村是社会管理最薄弱的环节，因此，农村也应是社会管理的重点。乡镇政府及村级自治组织是维护农村稳定的“前哨”，是社会管理的基石。随着城镇化的快速发展和“三农”格局快速变化，传统乡村治理模式正在弱化，而新形势下适应农村现状的新的治理模式尚未形成，一些行政指令型管理、短期维稳行为等传统农村社会管理思维和方式依然大量存在，而对新时期农村、农民要求的矛盾调处等社会管理职能，以及公共文化等服务职能顾及较少，导致农村矛盾积淀，而且化解难度增加。

一是农村基层组织管理职能、管理机制缺失，而社会组织发育不健全，难以承担政府转移的社会职能。在应对因假劣农资、征地纠纷、环境污染、看病贵、收入分配不公、农村社会治安案件等因素引发的矛盾冲突中，缺乏有效的防范和治理机制，造成农村突发事件逐渐增多，干群关系趋于紧张态势，影响了农村的和谐稳定。

二是城乡二元的公共政策体系有待改进。随着近年农村各项事业发展，原有农村居民的生活方式发生了重大变化，农民的诉求复杂多元，农民对公共服务和社会管理的要求越来越高。但是随之而来的老龄化、社会保障政策还没有实现与城市的真正并轨。农村空巢家庭数量大量增加。除人口计划生育部门外，还有卫生部门的农村合作医疗、交通部门的赔偿等，都需要进一步做好衔接工作。

三是城镇化和户籍制度改革对现有人口政策带来冲击。随着城镇化加快，城区流动人口大量增多，人户分离现象日趋严重，自由职业者大量增加。农民转为

城镇居民后生育意愿没有发生相应改变，加之生育政策没有“缓冲期”，产生违法生育现象。另外，部分农村居民在企业做临时性工作，用工单位除发放正常工资外，还为他们缴纳劳动保险，既有土地又有劳动保险。这部分农村居民主要收入来源难以界定，使之难以与二元的社会保障制度相对应。这都造成了现有社会管理实施的困难。

四是城市中出现了新“二元结构”，给社会管理埋下了隐患。如农民工由于科学文化素质不高，竞争能力低下，工作多处于劳动链条的最末端；农民非农化后只是在名义上成为市民，实际享受不到城市的各种社会福利。

6. 人口规模不断膨胀，严峻的人口问题依然是制约经济社会发展的瓶颈

2011 年 5 月 6 日，《河南省 2010 年第六次全国人口普查主要数据公报》公开对外发布，从公布数据可以看到河南省人口发展表现出了一些新的特点，但是从整体上看，全省人口问题严峻的状况并没有得到改变，人口问题仍然是制约河南经济社会发展的掣肘。

一是河南省人口发展规模仍然在不断地膨胀，发展惯性相当明显。河南第四次人口出生高峰已经开始显现，即使稳定在较低的生育水平条件下，人口总量仍将以不可阻挡之势继续增长。依此发展下去，到“十二五”末期，河南将成为名副其实的超级人口大省。

二是人口老龄化进程明显加快，8 个人中就有 1 个老人。第六次全国人口普查（简称“六普”）统计数据显示，在全省常住人口中，0～14 岁人口占 21.00%，15～64 岁人口占 70.64%，65 岁及以上人口占 8.36%。同 2000 年第五次全国人口普查相比，0～14 岁人口的比重下降 4.94 个百分点，65 岁及以上人口的比重上升 1.4 个百分点（见图 5）。①

目前，河南省 60 岁及以上人口比例为 12.72%，按照国际标准，河南省早已成为老龄化社会。

三是老龄服务设施明显滞后。老龄化社会要求养老保险、老年护理、老年相关产业等同步跟进，甚至要预先发展。但是由于河南人口多、底子薄、基础差，全省各类养老机构明显不足。老年人的生活质量不高，尤其是农村老年人、高龄

---

① 薛宝生：《人口超亿挑战的不是数量而是质量》，大众网，2010 年 1 月 12 日；http：//www.dzwww.com/rollnews/news/201001/t20100112_5435165.htm。

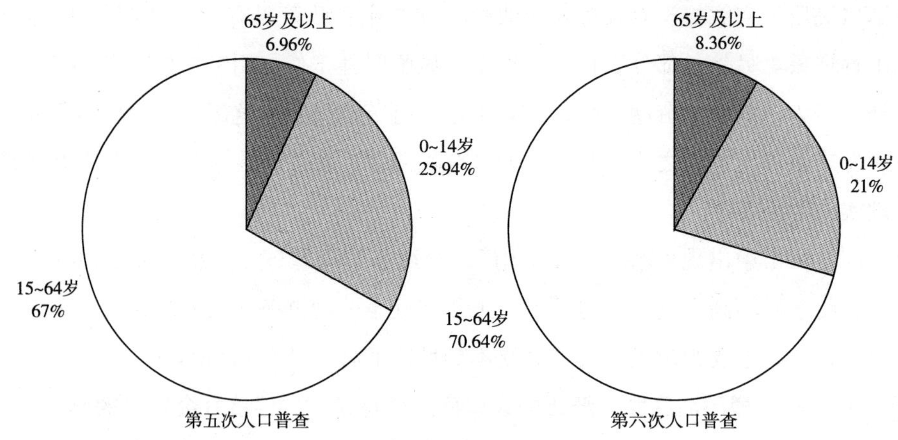

图5　河南省第五次、第六次人口普查年龄结构

老人、留守老人、失能失智老人的基本生活更是难以得到有效保障。

7. 教育事业整体水平有待提升，人口资源优势无法有效转化为人力资本优势

作为人口大省，河南教育事业整体水平不高导致学生接受优质教育的机会严重不足，丰富的人口资源不能有效地转化为人力资本优势，与河南快速发展的经济社会不相适应，与河南要走在中部地区前列的战略构想不相适应，已经成为中原经济区建设的明显障碍。

一是河南省高等教育水平不高，优质高等教育资源短缺，办学规模与质量不同步。河南省高等教育规模和质量总体水平在全国居于较低位次，明显滞后于经济社会发展。

二是河南省高校中缺乏名校强校。在全国近百所“211 工程”大学中河南只有 1 所，“985 工程”大学仍然为 0，这显然与河南省作为全国人口大省、经济大省、教育大省的地位不相称。

三是河南省人口受教育水平仍低于全国水平，在社会经济发展中人口素质水平处于不利地位，城乡教育的二元矛盾现象依然严重。“六普”数据显示，河南省常住人口中，每 10 万人中具有大学文化程度的有 6398 人，文盲率为 4. 25%。这与全国每 10 万人中具有大学文化程度的 8930 人、文盲率 4. 08% 的水平相比，仍有差距。

四是河南高学历人口的比重仍然较低，拥有研究生文化程度的人口不仅数量少，而且分布非常集中，主要集中在郑州、洛阳等城市。

三　2012年河南社会发展态势与政策建议

（一）2012年河南社会发展态势

2012年，中原经济区建设全面展开，中共河南省第九次党代会提出了今后五年的主要奋斗目标，河南经济社会发展进入一个关键的发展阶段。

1. 有效破解发展瓶颈，已成为中原经济区建设顺利实施的关键

从总体上看，河南省仍然是一个生产力水平相对较低的欠发达省份，河南省的基本省情没有根本改变，“钱从哪里来、人往哪里去、粮食怎么保、民生怎么办”四道难题没有从根本上破解。经济社会发展中还存在许多困难和问题：经济结构性矛盾突出，工业总体处于产业链前端和价值链低端，服务业发展滞后，农业基础薄弱，科技创新能力不强，土地、资源、环境等的约束加剧；统筹城乡协调发展任务艰巨，持续探索不以牺牲农业和粮食、生态和环境为代价的“三化”协调发展之路难度加大；改善民生和加强社会管理任务依然繁重，居民收入水平总体偏低、收入差距较大，就学、就业、就医、住房、环境保护、安全生产、司法和社会治安等方面关系群众切身利益的问题较多。

转变发展方式，破解民生难题，积极探索“三化”协调发展新路，努力实现富民强省的发展目标，必将成为引领河南振兴的最重要的导向。中原崛起进入一个新的历史时期，河南发展进入一个关键阶段。能否提高全省综合经济实力和人均发展水平，能否切实有效破解上述发展难题，已成为实现中原经济区发展战略和未来五年发展目标的关键。

2. “三农”问题依然是“三化”协调发展重点和难点

《指导意见》对中原经济区建设提出了明确的战略定位：国家重要的粮食生产和现代农业基地、全国“三化”协调发展示范区、全国重要的经济增长板块、全国区域协调发展的战略支点和重要的现代综合交通枢纽、华夏历史文明传承创新区。中原经济区建设的核心任务，就是探索走出一条不以牺牲农业和粮食、生态和环境为代价的“三化”协调发展之路，这不仅是中原经济区建设的内在要求，而且对全国同类地区具有标本和示范意义。要实现这些目标，解决好“三农”问题是重中之重。

"三农"问题突出了河南的基本省情，也是制约"三化"协调发展的最大症结所在。

（1）河南省16.7万平方公里土地，耕地是1.2亿亩，人均1.2亩，近1亿人口繁衍生息，6000多万人生活在农村，城市扩张要占地、工业化进程要占地，越来越多的农村人口要往城市转移，又不能以牺牲农业和粮食、环境和农民利益为代价，人多地少已成为制约"三化"协调发展最现实的难题。

（2）城乡二元结构突出，城镇化水平低。全省60%的人口生活在农村，农民人均收入不高，享受公共服务水平低，农业生产效益比较低，农村基础设施落后，城乡二元结构已成为"三化"协调发展的严重路障。

（3）实现农村人口有序转移依然面临着多重体制性障碍。二元分割的户籍制度，是实现城乡一体化短时期内难以有效突破的一道体制壁垒，与此相关的就业、教育、医疗、社会保障等各个方面的政策，依然没有全面跟进和配套落实，农民变市民面临着种种体制性难题。

3. 全面提高社会管理科学化水平将成为"和谐中原"建设的重要目标

按照中央的新要求，加强和创新社会管理，将全面纳入今后我国经济社会发展规划，成为实现党和国家长治久安的重大战略。这就使创新社会管理不仅成为加强社会建设的重要组成部分，也成为实现科学发展的重大战略部署。

河南地处中原，地理位置重要，又是人口大省，河南的稳定事关全国大局。从河南的情况看，社会管理面临的挑战，主要表现为：社会事业欠账较多，改善民生任务繁重；社会组织和公众协同参与作用未能充分发挥，社会管理多元治理格局难以有效运行；流动人口带来的社会问题诸如家庭性迁移、计划生育、就业、社会保障、子女教育、社会管理等社会问题日益突出，对"社会人"的管理压力日益加大；社会矛盾叠加特征凸显，征地拆迁成为社会冲突的主要诱因；公共安全成为社会热点，食品安全、安全生产监管任务繁重，社会治安管理压力加大；对城乡社区、城中村、城乡接合部、流动人口、虚拟社会的服务与管理难度加大，社会管理的盲点难点增多。

在这样的背景下，加强社会管理能力建设，全面提高社会管理科学化水平，努力应对全省在社会建设和社会管理方面面临的挑战，将是中原经济区建设的重要目标，也是"和谐中原"建设必须做好的大文章。

4. 以改善民生为重点的社会建设将进一步加快步伐

持续关注并改善民生，健全普惠型公共服务体系。河南目前已经进入新的发展阶段，在解决温饱问题和实现基本小康的基础上，公众需求正在由消费型向发展型升级。广大人民群众的物质文化生活需求将大幅度增长。当前的民生问题不再是经济发展不足所致，而是基本公共服务体系难以满足人民群众不断增长的需求所致。

同全国相比，河南人均发展水平和人均公共服务水平较低，改善民生任务较为繁重。为加快推进改善民生为重点的社会建设，河南省委、省政府着力保障和改善民生，加大投入力度，切实解决关涉人民群众切身利益的问题。2012 年，河南省将以中原经济区建设为契机，坚持以民生为本，把保障和改善民生作为根本目的，大力发展各项社会事业，着重解决就业、住房、社会保障等民生问题，加快推进基本公共服务均等化，着力解决“柴米油盐酱醋茶、衣食住行教业保”等热点问题，全面实施“富民强省”战略，确保广大城乡居民共享改革发展成果。这也预示着 GDP 崇拜的时代即将结束，以增长保民生、以民生促增长的经济社会协同发展的时代已经来临。

5. 覆盖城乡的社会保障体系将加快推进

在中原经济区建设开启之年和“十二五”时期，覆盖河南城乡的社会保障体系将进一步加快。社会保障待遇水平将进一步得到提高，使人民群众切实享受到经济社会发展成果，实现老有所养、病有所医、失有所助、伤有所保、育有所补。

（1）企业离退休人员养老金待遇水平将继续得到提高，随工资增长、物价上涨等因素调整离退休人员基本养老金待遇的正常机制将得以建立并完善。

（2）开展居民医疗保险门诊统筹，把多发病、常见病的诊疗费用纳入基本医疗保险支付范围，扩大受益面，重点解决好困难人群和大病患者医疗费用负担，稳步提高职工医保、居民医保待遇水平。2011 年，参加新农合农民在乡级、县级、市级和省级医院住院费用报销比例分别提高到 90%、80%、70%、65%；住院补偿封顶线由原来的 10 万元提高到 15 万元，居全国首位；一次性住院花费超过 6 万元报销比例提高到 80%，10 万元以上提高到 90%。

（3）扩大失业保险基金支付范围，逐步把个体户、非城镇企业职工、高校毕业生等纳入失业保险保障体系，充分发挥失业保险“保生活、促就业、防失业”的功能。

（4）根据职工平均工资和生活费用变化等情况适时调整工伤保险待遇，建立预防、补偿、康复三位一体的工伤保险体系，使参保者从中获益，无后顾之忧。

（5）大力发展职业教育，坚持开展职业培训。2012 年全省财政教育支出占公共财政支出的比例要达到 17%，比 2011 年再提高 1 个百分点。

6. 城乡社会管理难度加大，社会稳定任务更加艰巨

随着经济的快速发展，社会和生活中尚未解决的深层次矛盾和问题进一步凸显，中国社会进入了矛盾多发期，和谐发展和稳定发展的难度将会进一步加大。

（1）阶层结构变动带来社会整合难。社会分层体系走向复杂化、多样化，不同的社会主体力量内部出现了具有相对独立的利益不同的阶层，其具有不同的价值追求、利益诉求和服务需求，形成了复杂的利益关系，在不同社会阶层和群体中出现了新的利益分歧和利益冲突。

（2）利益的差距拉大容易隐藏社会风险，在利益格局重塑的过程中，“铁饭碗”破了，社会失落感增强；“泥饭碗”多了，社会平衡感打破；“大锅饭”少了，社会归属感减弱，幸福感降低；一些人甚至心理失衡、道德失范、情绪失常，引发新的社会矛盾和问题。

（3）人口结构变动带来社会服务难。大学生就业、流动人口增加、“空巢老人”、“留守儿童”、“流动儿童”大量出现，造成社会管理、社会治安压力进一步加大。

（4）城乡结构的变动带来社会管理难。城市化快速推进，带来了城市人口的高度集中和高流动性。城市管理面临的新矛盾、新问题也日益增多。社会管理的方法手段不相适应，突出表现在管理手段单一，重行政管制和强制约束，轻法制规范和道德管理；重政府管理，轻社会协同；重事后处置，轻源头预防。

（5）市场化、工业化、城市化导致大量人口频繁迁移。这些流动人口管理难度很大，社会融合度降低，被剥离感增强，由此而带来了家庭不稳定、家庭成员生活品质降低，进而成为既失利又失意的“双失”群体。部分社会成员“现实性的烦躁”和“预期性的焦虑”相叠加，导致关涉群众利益的群体性事件与宣泄社会不满情绪的无直接利益群体性事件时有发生。

面对上述新情况、新问题，城乡社会管理的复杂性、艰巨性和长期性显而易

见。从当前开始一直到未来一个较长时期内，社会管理工作的重点、热点、难点，将主要集中在农村土地征用、城镇房屋拆迁、生态环境保护、涉法涉诉、基层政权建设、社会保障等方面。随着社会管理要素日趋增多，难度不断增大，单靠传统手段已经难以实施科学有效的社会管理。

（二）进一步加强河南社会建设的政策建议

针对2011年河南社会建设和社会管理存在的问题，为了更好地促进2012年河南经济社会发展，全面推动中原经济区建设，我们提出以下方面的政策建议。

1. 社会发展进入新阶段，社会建设、创新社会管理应摆在更加突出的位置

经过30多年的改革发展，进入“十二五”时期，中国已经进入社会建设的新阶段。这个阶段的主要任务就是全面推进社会建设，创新社会管理，大力改善民生，彻底改变经济社会发展“一条腿长、一条腿短”的局面，提高发展的全面性、协调性和可持续性，这就必然要求把社会建设和社会管理摆在更加突出的位置。据此建议：

（1）前移社会建设位置，要把社会建设排序由目前的第四位前移为第二位，即经济、社会、政治、文化、生态，这也符合我国现代化事业实践运行的发展逻辑，经济建设达到一定水平之后，就应该重点进行社会建设，然后是政治建设、文化建设和生态文明建设。

（2）组建社会建设工作委员会。社会建设是一项庞大的系统工程，推进社会建设、创新社会管理要有组织保证。社会建设工作委员会的任务主要就是对整个社会建设进行宏观协调统筹、规划、组织、调控，使各项社会建设工作有序有效地进行。2007年北京市建立了社会工作委员会和社会建设办公室，2009年上海也建立了相应的组织机构，已经做了很多工作，也很有成绩。

（3）尽快制定出台加强社会建设和社会管理的指导性意见。目前，北京、广东、湖北等省市已经制定出台了关于加强社会建设的意见和决定，从理论和实践层面上明确了社会建设的具体思路和步骤，对全省进一步加强社会建设具有重要的指导意义。

2. 人口大省全面提升社会管理科学化水平意义重大

2011年，加强和创新社会管理，已全面纳入今后我国经济社会发展规划，成为实现党和国家长治久安的重大战略。社会管理的战略地位提升，对人口大省的河南实现科学发展的指导意义尤为重大。

(1) 进一步完善社会管理格局，更加注重发挥社会组织的协同参与作用。在“党委领导、政府负责、社会协同、公众参与”十六字社会管理格局中，党委领导是根本，政府负责是关键，社会协同是依托，公众参与是基础，四位一体，有机联系，不可分割。但目前的问题是政府包揽过多，“越位”、“错位”、“缺位”问题突出，社会组织和公众的作用没有充分发挥，社会管理多元治理格局难以有效运行。这就要求，一方面政府要加快职能转变，从更多的经济活动转向社会公共服务，通过政府“瘦身放权”，为社会组织发挥作用开辟更大空间；另一方面要充分发挥社会组织的社会管理功能。创新社会管理，实质上是政府依托社会组织与公众良性互动共同促进的过程。社会组织的健康发展是现代社会的一个重要特征。充分发挥社会组织的作用，既是创新社会管理的内在要求，也是政府减轻压力、实现服务职能转变的有效路径。目前，北京已经放开四类社会组织登记（工商经济类、公益慈善类、社会福利类和社会服务类，这四类涵盖了全部社会组织的95%），这四类社会组织无须“挂靠”主管单位，可直接到民政部门登记注册。创新社会管理，必须制定和出台各项扶持政策，为社会组织发挥作用创造良好的体制环境。

(2) 注重源头治理，及时预防和化解社会矛盾。一是推动关口前移。建立重大事项社会稳定风险分析和评估机制，对涉及群众利益的重大工程、重大政策进行社会风险评估作为政府决策的必须程序。二是建立基层大调解工作体系。现在社会矛盾触点多、燃点低、成因复杂、处理难度加大，花钱买平安不能标本兼顾，许多矛盾体现出明显的“体制性”特征。所以要建立大调解工作体系，以人民调解为基础，加强人民调解、行政调解和司法调解的衔接联动，努力把矛盾纠纷化解在萌芽状态。三是完善信访工作机制。探索信访代理制度，在区县构建了信访代理工作的“三级平台、四级网络”，方便群众维权。

(3) 注重解决当前社会管理的盲区和薄弱环节。一是进一步加强对流动人口服务管理，建立健全流动人口动态管理机制，完善实有人口全覆盖管理和服务机制，逐步实现居住地管理和服务，促进来豫人员融入河南。二是强化食品安全、安全生产和公共安全全程监管，进一步提高城市安全水平。三是加强虚拟社会管理，建立网上网下一体化管理体系，完善网上舆情引导机制，第一时间回应社会关切。四是进一步对城中村、城乡接合部社会服务管理。对于这些薄弱环

节，社会管理要及时跟进、有效应对，全面提高社会管理科学化水平。

3. 以城镇化为契机，全面提升农村社会建设水平

促进“三化”协调发展是中原经济区建设的核心任务。河南省作为人口大省和农业大省，“三化”协调发展的任务十分繁重。城乡一体化是一项系统工程，地方政府在推进过程中，要着眼于城乡统筹发展，以农民利益为基础，以人口城镇化为重点，因地制宜，稳步推进，切忌不顾实际情况大干快上，盲目追求政绩，否则必将造成严重后果。

（1）在推进城乡一体化过程中要防止急功近利、冒进式的整体推进。近几年地方政府在如何城市化的道路选择上，明显表现出激进情绪，这种激进情绪如果不受到控制，可能给“三化”协调发展带来灾难性的后果。城乡一体化是个渐进的过程，不能“一刀切”，不能以行政命令的强制措施来实行。要根据本地的自然条件和经济社会发展水平，尊重农民的意愿和利益诉求，脚踏实地、循序渐进地加以推进。

（2）要防止将城乡一体化演变成土地的扩张。要改革现行征地制度，严禁“先用后征”，坚决纠正片面追求经济增长速度、不顾群众利益圈地占地、盲目开发、污染环境、制造矛盾的行为；坚决纠正在开发建设中偏重政府利益、开发商利益而忽视群众利益的行为，力争做到凡是得不到绝大多数群众理解和支持的举措坚决不施行。

（3）城乡一体化要真正体现以人为本，必须把解决农民工这个庞大群体的民生问题放在一个更加重要的位置，绝不能以牺牲广大农民的土地利益为代价，让农民放弃土地使用的权利，要通盘考虑农民的户口、就业、教育、低保、医保、养老保险等问题。同时要重视构建民间参与机制，提高农民对关系其切身利益的重大事项决策过程的自主参与度。

（4）坚持以工补农、以城带乡，推动城市基础设施向农村延伸、公共服务向农村拓展。把小城镇作为统筹城乡发展的重要节点，支持基础条件好、产业优势明显的中心镇发展成为中小城市，其他乡镇发展成为周边农村提供生产生活服务的功能中心。把新型农村社区作为促进城乡统筹发展的切入点，坚持规划先行、就业为本、量力而行、群众自愿，积极稳妥推进新型农村社区建设。逐步使进城农民与城镇居民享有同等待遇，让农民成为城镇化的受益者。

4. 大力加强以改善民生为重点的社会建设

当前，“以民为本”、“改善民生”，已经成为时代话语，成为改革和发展的重要指向。中国经过 30 多年的改革发展，民生问题已经不仅是重要的经济问题、社会问题，也是重大的政治问题，解决好民生问题始终是各级政府的核心任务。民生是一个动态、持续发展的概念，在解决低层次温饱需求后，现阶段民生问题已不再是简单的衣食之忧，而是党的十七大报告所提出的努力使全体人民享有“五有”，即“学有所教、劳有所得、病有所医、老有所养、住有所居”。

实施更加积极的就业政策。大力发展劳动密集型产业、服务业和小型微型企业，多渠道开发就业岗位。完善就业扶持措施，鼓励企业吸纳更多劳动力就业。鼓励和支持自主创业，推动各种形式的灵活就业。加强职业培训和择业观念教育，全面提高劳动者特别是农村劳动力的就业能力，重点解决高校毕业生、农村转移劳动力、城镇就业困难人员的就业问题。

不断完善社会保障。出台城镇企业职工基本养老保险、流动就业人员基本医疗保障转移接续办法，开展城镇医保市级统筹和门诊统筹试点，积极解决企业退休人员和困难职工的医疗保障问题，全面实现工伤保障市级统筹。

继续加大保障性住房建设力度。全面启动城市和国有工矿企业棚户区改造，重点实施铁路系统棚户区改造，努力解决外来务工人员等“夹心层”的住房问题；加强房地产市场宏观调控。认真落实和完善促进合理住房消费的政策措施，加快中小户型、中低价位普通商品住房开发建设。加快公租房建设，让公租房成为保障房供应的主体。

加快医疗卫生、教育、文化等社会事业发展。加强基层公共医疗卫生服务体系和计划生育服务体系建设。优先发展教育，优化公共教育资源配置，着力解决总量不足、布局不合理问题；巩固提高义务教育质量和水平；加快普及高中阶段教育，重视发展学前教育、特殊教育；大力发展职业教育；以提高质量为重点，重视发展高等教育。

分 报 告

B.2

河南社会管理创新试点研究报告

——以三门峡、洛阳、新郑三市为例

河南省社会科学院课题组*

摘　要： 自社会管理创新试点工作在河南启动以来，为尽快提高社会管理科学化水平，三门峡、新郑等市努力探索、勇于创新，在理论与实践密切结合的过程中，已初步摸索出一些好的做法，积累了宝贵的经验，并且取得了比较显著的社会成效。三门峡、洛阳、新郑三市在社会管理创新试点工作中的基本经验和创新之处不仅给予人们以非常有益的启迪，而且为全省各地加强和创新社会管理开了个好头，树立了可资借鉴的好样板。

关键词： 社会管理创新试点　社会管理科学化　社会和谐稳定

自2010年11月以来，社会管理创新试点工作在河南全面启动。在全国社会管理创新35个试点城市中，河南的三门峡市、新郑市赫然在榜。此外，享有

---

* 课题负责人：周全德，河南社会科学院社会发展研究所研究员。课题组成员：刘振杰，河南社会科学院社会发展研究所副研究员；冯庆林，河南社会科学院社会发展研究所助理研究员。

"九朝古都"名号的洛阳市由于其独创的"大调解"工作模式及机制，也在省内外社会管理创新活动中颇有名气。为认真总结三市经验，使加强和创新社会管理工作在全省进一步得到推进，由河南社会科学院专业研究人员组成调研组，于2011年4月下旬和9月中旬，分别奔赴三市就此进行专题调研。在对所得调研资料进行系统整理和认真分析的基础上，撰写了这份研究报告。

一 三市在社会管理创新试点工作中的主要做法及社会成效

（一）三门峡市的主要做法及社会成效

1. 主要做法

（1）跳出信访抓信访，多策并举化解社会矛盾。一是建立化解社会矛盾专项资金制度，市、县两级每年按照辖区人均一定标准列入财政预算。二是建立信访稳定突出问题周会审制度，由市、县主要领导召集相关部门参加。三是建立信访代理制度，组建县、乡、村、组四级信访代理员队伍，代替群众到有关部门反映问题。四是实行领导挂牌接访和接访公示制度，并且将每月最后一个工作日定为"群众工作日"，组织机关干部定期走访群众。五是实行"五位一体"接访机制，即把领导接访、会审疑难案件、听取联系单位汇报、督办未结案件、利用远程视频系统办理信访事项糅合在一起。①

（2）依法治理社会治安环境，确保一方百姓岁岁平安。一是深化严打整治斗争。建立了社会治安重点地区滚动排查、滚动挂牌、滚动整治工作机制，实现了排查整治常态化、长效化。二是加强技防体系和群防群治网络建设，并且加强专群结合的"五支队伍建设"，强化了基层治安防范工作。三是建立豫晋陕黄河金三角区域治安协作机制，通过定期开会来互通信息，共同打击犯罪和调处边界资源纠纷。

（3）建章立制，抓好社区建设，群策群力促进和谐稳定。一是在全市基层社区普遍推行社会管理服务中心的建设。二是加强对流动人口群体的服务和管理，建立了微机化、层次化、专业化管理的流动人口和出租房屋综合服务管理

① 三门峡市社会管理创新办公室：《社会管理创新试点工作资料选编》，2011年4月。

站。三是深入推进基层平安创建活动。加强村（社区）综治室、警务室、调解室建设，组建了“五员”平安建设志愿者队伍；在全市开展“五星级”平安乡镇、平安村组、平安矿区等活动；选派干部到全市经济社会情况复杂的363个行政村担任村支书。①

（4）服务周到合乎民意，因地制宜灵巧管理。一是三门峡市委、市政府坚持每年为城乡居民办好“十大实事”，为搞好社会管理打下良好群众基础。二是用于保障和改善民生的资金超过9亿元②，在具体的利民惠民效应中体现党和政府工作的出发点和立足点。三是制定了社会稳定风险评估实施方案，下大力气解决群众在征地、拆迁等方面的合理诉求。四是针对资源型城市的特点，对矿区的治安维护、安全生产及环境保护分别采取颇有成效的应对举措。

2. 社会成效

得益于社会管理创新，近年来三门峡市经济平稳较快发展，社会大局稳定。其主要表现在：人均GDP在河南省排名第三，城、乡居民收入均远远超过河南省平均水平；现行命案发一破一，在全省处于领先水平，群众安全感指数在全省调查评比中名列第二；解决了一大批历史遗留、无责任单位的社会矛盾和一批久拖不决的重大疑难信访案件，实现了全市赴京集体上访和重复上访“零登记”③；促使非法传销在全市基本绝迹，黑恶势力烟消云散；老百姓安居乐业，群体性事件“零发生”。

（二）洛阳市的主要做法及社会成效

1. 主要做法

（1）“三大调解”有效衔接，人民调解纵向一体。一是完善了县、乡、村、组四级调解体系。通过整合综合治理、信访、公安、司法，以及民政、劳动等部门的力量，在县（市、区）和乡镇（办事处）建立起矛盾排查调处中心，集中排查、受理、调处重大疑难、复杂纠纷；在村（社区）全部建立了调解委员会，

① 中共三门峡市委政法委员会：《抓好四个方面，突出六大创新，搞好社会管理创新综合试点工作》（社会管理创新“黄河论坛”交流材料），2011年9月19日。

② 中共三门峡市委政法委员会：《抓好四个方面，突出六大创新，搞好社会管理创新综合试点工作》（社会管理创新“黄河论坛”交流材料），2011年9月19日。

③ 董伦峰、张晓明：《三门峡市扎实推进社会管理创新试点工作》，2011年8月23日《河南日报》。

配备14481名民调员，及时有效地化解各类矛盾纠纷。[①] 二是行政调解横向全覆盖。在公安、民政、工商、劳动和社会保障等具有调解纠纷职能的行政机关和执法部门，都建立了调解组织，对其行政管理职权范围内的特定矛盾纠纷，综合运用政策、法律、经济、行政等多种手段，采取调解、教育、协商等方式，将法、理、情融为一体，积极化解矛盾纠纷。三是司法调解贯穿全过程。面向社会公开选拔了125名专家和345名法律志愿者，在案件的诉前、诉中等环节，为群众提供专业咨询和法律服务；建立巡回法庭，就近调解和解决当事人的纠纷；建立劝导调解机制，引导当事人尽可能选择以调解的方式解决纠纷。

（2）行业纠纷专业调解。在矛盾纠纷较多的19个行业，建立48个专业调解委员会，配备调解员1292名，其范围涵盖医疗卫生、交通事故、物业管理、劳动用工、文化教育、购物消费、社会保险、建筑工程、企业改制、土地资源、民族宗教等与民生密切相关的各个领域。例如，以政府令的形式出台了《洛阳市医疗纠纷预防与处置暂行办法》，成立了医疗纠纷专业调解委员会，至今已成功调解严重医疗纠纷87起。[②]

（3）细分种类分别调解。一是普通矛盾纠纷基层调解。在村和社区，对尚处于初始阶段、影响较小的矛盾纠纷，由所在村、社区调解组织就地调解。二是疑难矛盾纠纷联合调解。制定日碰头、周研判、月汇报的联席会议制度，协调解决重大疑难矛盾纠纷。三是热点矛盾纠纷公开调解。对涉及旧城改造、“三农”等方面的共性纠纷，召开听证会，公开辩论、公开调解；对涉及人民群众切身利益的民生工程、重大项目进行风险评估，对容易引发矛盾纠纷的及早介入调处。四是群体性矛盾纠纷现场调解。出台了《洛阳市处置群体性突发事件公共预案》，按行业性质和事件特点，组成了12个应急处置小组；一旦发生突发事件，就可以第一时间赶赴现场控制局面，进行调解。[③]

2. 社会成效

通过不断完善大调解工作机制，积极探索社会矛盾化解新模式，洛阳市缓解

① 洛阳市社会治安综合治理委员会：《推进调解工作全覆盖，营造和谐稳定新局面》（社会管理创新“黄河论坛”交流材料），2011年9月19日。

② 洛阳市社会治安综合治理委员会：《推进调解工作全覆盖，营造和谐稳定新局面》（社会管理创新“黄河论坛”交流材料），2011年9月19日。

③ 洛阳市社会治安综合治理委员会：《推进调解工作全覆盖，营造和谐稳定新局面》（社会管理创新“黄河论坛”交流材料），2011年9月19日。

了司法压力，提高了司法效果，密切了党群关系，巩固了党的执政根基，从而提升社会管理的科学化水平，有效维护了社会稳定。2010 年，全市共排查受理矛盾纠纷 38300 起，成功化解 36576 起，化解率达 95.5%，多年来未发生恶性上访事件和有影响的群体性信访事件，公众安全感指数始终保持在 95% 以上，连续两年荣获“全省平安建设先进市”称号，2010 年又被评为全省社会矛盾化解工作先进市。①

（三）新郑市的基本经验及创新之处

1. 主要做法

（1）抓源头治理，“十个所有”惠民生。围绕“让所有井灌区农田基本实现旱涝保收”，先后投资 9500 万元对 5500 眼农用机井进行了综合省级改造；围绕“让所有适龄孩子都能接受十二年免费教育”，全面普及高中段教育和实行高中段免费服务；围绕“让所有弱势群体有保障、享温暖”，在不断提高城乡“低保”标准的同时，进一步为散居、集中养育孤儿每人每月分别发放 600 元至 1000 元的养育金。② 此外，在让所有有劳动能力的人员实现创业就业和社保统筹、让所有居民享受城乡新型医保和大病救助等方面，也采取了相应措施。

（2）抓项目建设，“十大创新”保稳定。围绕“理清思路上创新、建设项目上创新、重点突破上创新、先行先试上创新”等十大创新发展的目标，把社会管理创新分解为人防、技防、基层基础、大调解等 8 类工程 20 个重点项目。为使这些工程和项目落到实处，在全市坚持“明确责任领导、责任单位和具体责任人及限定完成时限”的原则，整合资源，强力推进。

（3）抓城乡统筹，公共服务利农民。为统筹抓好城乡社会管理和创新工作，新郑市采取措施促使公共资源向农村倾斜、公共服务向农村延伸、公共事业向农村辐射。一方面探索成立市“110”服务中心，变警务服务为民生服务，集中解决群众反映的水、电、路、气、暖等涉及城乡民生的“急、难、险”问题。另一方面在加强村级农民技术员、计划生育管理员等“六大员”队伍建设的基础

① 李俊晓、马建刚、马怡：《洛阳：调解全覆盖给力“福民强市”》，2011 年 3 月 30 日《河南法制报》。

② 孟永军：《抓监督、促落实，看新郑“十件实事”惠民生》，郑州人大网，2011 年 9 月 14 日；http：//www. zzrd. gov. cn/news/print. aspx？ nid = 3267。

上，每村配备3~5名“六大员”，使“村级公益事业”时时有人管、处处有人管、事事有人管。①

（4）抓矛盾化解，管理创新进基层。一是着力构建隐患联查、矛盾联调、问题联治的“三调联动”矛盾化解体制机制。二是坚持领导干部下访、党政干部每日定点接访、群众家访等制度。三是实行包案件调查、包解决问题、包教育疏导、包案结事了、包稳控管理的“五包”方式，努力把矛盾解决在基层。四是进一步加强人民调解与诉讼调解对接、社会法庭大众化服务等项工作，从源头上预防涉法、涉诉信访问题。五是在政法部门广泛开展“发扬传统、坚定信念、执法为民”主题教育实践活动，让老百姓切身感受到公平和正义就在自己身边。

2. 社会成效

由于在统筹城乡服务和城乡发展、推动公共服务均等化、融合社会资源以形成社会管理合力、加强防范以确保社会稳定等方面取得显著成效，新郑市先后荣获“全国十佳和谐可持续发展城市”、“全国平安建设先进县（市）”、“全国食品安全示范县（市）”等荣誉称号。目前在新郑市，制约社会管理工作深入开展的政策性难题、体制性障碍和机制性束缚得到破解，安全生产形势持续好转，食品药品监管水平明显提升，城乡群众安全指数高达97%②，城市环境综合整治定量考核位居全省县级市榜首。

二 三市在社会管理创新试点工作中的基本经验及创新之处

（一）三门峡市的基本经验及创新之处

1. 基本经验

（1）将社会管理创新寓于做好群众工作之中。一是把群众工作与信访服务

① 张继忠：《科学发展、民生优先，新郑扎实推进社会管理创新工作》，2011年6月25日《人民日报》。

② 余森、孙瑞：《“三调联动”构建平安和谐家园》，2010年11月22日《大河报》。

结合起来。通过实施信访代理制度、流动调解制度、群众工作日制度，有效化解有可能发生的重大社会矛盾和冲突。二是把群众工作与信访评议结合起来。通过建立健全信访评议化解机制，解决了一些长期积累下来的矛盾和纠纷。三是把群众工作与社区建设结合起来。在加强社区服务方面，形成了社区内有群众工作室、各居民组有群众工作点、各工作点有群众信息员的三级群众工作网络。在实施平安社区建设方面，建立起警社之间的协作关系以及警民之间的信任关系。四是把群众工作与组织建设紧密结合起来。通过整合资源，全市初步形成以群众工作部为龙头、以群众工作站为纽带、以群众工作室为基础、以村组信息员为前哨的四级群众工作网络。五是把解决群众切身利益的问题作为重要抓手。通过牢固树立群众利益无小事的工作理念，三门峡市各级组织从解决群众最关心、最直接、最现实的利益抓起，为创新社会管理打下坚实基础。

（2）将群众工作与社会工作的有机衔接作为社会管理创新的重要途径。群众工作是由党和政府宣传、发动、教育和组织全体人民共同从事推动中国特色社会主义建设事业的基础性工作。社会工作是政府主导、社会力量广泛参与的、以为民解困和助人自助为宗旨的、以科学的理论和方法为手段的专业性、职业化的社会服务工作。三门峡市经验的可贵之处是积极主动地适应“社会人”不断涌现、社会公共服务需求不断增加、社会关系协调及社会利益调解之类任务不断加重等社区发展的新形势新情况，通过群众工作与社会工作的有机衔接，培育了人们的公民意识和公共精神，促进了社会和谐稳定。

（3）将群众工作与依法行政的交融互动作为社会管理创新的着力点。群众工作要以情理感人，依法行政要以法理服人；两者虽然侧重点不同，但其中思想道德的柔性与政策法规刚性的交融互动，却能在实践中收到相得益彰的奇效。三门峡经验的独到之处即是坚持依法依规、协同协力、公开公正、交心交友和坦诚坦荡地做好群众工作，视维护群众利益为第一准则，把增进群众信任当做第一要求，从而在源头上减少了大量人民内部矛盾的发生。

2. 创新之处

（1）遵循新时期群众工作的特点及规律，在“将群众工作与信访服务、信访评议、社区建设、组织建设紧密结合，把解决群众切身利益问题作为重要抓手”的具体实践中，充分体现了党和政府社会政策的人本性、科学性、合理性及延续性。

(2) 在突出基层、突出群众工作、突出矿区管理、突出平安边界建设、突出工作特色、突出思想宣传这六大方面，有针对性地创新社会管理。

(二) 洛阳市的基本经验及创新之处

1. 基本经验

(1) 尊重人民群众在社会管理创新中的主体性。坚持以人为本、尊重人民群众的主体性以及不断创新调解工作机制是实现社会管理创新的根本。在实施多元化调解过程中，洛阳市有关部门注重从法律的角度对矛盾纠纷进行分析，使当事人知法懂法，并且善于运用思想政治工作的方法，对当事人进行说服教育，让他们知荣辱、明是非。一是注意人民调解与行政调解、司法调解的区别与联系，在构建社会矛盾纠纷调解工作体系中，确立人民调解的基础性地位，利用人民调解的群众性、民间性、自治性等特点解决社会矛盾。二是充分调动人民群众的积极性、主动性、创造性，让更多的群众自觉参与到大调解中来，充分发挥调解工作这一维护社会稳定、强化社会管理的“第一道防线”的职能作用。

(2) 把调解工作贯穿于社会管理创新的始终。一是按照“哪里有纠纷，哪里就有调解组织；哪里有人群，哪里就有调解工作”的要求，把开展调解工作作为化解社会矛盾的基础性、源头性、根本性工作，积极探索和大力推进。二是按照“调防结合，以防为主”的方针，加强民间纠纷排查机制和组织建设，对涉及不同主体、不同领域、不同性质的矛盾纠纷，做到了早发现、早调处、早化解。三是积极培育和发展区域性、行业性、专业性调解组织，引导它们积极介入土地承包、劳动争议、医患纠纷、征地拆迁等疑难矛盾纠纷，使社会管理水平跃上新台阶。四是通过着力提高调解员队伍素质和能力，既保证民调工作的质量和效率，又有力地推动了社会管理创新。

(3) 依托社会管理信息化平台，提高调解服务的效率和水平。针对当前管理要素日趋增多、管理难度不断增大、单靠传统手段已经难以为继的社会管理现状，洛阳市发挥信息化手段在社会管理创新中的作用，以信息化平台建设来提高新形势下社会管理信息化水平。通过建立矛盾纠纷情报信息网络，完善信息收集、报送、分析制度，以及坚持“信息预防、普遍预防、重点预防、回访预防”，有关部门能准确了解和掌握民间纠纷矛盾信息，及时发现可能导致矛盾纠纷的潜在因素。通过建立集多种功能于一体的“网上办事大厅”，以及在全市普

遍建立专用的QQ群，有关部门拓展了群众诉求渠道。通过城市管理中心的网络联结及数字化管理平台，有关部门对各类问题能早发现、早处置、早解决。

2. 创新之处

（1）正确把握新形势下人民内部矛盾交叉性、复合性和相关性不断增强的特点和规律，突破传统局限，基本形成人民调解、行政调解、司法调解相互衔接配合，“纵向到底、横向到边、条块结合、全面覆盖”的大调解工作格局。

（2）在强化“三大调解”的基础上，对各类矛盾纠纷进行细致分类，并且在调解主体多元化方面进行了大胆尝试，在调解形式及方法上进行了有益探索。

（三）新郑市的基本经验及创新之处

1. 基本经验

（1）努力改善民生、做好做足加强社会管理的基础性工作。民生实乃社会和谐之本。要搞好社会管理，就必须加快推进以保障和改善民生为重点的社会建设。创新民生优先机制、增加基础型民生投入、确保保障型民生广覆盖，这些一直是新郑市在加强和创新社会管理中的工作要点。通过制定“十个所有惠民生”政策措施，新郑市着力解决广大人民群众最关心、最直接、最现实的利益问题，让人民群众成为社会管理创新的最大受益者。

（2）打造“六大创新”工程，实现社会管理工作新突破。加强和创新社会管理，必须以改革创新为动力，以解决影响社会和谐稳定的突出问题为突破口，以创新体制机制为保障，才能取得明显成效。新郑市六大创新工程是：创建广泛化的社会参与体系，实现了社会服务管理模式新突破；创建立体化的社会防控体系，实现了治安防控网络新突破；创建多元化的矛盾化解体系，实现了社会矛盾化解新突破；创建社会化的民生保障体系，实现了城乡统筹发展新突破；创建人性化的帮扶教育体系，实现了社会群体服务管理新突破；创建规范化的公正执法体系，实现了队伍建设新突破。

（3）狠抓“六项制度”，为社会管理创新提供可靠保障。制度是要求人们共同遵守的办事规程或行动准则，其功能主要是为实现预定社会目标而增强社会功能和增加社会控制。紧紧围绕社会管理创新，新郑市群众工作和信访部门不仅完善联合接访机制和建立信访应急事项防控网络，而且狠抓“六项制度”（党委政府定期研究信访工作、领导干部“一岗双责”、领导接访及下访、信访评估、矛盾排查和信息报告、信访责任查究的落实)，真正把问题解决在当地，把群众稳定在基层。

(4) 思想教育先行，为社会管理创新提供精神动力。通过在政法机关深入扎实开展以“发扬传统、坚定信念、执法为民”为主题的教育实践活动，新郑市广大政法干警认真学习党的优良传统，进一步坚定了理想信念，强化了执法为民意识。实践证明，这一主题教育实践活动不仅是加强新时期政法队伍建设的重要举措，而且为社会管理创新提供了巨大精神动力。努力建设一支政治坚定、业务精通、作风优良、执法公正的政法队伍，就能让老百姓切身地感受到党和政府就在自己身边，公平正义就在自己身边，就能使社会管理创新水平跃上新台阶。

2. 创新之处

(1) 用领导方式转变加快社会管理创新步伐，从源头上、根本上、基础上为加强和创新社会管理创造了有利条件。

(2) 把保障和改善民生作为社会管理创新的根本出发点和落脚点，赋予社会管理创新以无限生机和活力。在政法部门推行主题教育实践活动，通过积极服务群众，有效推进了社会矛盾化解工作。

三 启示与展望

(一) 启示

综观三门峡、洛阳、新郑三市在社会管理创新方面的做法、经验及其创新之处，我们从中获得以下有益的启示。

1. 确立“以人为本”的群众工作理念是社会管理创新的灵魂

在改革开放新时期，群众工作依然是党和政府时时刻刻要面对的基础性、经常性和根本性工作。在从事社会管理活动中，我们依然要高度尊重群众的主体性和创造性，并且应当密切结合经济社会发展的新形势新情况，赋予群众工作以新的思想文化内涵及实践价值。

2. 实现政府职能转变是社会管理创新的必备条件

构建“党委领导、政府负责、社会协同、公众参与”的社会管理新格局，

离不开政府职能转变的强力支撑。只有始终坚持把加强社会建设与经济建设摆在同等重要的位置，将维护社会和谐稳定作为党委政府的重要职责，社会管理创新才能付诸实施并且被落到实处。

3. 多重视角审视社会管理工作是创新社会管理的必要条件

搞好社会管理创新工作，需要充分考虑其本身所具有的对象的多元化、环境的多维化、内容的多面性、诉求表达方式的多样性、工作难度的叠加性等特点，需要准确把握群众在社会心理及其需求层次方面的变化，需要积极应对不同利益群体思想的差异性、陌生人世界关系的复杂性、网络社会场景的虚拟性等新时期特定环境因素的挑战。

4. 决定社会管理创新成效的关键在于思想观念是否转变和方式方法是否得当

不把问题当问题，早晚会出大问题；只有树立高度警觉意识，把立足于预防矛盾和冲突当做新形势下社会管理工作的难点和重点来抓，才能防微杜渐，实现社会的长治久安。方式得当，事半功倍；只有在实践中不断创新方式方法，探索完善的工作模式，才能将理性的触角向更深层次、更广领域延伸，尽快实现社会管理科学化。

（二）展望

所谓试点工作，即是通过小范围的试验来探索事物规律以积累经验的过程，而将“点”上的经验进行总结、提炼并且普遍推广，就能少走弯路或不走弯路，从而减少工作成本，获得理想的工作成效。三门峡、洛阳、新郑三市在社会管理创新试点工作方面的艰辛探索以及宝贵经验，无疑为全省各地做好社会管理创新工作开了好头，提供了好样板。一花引来万花开；可以预期，在浑厚朴实的中原文化底蕴的坚实支撑下，在“三化”协调发展之良好社会氛围及效应的辐射和激励下，这些社会管理创新工作的好样板将由点到面、由分到合，全面推进、整体发展。一个社会管理人人参与、和谐社会人人共享的良好局面终将在全省范围内悄然形成。

展望未来，一方面河南社会管理创新之路筚路蓝缕，任重而道远；另一方面则有其诸多有利因素，前景看好。现阶段，城镇化步伐加快引起流动人口不断增加，社会改革加速造成“社会人”的不断增多，阶层分化和利益多元引发社会矛盾的不断叠加，新老问题的交织和疑难问题的纠葛致使社会治安的热点和难点

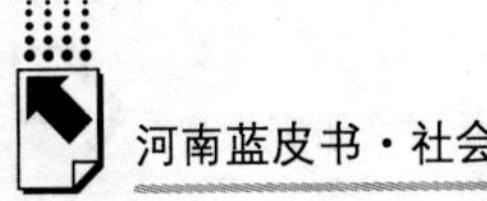

不断出现。凡此种种，均向当前河南社会管理工作提出强劲挑战。此外，人们思想活动的独立性、选择性、多变性、差异性的明显增强，也向河南社会管理创新工作提出了更高的要求。伴随中原经济区建设的逐步深入，河南在社会管理领域将面临诸多新任务和新难题，可以预见和难以预见的风险也将同时增多。因此，河南省要始终保持清醒头脑，不断增强忧患意识，不断提高对加强和创新社会管理紧迫性、重要性和艰巨性的认识，不断提高做好加强和创新社会管理工作的自觉性和创造性，并且要紧密结合河南实际，抓住关键、突出重点，全面提升全省社会管理科学化水平。

B.3

河南省南水北调中线工程移民分析报告

王树山　吴海峰*

摘　要： 做好移民工作，历来是水利工程建设取得成功的关键所在。本文介绍了河南省南水北调中线工程移民搬迁安置的基本情况，分析了这次移民搬迁安置人数多、难度大、时间紧、要求高、帮扶任务重等突出特点，阐述了河南省进行工程移民搬迁安置的主要做法、取得的显著成效，论述了河南省通过贯彻落实科学发展观去克服重重困难完成移民搬迁安置工作的基本经验，并且指出了在移民搬迁安置工作基本完成后面临的挑战，以及今后要重点采取的一些措施。

关键词： 河南省　南水北调　移民安置

河南省南水北调中线工程移民集中在南阳市丹江口库区淅川县，涉及农村移民16.2万人，2009年8月完成1.1万试点移民，2009年10月启动大规模移民，2011年10月圆满完成农村移民集中搬迁任务，实现了省委、省政府确定的"四年任务、两年完成"的目标。目前，移民工作重点已由搬迁转入后续帮扶阶段。

一　基本情况

南水北调中线工程丹江口水利枢纽工程大坝加高后，淹没影响南阳市淅川县11个乡镇、184个行政村、1276个村民组，涉及农村人口26957户105962人；淹没影响土地面积21.69万亩，其中耕园地12.66万亩；淹没房屋290.97万平

* 王树山，河南省南水北调建设管理局局长；吴海峰，河南省社会科学院农村发展研究所所长、研究员。

方米；淹没影响集镇3个，工业企业36家。按照规划，需搬迁安置农村移民16.2万人，其中，淅川县内安置1.9万人，出县外迁安置14.3万人。移民安置区涉及郑州、平顶山、新乡、许昌、漯河、南阳等6个省辖市、25个县（市、区）。移民集中安置点208个，需调整建设用地1.94万亩、调整生产用地19.71万亩。此外，还有3个集镇迁建、36家企业迁建、改建及大量专项设施恢复改建、水土保持、环境保护和文物保护等。移民分三个阶段实施。

试点移民。涉及淅川县10个村、69个村民小组，搬迁安置1.06万人，试点移民除128人投亲靠友安置外，其余10499人全部出县外迁安置。共涉及6个省辖市的10个县（市），建设移民安置点12个，新村占地1345亩，划拨生产用地13156亩。

第一批移民。涉及淅川县57个移民村、483个村民小组，搬迁安置6.49万人。安置区涉及郑州、平顶山、新乡、许昌、漯河、南阳等6个省辖市的25个县（市、区），建设移民安置点81个（其中近迁、外迁63个，后靠18个），新村占地7849亩，划拨生产用地8.03万亩。

第二批移民。涉及淅川县101个移民村、703个村民小组，搬迁安置8.61万人。安置区涉及郑州、平顶山、新乡、许昌、漯河、南阳等6个省辖市的20个县（市、区），建设移民安置点115个，新村占地10230亩，划拨生产用地10.37万亩。

二　突出特点

这次丹江口库区大坝加高移民，具有以下五个突出特点。

1. 移民安置难度很大

（1）利益诉求多。此次移民迁安工作处在我国经济高速发展期、改革攻坚期和矛盾凸显期。在社会经济变革、利益格局不断调整、群众法律观念和维权意识不断增强的新形势下，深层次的、历史的矛盾和问题不断暴露，加上群众承受能力减弱，协调难度不断增加。

（2）等靠要，依赖性强。这次搬迁的移民大多为初期工程移民，相当一部分移民经过多次搬迁。人多地少的矛盾比较突出，生活生产条件较差，基础设施和公益设施薄弱。在长期接受国家救济、扶持过程中，产生了依赖性，形成了等

靠要思想，主动性较差，增加了工作难度。

（3）维稳压力大。移民搬迁，涉及利益主体多，在安置点选择、移民身份确定、各种补偿标准、房屋建设质量等方面，矛盾纠纷多，利益诉求多，不同批次移民之间、新老水库移民之间攀比现象抬头，移民与原住民之间摩擦显现，维护社会稳定压力大。

2. 移民安置强度空前

丹江口库区移民是继长江三峡移民之后最大的一次移民行动。三峡工程实际搬迁农村移民45万人，历时16年，年平均2.8万人；河南省黄河小浪底水库共搬迁农村移民14.8万人，历时11年，年平均1.35万人。而河南省丹江口库区规划移民16.2万人，除试点移民外的15.1万人，要在两年时间内完成搬迁安置，平均每年7.5万人，实现“平安搬迁、文明搬迁、和谐搬迁”目标，难度之大、强度之高前所未有。

3. 补偿补助标准偏低

这次丹江口库区移民补偿标准虽较以前有了较大提高，但与高速公路、高速铁路、工业项目等项目补偿标准相比，明显偏低，移民的期望与政策之间存在一定落差，有关愿望难以满足，加上迁安工作确实给移民和当地群众的生产生活带来了不同程度的影响，工作中容易发生矛盾冲突。

4. 社会关注度很高

作为造福当代、惠及子孙的千秋伟业，南水北调工程举世瞩目，丹江口库区众多的移民搬迁已成为社会关注的热点、难点，稍有不慎就会成为焦点。做好移民工作，确保工程顺利建设，对于各级党委政府的执政能力和各有关部门干部的政治素质、业务能力、工作水平等都是重大的考验。

5. 后续帮扶任务繁重

移民搬迁后适应能力脆弱。

（1）气候环境不适应。淅川县库区是长江气候，比较湿润。而移民搬迁安置的地方，多处于淮河以北，冬季寒冷干燥、降雨量较少，其环境条件与原住地有一定差别。

（2）社会关系的临时割断带来的不适应。相当一部分移民村一个村分为两个，最多的分为5个安置点，甚至亲兄弟、父母与子女及其他家庭和社会关系也分开，造成很多亲情关系、社会关系临时割断，给移民群众带来了许多不适应。

（3）生活成本增加和收入暂时下降不适应。很多移民原来烧柴、吃水、吃菜不用花钱，生活成本很低。来到新的安置地以后，虽然房子漂亮了、用上了自来水、配了煤气罐，有的通上了天然气，但这些都需要花钱，使生活成本增加。同时，由于移民忙于建房搬迁，一定程度上影响了收入，加上初到新的安置地，就业有个过程，部分移民收入会有暂时的下降。确保移民群众稳得住、快发展、能致富，是一个长期而艰巨的任务，还有大量工作要做。

三　显著成效

在河南省委、省政府的坚强领导下，在国务院南水北调办的精心指导下，经过有关部门和广大移民、干部群众的共同努力，移民搬迁安置工作推进速度快，安置效果好，移民比较满意，顺利完成了各阶段的任务。

1. 试点移民生产发展，生活稳定

2008 年 11 月 7 日，省委、省政府召开丹江口库区移民安置工作动员大会后，省各级党委、政府和有关部门讲政治、顾大局，把库区移民工作当成紧迫而重要的任务，充分发挥政治和政策优势，动员各方力量，汇集八方资源，全省上下形成了目标一致、齐心协力的工作格局。2009 年 7 月底移民新村基本具备入住条件，8 月 28 日 1.06 万试点移民全部迁出库区。目前，试点移民正在发展生产，逐步融入当地社会。通过试点移民，探索了路子，积累了经验，锻炼了队伍，为大规模移民奠定了基础。

2. 第一批移民安置全面完成

第一批移民安置工作于 2009 年 10 月 20 日启动。全省上下围绕既定工作目标，加强组织领导，层层分解任务，完善工作机制，健全监管体系，克服重重困难，确保第一批移民迁安工作的全速推进。2010 年 5 月底，房屋建设基本完成，7 月 20 日基础设施和公益设施建设基本结束，陆续具备搬迁条件。从 6 月 17 日开始，第一批移民搬迁工作全面展开，到 9 月 4 日已累计集中搬迁移民 76 批 13761 户 60886 人（不含投靠亲友和本村后靠分散安置移民），第一批移民搬迁圆满结束。目前，已迁移民在当地政府和有关部门的帮扶下，正逐步适应新的环境，开始新的生活。

3. 第二批移民搬迁顺利完成

第二批移民是河南省丹江口库区最后也是规模最大的一批移民。在做好第一批移民迁安工作的同时，2010 年 6 月 12 日，河南省启动了第二批移民新村建设工作。面对时间紧、任务重、压力大的严峻形势，各级政府和部门按照省委、省政府的统一部署，先后完成了各个阶段的目标任务，近迁、外迁的 88 个移民新村建设按时完成，陆续具备了搬迁条件。

在做好移民新村建设工作的同时，从 2011 年 3 月份起，河南省提前开展移民搬迁准备工作，建立了搬迁组织，制定了搬迁方案，落实了各方责任。5 月 5 日，第二批移民搬迁全面展开。各地按照河南省实施方案，根据“成熟一个、搬迁一个”的原则，细化搬迁计划，精心组织实施，确保每一批次的移民顺利、平安、和谐搬迁。搬迁期间，省移民安置指挥部 24 小时昼夜值班，统一指挥，协调解决问题；各有关高速公路服务区为移民群众免费分发食品，各收费站点免费通行，张贴标语表示欢迎；省卫生厅组织各地派出救护医疗队全程提供医疗保障；省公安厅协调各有关单位维护社会治安，确保搬迁秩序；各有关市县（市、区）都成立了移民搬迁指挥部，统筹协调指挥移民搬迁，主要领导亲自带队进村入户，跟随车队一路护送。从 5 月 5 日至 8 月 25 日的 112 天时间里，第二批农村移民累计搬迁 95 批次，搬迁移民 17080 户 76724 人。2011 年 10 月 26 日又完成了社区移民搬迁 306 户 1257 人，至此，河南省两年内已累计搬迁农村移民 193 个批次、15.4 万人，剩余的淅川县后靠、分散安置移民也将在 2011 年底前全面完成。

四　主要做法

水利工程建设征地移民，具有非自愿性、依赖性、复杂性、长期性等特点，号称“天下第一难”。在移民人数多、安置任务重、搬迁时间紧、质量要求高的情况下，围绕如何把移民安置好、实现“搬得出、稳得住、快发展、可致富”的目标，河南省主要采取了以下做法。

1. 坚持以人为本，高起点规划

移民安置规划是搞好移民搬迁安置工作的前提。回顾以往水库移民，之所以出现移民上访多、不稳定因素多、遗留问题多，其中一个主要原因，就是重工程建设，轻移民安置；重搬迁安置，轻规划设计。这次移民工作开展以来，河南借鉴和吸取以往移民的经验教训，以科学发展观为指导，坚持以人为本，结合本省实际，高起点规划，高标准设计，努力把移民新村建设成为新农村的示范村。在安置方案确定上，突出以土为本、以农为本，确保长治久安；在居民点选择上，坚持“三边”原则，使居民点尽量靠近主要道路边、城集镇边和产业集聚区边，方便移民生产生活，为致富发展创造条件；在生产用地规划上，严格执行人均水浇地1.05亩或旱地1.4亩的标准，开展土地整理，兴修农田水利，改善生产条件，增加粮食产量和收益；在基础设施建设上，对交通、电力、供水方案等进行详细勘察设计，反复论证，保证移民安置方案切实可行。特别是在以下方面实现了历史性突破：一是对移民淹没土地补偿补助费不足以在安置区按规划标准征地的，国家负责弥补资金缺口，增列移民生产安置增补费。二是对移民人均房屋补偿费不足24平方米砖混结构补偿费的，国家负责补足，保证移民基本居住条件。三是增列移民公益设施补助费，加上地方全力帮扶，移民新村公益设施完善。四是高标准规划基础设施，做到基础设施配套。五是移民新村在全省率先实行了雨污分流，并在末端进行污水处理，做到达标排放。六是移民土地全部纳入土地整理，耕种条件大大改善。从全省208个移民安置点看，土地条件、交通条件、水利条件及经济发展水平都比较好，具有良好的发展优势。

2. 坚持质量第一，高标准建设

移民新村建设是移民迁安工作的关键环节，河南省高起点规划、高标准建设，努力把每个移民新村率先建成当地的示范村。户型选择方面，从社会上广泛征集美观实用的230种户型设计方案，经专家论证后精选出了46种获奖设计方案编印成册，发放到每个市、县和移民村，让移民精挑细选、优中选优。在新村布局、房屋造价、施工队伍招标等方面充分征求移民群众意见，积极组织移民代表全程监督，严把“五道关口”，即把好招标投标关、市场准入关、材料进场关、监测检验关、竣工验收关；落实“四位一体”的质量监督体系，即实行政府监督、中介监理、企业自控、移民参与；建立“三项机制”，即每月一次互督互查、关键时间节点评比奖惩、搬迁前省、市、县三级验收的制度，使移民新村建设质量始终处于受控状态；做到“两个满意”，即各级党委政府满意、移民满意。尤其是把督导检查、奖优罚劣作为促进移民新村建设的重要抓手，制定和完善了有关督促检查、奖惩办法，根据督查情况逐项打分、排定名次，对先进单位

实行重奖，对落后单位点名批评，以营造争先创优的浓厚氛围，确保把移民新村建成移民群众满意的精品工程。

3. 坚持“亲情操作”，和谐推进搬迁

河南省在搬迁安置过程中，坚持尊重移民的意愿、尊重移民的知情权，坚持“亲情操作”，让移民参与搬迁安置的全过程，既消除了移民群众的种种顾虑，又促进了移民工作的顺利开展。在搬迁前，广泛深入宣传移民政策、搬迁安排、奖励制度及各地对移民群众的支持和厚爱，形成积极搬迁、支持搬迁的浓厚氛围。同时，根据移民新村建设进展情况和库区移民的生活习惯，积极征求各方意见，提前制定详细的工作预案和操作流程，具体分解为46个关键环节和规定动作，对待年老体弱、临产孕妇、高危病人等特殊群体，逐一进行登记造册。并坚持群众不理解不搬迁、问题不解决不搬迁、条件不具备不搬迁、方案不周密不搬迁、政策不到位不搬迁，使移民群众时刻感受到各级政府和部门饱含深情、细致入微的人性化安排。在搬迁中，严格按照预定的工作预案和操作流程，统一组织车辆，统一装车时间，统一行车线路，统一移民佩戴标牌。安排专门的装车卸车人员，每车派出人员一路跟踪护送，特别关照和爱护年老体弱、临产孕妇、高危病人等特殊群体，免除路桥通行费，免费提供午餐，提供周到而细致的服务，确保平安、顺利、和谐搬迁。

4. 坚持后续帮扶，促进生产发展

为了移民搬迁后能尽快适应新的环境、尽快恢复正常生产生活，河南省高度重视各项后续帮扶工作，安排解决移民搬迁后的生产生活问题。积极安排房屋修缮，保证了房屋质量；组织移民人口公示复核，按月发放生活补助；及时办理各种手续接转，方便移民生产生活；发放粮油、蔬菜、炊具等物品，保证生活必需；实行县乡干部“一对一”结对帮扶联系移民户制度，千方百计解决移民生活中遇到的困难和问题；对就医就学都作了比较详细周到的安排，对军烈属、五保户、鳏寡孤独、贫困户等脆弱群体给予妥善安置；加快生产用地划拨、移交和分地到户，确保按时种上小麦；举办种植、养殖、务工等生产技能培训班，为移民“能发展，可致富”打下基础；引导移民加大劳务输出，增加移民收入；统一规划养殖园区，落实生产发展奖励、补助资金，积极做好生产开发，帮助移民群众增收。

五　基本经验

河南省丹江口库区移民迁安工作能够取得较大成效，主要是由于很好地发挥了党的核心领导优势、现行体制机制优势、中央和地方政策集成优势、党善于做群众思想政治工作的优势。其基本经验可以概括为：把部门工作转变为政府行为，把政府行为转化为社会行动。具体来说，主要有以下几点：

1. 得益于各级党委、政府的高度重视

河南省委、省政府始终把移民迁安作为一项重要的政治任务和中心工作，先后组建了由省长任组长、三位副省长任副组长的南水北调中线工程建设领导小组，成立了由省委副书记任政委、分管副省长任指挥长的库区移民安置指挥部。指挥部下设办公室，抽调得力人员，脱离原工作岗位，集中办公。各有关市、县都成立了领导小组和指挥部，实行准战时体制，把移民工作作为培养、锻炼年轻干部的重要平台，党政“一把手”亲自挂帅，分管领导现场指挥，形成了全省上下目标一致、高效运转的指挥体系，为移民迁安提供了坚实的政治基础和组织保障。南水北调丹江口库区移民迁安工作，是省内有关各地积极主动参与的“一号工程”，始终是各级主要领导非常关心的“一把手工程”，始终是有关地方政府严格奖惩的“一票否决工程”。

2. 得益于各部门分工协作、齐抓共管

按照省委省政府的统一部署，全省实行了库区移民迁安包县工作责任制，省直25个厅局，每个厅局由一名副厅级领导组成5～7人组成工作组，分别驻扎在有移民迁安任务的25个县（市、区）驻村蹲点，一包到底。各地实行了市包县、县包乡、县乡干部包村包户的逐级分包制度。在移民搬迁中，省里明确了各市县和省直各部门的职责分工。卫生部门专门组织医疗救护队，携带急救药品和器械，为移民群众提供医疗服务；公安交警人员坚守岗位，日夜保障移民生命财产安全，保障交通通畅；电力部门组建移民搬迁服务队，投入应急发电设备，确保移民搬迁用电安全；交通运输部门为移民开辟“绿色通道”，免除移民搬迁路桥通行费，同时积极开展优质服务活动，在搬迁车队休息的服务区，为移民免费分送面包、茶水、火腿肠等食品；气象部门随时发布天气预报；教育、民政、林业等部门及时办理有关手续。各级、各部门都做到一切服

务于移民、一切让路于移民、一切为移民提供周到服务，特事特办，急事急办，不讲困难、不讲条件、不讲代价。全省形成了纵向一致、横向同心、合力攻坚的浓厚氛围。

3. 得益于中央和地方政策的有机集成

一方面坚持用足用够国家有关征迁安置政策，力争每分钱都用在刀刃上；另一方面注重创造性地开展工作，积极争取各项支农惠农资金和新农村建设资金优先倾斜于库区移民。省直36个厅局按照省委、省政府关于移民安置工作实施方案的要求，在项目、资金、政策、技术等方面积极开展移民帮扶工作，直接帮扶移民资金20.92亿元。各有关市、县也都为安置好库区移民拿出了“真金白银”。比如，郑州市按照市区土地每亩奖补1.5万元、县区土地每亩补差7000元的标准，拿出9.8亿元用于解决移民征迁征地差价，按照每村300万元的标准对22个移民新村进行补贴和配套；平顶山市、县财政拿出2500万元，按照每户8000元的标准，补贴移民群众建房；南阳市在各县（市、区）的基础上，从市财政拿出3亿元用于奖励补贴移民新村建设和生产发展。

4. 得益于做好深入细致的思想工作

移民群众世世代代居住库区，穷家难舍，故土难离，如何做好移民群众的思想工作，是移民迁安工作中最大的难题。为了做好移民群众的思想工作，一方面加大宣传教育力度，使广大移民群众真正了解工程建设的意义，了解移民安置补偿政策，消除顾虑，自觉地舍小家、顾大家、为国家，积极主动搬迁。另一方面注意发挥迁安双方党员干部的作用，动之以情、晓之以理地做好群众的思想工作。迁入地党政干部亲自带队到库区宣讲安置区的区位、发展优势和优惠政策，带着慰问品逐村逐户看望移民群众；迁出地坚持“六到户”工作法，即“移民政策宣讲到户、干部走访到户、议题公示到户、问题解决到户、矛盾调解到户、群众评议到户”；开展“八对比”宣传教育活动，即“比土地、比区位、比补偿、比规划、比补助、比发展环境、比发展前景、比过去的移民政策”，并带领移民代表多次到迁入地实地查看安置环境和具体位置，拉近迁出地和迁入地距离，激发移民群众“早搬迁、早稳定、早发展”的愿望。广大移民干部则进村包户，苦口婆心、不厌其烦地帮助群众解疑释惑，时时刻刻关心移民的冷暖，夏天送去电扇、西瓜，冬天送去取暖设备、衣被和蔬菜。

六 未来展望

河南省丹江口库区移民集中搬迁虽然已经基本结束，但移民搬迁之后还面临诸多挑战。一是后续工作非常繁重。移民搬迁到安置地，人生地不熟，生产生活方式改变，邻里关系隔断，短时期内生活稳定不下来。这就需要扎实做好后续帮扶工作，帮助他们安下心、扎下根。二是发展致富任重道远。移民的发展致富，是循序渐进的过程。这就需要帮助其梳理思路、筛选项目、培训技能，需要大量的后续工作及时跟进。三是维护稳定压力很大。展望未来，在完成16.2万移民搬迁任务后，各种各样的问题将会接踵而来，一个时期内维护稳定的压力也将会很大。为此，有关部门需要重点采取以下措施。

1. 做好移民搬迁后续工作

一是继续搞好县乡干部“一对一”结对帮扶移民户活动，强化帮扶责任，完善帮扶措施，及时排查解决有关问题，尽快实现平稳过渡。二是抓紧开展移民有关补偿补助资金的结算，按月发放过渡期生活补助，确保移民基本生活需要。三是按时完成移民生产用地分配到户，确保移民按时种上小麦。协调解决好各种矛盾纠纷，确保社会和谐稳定。

2. 提前谋划生产发展

把移民生产发展和后期帮扶工作纳入重要议事日程。一是建立健全管理机制，明确任务，落实责任，细化到人。二是加强移民技能培训，使有劳动能力的移民掌握一技之长；加大移民劳务输出，扩大移民就业门路；帮助指导移民发展生产，积极调整产业结构，大力发展养殖、种植等高效农业。三是认真落实大中型水库移民后期扶持政策，按时将后期扶持资金发放到移民手中。

3. 切实做好移民维稳工作

一是认真排查和着力帮助移民群众解决生产生活中存在的实际困难和问题，切实解决移民群众的燃眉之急。落实好各项移民优惠政策，让移民得到真正的实惠。二是针对移民群众中出现的不稳定苗头，坚持“矛盾排查在前、问题解决在前、思想工作在前”，切实将矛盾化解在基层，将问题解决在萌芽状态。

B.4

河南省“民生工程”研究报告

周全德*

摘　要：近些年来，河南各项“民生工程”的实施，有效解决广大人民群众所思所忧的各种迫切问题和疑难问题，使人民群众真正得到实惠，并且推动城乡协调发展，密切党群、干群关系，促进社会和谐稳定，对未来河南经济社会发展产生了深远影响。实践表明：以“为人民群众每年办好十大实事”作为主要内容的河南“民生工程”建设，它不仅具有利农惠农、统筹兼顾、着眼于发展等特点，而且在反复实践及不断改进的基础上，为其自身进一步发展积累可资借鉴的宝贵经验。面对建设中原经济区这一新形势、新任务，河南“民生工程”有待于进一步充实、完善和提高。

关键词：民生工程　十大实事　中原经济区建设

“国以家为基，邦以民为本”；加强以保障和改善民生为重点的社会建设，事关国家长治久安和社会和谐稳定。近些年来，地处中原的河南发展势头强劲，经济实力不断增强，多项发展指标在全国的排序持续提升。经济“蛋糕”的做大，为河南围绕“民生工程”建设切好“蛋糕”，提供了良好的物质条件。

一　河南“民生工程”实施现状及效应

自2005年以来，河南省委、省政府以履行“每年为全省人民群众办实事”的承诺作为切入点和突破口，建立起不断改善民生的长效机制，连续七年推进全

* 周全德，河南省社会科学院社会发展研究所副所长、研究员，主要研究方向为应用社会学。

省“民生工程”建设，使更多的公共财政阳光洒向民生，让越来越多的城乡居民的幸福指数得到提升（见表1）。

表1　2005～2011年河南每年实施的“民生工程”项目概览

单位：亿元

年份	河南“民生工程”项目类别	筹措资金总额
2005	解决好农业税全免问题；解决好农村贫困家庭子女入学难问题；解决好农民就医难问题；解决好群众饮水安全问题；解决好村村通柏油路问题；解决好艾滋病患者及其家庭的救治救助问题；解决好下岗职工再就业问题；解决好困难群体的救助问题；解决好提高农民致富本领问题；解决好外出务工人员中党的建设问题	121.0
2006	落实好对农民购买大型农具的补贴政策；增强农村义务教育保障能力；缓解群众看病难问题；切实改善农民出行条件；进一步解决环境污染和农民饮水安全问题；加快农村沼气建设；扩大农村广播电视和信息网络覆盖面；加快农村富余劳动力转移；做好城镇就业再就业工作；加大困难群体救助和扶贫开发力度	174.4
2007	加大对农民的补贴力度；继续改善农民基本生活条件；巩固提高农村义务教育水平；缓解群众看病难、吃药贵问题；繁荣农村文化事业；做好农村劳动力转移就业工作；加强城镇就业、再就业和社会保障工作；加大对城乡困难群体的救助力度；加快经济适用房和廉租住房建设；进一步加强污染防治	245.4
2008	加大对农民的补贴力度；切实改善农村村容村貌；大力发展农村文化事业；进一步提高义务教育保障水平；继续改善群众医疗卫生条件；扎实推进城市低收入家庭住房保障工作；认真做好就业再就业工作；加强社会保障和对城乡困难群众的救助；努力保障食品药品安全；积极推进污染防治	470.0
2009	加强保障性安居工程建设；提高城乡居民特别是低收入群体收入；加大支农惠农力度；继续加强农村民生工程建设；大力发展农村文化事业；进一步加大教育投入；着力改善群众医疗卫生条件；认真做好就业再就业工作；积极推进城乡生态环境治理；加强生产安全和食品药品安全监管	512.0
2010	千方百计扩大就业；大力实施保障性安居工程；着力提高社会保障水平；着力促进农民增收脱贫；进一步改善城乡生产生活条件；大力实施文化惠民工程；优先发展教育；着力提高公共医疗卫生服务水平；大力推进生态建设和环境保护；切实维护公共安全	822.1
2011	大规模实施保障性安居工程；千方百计扩大就业；提高社会保障水平；改善农村生产生活条件；大力实施文化惠民工程；着力提高城乡教育水平；着力提高公共医疗卫生服务水平；加强生态建设和环境保护；加强食品药品安全监管；扎实推进平安河南建设	600.0
合计		2944.9

1. 每年办十件事，开局良好

2005年，河南省委、省政府首次承诺投入更多精力和财力，每年为全省城乡居民办好十件实事，以切实解决与群众利益密切相关的各种生产及生活难题。

（1）“一免三补”的惠农政策得到很好的贯彻落实。2005 年全省实际免征农业税 29.1778 亿元，共发放种粮直接补贴 11.8705 亿元，农机购置补贴 4632.9 万元，“小麦良种补贴券”3.03 亿元；在河南，沿袭两千六百多年的“皇粮国税”即农业税成为历史，现今农民种田不但不缴税，反而能从国家那里得到各种补贴。为表达对党和政府的感激之情，某地村民自发筹资立下感恩碑，碑上写道：“种地给补贴，耕田不纳粮；农民得实惠，党恩永不忘”。

（2）“两免一补”成效显著。2005 年全省春季资助困难学生 392.6 万人，秋季扩大到 619.6 万人，共落实资金 10.855 亿元，超出承诺资金数 4.855 亿元，并且全省共投入资金 11.357 亿元对 16666 所项目学校、596.88 万平方米的 D 级危房进行了改造。通过发放《“两免一补”家访表》的形式，省督察组对此进行深入调查，结果群众普遍反映“两免一补”政策的实施，对于一大批因贫辍学的孩子来说恰似久旱逢甘霖，让他们得以摆脱失学困境，重返校园学习。

（3）全省已基本形成比较健全的困难群众救助体系。2005 年全省确定城市低保对象 137.27 万人，累计发放低保金 8.7066 亿元；初步核定农村五保对象 47.2 万人，安排五保供养经费支出 4.6242 亿元；全省 52.22 万户 105.67 万名农村特困救助对象的救助证和救助资金发放基本到位，并且农村有 24.8 万户 48.5 万人被纳入农村最低生活保障范围；全省共筹集、发放国有企业下岗职工基本生活保障资金 2.41 亿元。[①] 综上所述，河南“民生工程”建设初战告捷，成效显著；它解决大量涉及民生的紧迫问题和根本问题，赢得人民群众的广泛赞誉，收到了良好的社会效果。

2. 每年为全省人民群众办实事成为长效机制

在从 2006～2010 年的“十一五”时期，河南社会事业全面进步、人民群众得到更多实惠。其主要体现在作为“每年为全省人民群众办实事”之标志的各项“民生工程”越建越好，已成为省委、省政府每年工作中的重中之重。这五年，省委、省政府年年通过大众传媒，面向公众征集对拟办的各项“民生工程”的项目建议。这五年，全省民生投入明显加大，投入“民生工程”建设资金累计超过 2000 亿元，年均增长 200 亿元以上[②]。尤其是在 2010 年，在筹划中原经

① 吴志全：《2005 年河南承诺十件实事已落实到位》，2005 年 12 月 26 日《河南日报》。

② 刘丽雅：《河南建十项民生工程提高民生保障水平》，2010 年 12 月 21 日《东方今报》。

济区建设热潮的推动下，全省各级政府共投入“民生工程”建设资金达822.07亿元，比上一年增加了60.6%，是历年来财政资金投入力度最大的一年。从这一年的预算执行情况看，城乡生态环境治理投入、农村基础设施建设投入、提高社会保障水平投入、改善医疗卫生条件投入等，均较上一年增加了1倍多。2011年，即便在全省建设资金安排较为紧张的情况下，各级财政依然筹措600亿元资金用于“民生工程”建设，其中仅上半年就投入449.6亿元，在历年投入资金的排序中位居第二①。据近期河南省地方经济调查队对全省12个省辖市和12个县（市）1200名居民进行的问卷调查表明，绝大多数被调查者认为“民生工程”的逐年实施已取得令他们满意的效果，其中九成以上的被调查者认为目前全省民生状况有了大的改善。②

民生关系发展，发展惠及民生。自2005年以来，河南省财政筹措用于“民生工程”建设的资金累计达3000亿元③，其投入之巨大在河南发展史上堪称前所未有。其结果是促使“就业之困、就医之急、就学之难、安居之忧、吃水之愁、出行之阻、养老之惧”等基本民生问题在较大程度上得到缓解，为中原经济区建设营造了良好社会氛围，为全省经济社会发展跃上新的台阶注入无限生机和活力。七年来，河南省各项“民生工程”的实施，有效解决广大人民群众所思所忧的生产及生活难题，使人民群众真正得到实惠，并且推动城乡协调发展，密切党群、干群关系，促进社会和谐稳定，对未来河南经济社会发展产生了深远影响。

二　河南“民生工程”建设的特点及经验

（一）河南“民生工程”建设的特点

河南地处中原，在经济发展、政治运行、文化传承、人文地理、生活方式等方面均表现出自身鲜明的特点，而这些特点也必然会在全省“民生工程”建设过程中强烈地表现出来。

① 魏铭荃：《河南上半年投入449.6亿元，推进十项重点民生工程》，2011年7月27日《人民日报》。

② 郑国锋：《做大切好“蛋糕”，切实改善民生》，2011年3月15日《东方今报》。

③ 柴智：《新十八谈·民生篇之八：科学理财惠民生》，2011年9月6日《河南日报》。

1. 体现了“工业反哺农业，城市支持乡村”的惠农品质

河南农业人口众多，农村及农民发展状况事关全省经济社会发展全局。“农民利益无小事，三农问题大于天”，让广大农民安居乐业，普遍感到心里有靠头、生活有盼头、生产有劲头、致富路上有奔头，实乃河南实施“民生工程”的主旨。2005～2006 年，每年有九件关乎农民切身利益的“民生工程”，2007 年则有六件直指“三农”疑难问题（见表 1，第 050 页）。此外，在全省实施的“民生工程”中，河南连续 6 年把农村道路、农村居民安全饮水、农村中小学危房改造等 12 项工作纳入其中，连续 5 年把农村环境综合治理、沼气、广播电视村村通等 4 项工作纳入其中。尤其是在 2010 年，在建设中原经济区热潮的进一步推动下，全省实施的十项“民生工程”中就有九项惠及“三农”（见表 1，第 050 页）。这些惠农型“民生工程”具有投资大、工作实、效果好、受益广等鲜明特点，使广大农民充分感受到全社会的厚爱，充分体验了后农业税时代的幸福生活。

2. 体现了普惠型与特惠型密切结合的统筹特性

河南是中国的缩影，河南在中国的位置与中国在世界上的位置十分相似，即经济发展总量比较大，但人均收入却较低。河南不仅人均收入水平较低，而且那些需要社会给予其以特殊照顾的困难群体也为数不少。因此，在“民生工程”的策划及实施过程中，有关部门既要考虑让广大群众皆有所得，以此增强人们对发展的期盼和信心，调动人们发展的积极性，同时，又要充分顾及弱势群体所处的特定境遇及特殊困难，采取有针对性的社会措施，切实帮助他们解决基本民生问题。比如，在 2005 年河南首次实施的“民生工程”中，解决好农业税全免问题、解决好农民就医难问题、解决好群众饮水安全问题、解决好村村通柏油路问题等项目就带有普惠性质，而解决好农村贫困家庭子女入学难问题、解决好艾滋病患者及其家庭的救治救助问题、解决好下岗职工再就业问题、解决好困难群体的救助问题等项目则带有典型的特惠性质（见表 1）。此外，省委、省政府在对 2006～2011 年历年的各项“民生工程”安排中，也均体现了将普惠型与特惠型密切结合的特点。

3. 体现了解决民生问题的前瞻性

地处中原地区的河南，人口多、底子薄、资源相对来说比较匮乏。况且河南是经济大省却不是经济强省，是农业大省但不是农业强省，是人口大省而不是人力资源强省。此外，河南长期面临“钱从哪里来，人往哪里去，粮食怎么保，民生怎么办”的“老四难”，同时眼下又面临“土地哪里来，减排哪里去，要素怎么保，物价怎么办”的“新四难”。在河南，发展问题与民生问题水乳交融地混合在一起，发展中的薄弱环节往往也是民生疑难问题之症结。因此，河南需要从实际省情出发，因地制宜地制定符合群众心愿的“民生工程”项目，使之成为打基础、管长远的强省富民之举。例如，鉴于劳动者素质偏低和高技能人才紧缺已成为制约河南发展的瓶颈，全省从 2010 年开始实施优先发展教育、着力提高城乡教育水平等“民生工程”项目，并且于 2011 年出台《全民技能振兴工程专项工作方案》，计划在全省完成各类职业技能培训 300 万人。① 授之以鱼，不如授之以渔；对此，河南省省长郭庚茂认为，对于河南人来说，劳动技能提升等于民生幸福。②

4. 体现了“改善民生始终如一，改善民生永无止境”的可持续发展性

从保障群众的基本民生问题，到提升群众的生活质量和幸福指数，河南“民生工程”投入力度不断加大，工作领域不断拓宽，受益范围不断扩展，走出了一条从解决基本问题和做好基础工作开始，逐步向攻克疑难问题和完成高端任务提升的发展之路。其可持续发展特征主要反映在三个方面：

（1）制度和规范的可持续性；从顶层设计到基层实施，从项目的论证和确定到资金的投入、落实及监管，从工程质量验收到社会调查和评估，均形成了一系列比较完善和比较可行的制度和规范。据不完全统计，2010 年仅河南省直责任单位出台的实施“民生工程”的规范性文件就有 70 多个。③

（2）实施项目带动，把“民生工程”分解为一个个具有严格要求的项目去作，并且将坚持项目的长期化目标指向，当做推动“民生工程”持续发展的实践要领。所谓实施项目带动，就是在“三具两基一抓手”④ 的工作方法指导下，抓住群众最关心的“就业难”、“物价高”、“住房贵”、“上好学”、“就好医”等

① 杨凌：《我省 2011 年将完成各类职业技能培训 300 万人》，2011 年 3 月 10 日《河南日报》。

② 孙兴伟：《劳动技能提升等于民生幸福》，中国劳动保障新闻网，2011 年 8 月 26 日；http：//www. clssn. com/html/report/43636 - 1. htm。

③ 郑国锋：《做大切好“蛋糕”，切实改善民生》，2011 年 3 月 15 日《东方今报》。

④ 此工作方法由河南省委书记卢展工提出。“三具”，就是做任何事情一具体就突破、一具体就深入、一具体就落实；“两基”，就是切实抓好基层、打好基础；“一抓手”，就是把实施项目带动作为抓手，围绕项目建设形成合力。

问题，持之以恒地抓下去。

（3）将群众愿望与现有财力和物力结合起来，以制定和实施发展型的社会政策来推动河南“民生工程”的可持续发展。所谓发展型的社会政策，即从单一性的国家立法和政府行政干预演变为多元化的社会力量参与，以达到对其补救性、预防性、发展性、道德人文性、科学合理性等功能的整合与兼容。在这方面，河南有关部门在认真调研的基础上，已经进行了有益的探索。

（二）河南“民生工程”建设的经验

作为以务实发展推动和落实科学发展的重要标志，在反复实践及不断改进的基础上，河南“民生工程”建设已为自身的进一步发展积累起可资借鉴的宝贵经验。

1. 理念决定方向

河南省委、省政府始终将“每年为全省人民群众办实事”，当做科学发展的生动实践、改善民生的主要载体、社会和谐的关键环节，来深刻认识和着力推行。早在2007年春，在听取承诺十大实事责任单位的汇报时，前任省委书记徐光春就特别强调“解决民生问题是最大的政治，改善民生问题是最大的政绩”，并且他提出要“从贯彻落实科学发展观的高度、从推进和谐社会建设的高度、从提高党的执政能力的高度、从切实改进干部作风的高度，扎扎实实做好省委、省政府承诺的十大实事”①。现任省委书记卢展工提出“四个重在”② 的务实发展理念以及“三具两基一抓手”的工作方法，并且强调要“说到做到，说好做好，责随职走，心随责走”。此外，他还在省第十一届人大四次会议闭幕式上着重指出：“民生连着民心，民生凝聚民力，民生关系发展，发展决定民生”，并且在2010年全省“民生工程”落实情况的报告上批示：“就是要认真抓实，好事做好，实事做实”③。以上所有这些振聋发聩的工作理念，无不为河南“民生工程”的顺利实施及可持续发展，打下了坚实的思想基础。

---

① 这里所说的十大实事也即十项“民生工程”，2007年2月27日《河南日报》。

② “四个重在”即“重在持续、重在提升、重在统筹、重在为民”，由河南省委书记卢展工在2009年12月省委经济工作会议上提出。

③ 王文娟：《2010年我省投入822亿元办妥十项民生工程，省委书记卢展工批示》，2011年2月8日《东方今报》。

2. 力度决定速度

在省委、省政府的总体指导下，省直属单位中与“民生工程”建设相关的各职能部门精心设计，各地党委、政府及职能部门积极配合，不断加大实施“民生工程”的政策力度，不断加快实施“民生工程”的工作进度。

（1）近些年来省委、省政府多次专门召开省委常委会、省政府常务会、省长办公会，听取为民众办十大实事的工作报告，协调解决有关问题；其工作部署越来越细，工作标准越来越高，工作要求越来越严。

（2）省直各相关单位主要负责同志，对十大实事的落实亲自抓、负总责，他们周密安排部署，强化组织协调，着力工作督导，为十大实事的顺利推进提供了充分的组织保障。

（3）各级党委、政府和省直有关部门把强化责任目标作为推动十大实事落实的重要抓手，建立了“事事有人抓、件件有目标、责任分到人”的目标责任体系；通过目标责任制的牵引，形成了落实十大实事的整体合力。

（4）逐年提高用于民生的财政支出比例，目前，河南财政用于民生的支出已达60%以上。①

3. 细节决定成败

党和政府再好的方针和政策，也需要通过深入细致的具体工作来加以贯彻落实。近些年来，全省各级地方党委、政府及其相关职能部门以对人民高度负责任的态度，认真地对待和过细地做好“民生工程”中的每一项具体工作。

（1）在“民生工程”的具体实践中，全省坚持“办一件成一件，使之制度化一件”；对已确定的“民生工程”项目，均以“一分钱不能少，一天也不能耽误，一户也不漏掉”的标准认真落实到位。

（2）省委、省政府将十大实事细化为43项具体工作，分解到18家责任单位；省直各责任单位对其承担的工作进一步细化分解，落实到分管领导、责任处室和责任人，并且把工作完成情况纳入对干部的年终考核；各省辖市对省里定的每一件实事都成立了高规格的工作领导小组和办公室，层层签订目标责任书，并且把十大实事落实情况作为对领导干部政绩考核的重要内容。

（3）加强督促检查；省“四大班子”领导亲自带队，深入一线督促检查；

---

① 柴智：《新十八谈·民生篇之八：科学理财惠民生》，2011年9月6日《河南日报》。

各省辖市主要领导经常带队深入项目建设工地进行督查；各地区、各部门形成了“纵向到底、横向到边、全程管理、全域督办”的督察格局；据初步统计，近年来河南三级党委督查部门对各地各部门推进民生不力的单位和个人通报批评60多次，追究责任70多人次。①

4. 创新决定未来

在河南，“每年为全省人民群众办实事”不仅是一个改善民生的过程，同时也是一个促进发展、拉动经济增长的政府工作创新过程。近些年来，各级地方党委、政府不仅扎实有针对性地解决群众当前存在的困难和问题，而且未雨绸缪，通过提高工作中的创造性来不断提升为群众办实事的质量，使“民生工程”成为推动当地发展的基础工程。

（1）将提标、扩面、深化有机结合，使全省改善民生的措施在高、宽、深三个维度上均得到加强。

（2）在全省范围内开展向社会各界征集为民办实事建议活动，发挥公众集体智慧以进一步搞好“民生工程”建设。

（3）不断创新体制机制，在全省普遍建立健全动态监管机制、工作推进机制、联络协调机制、资金筹措机制，促使各项工作逐步规范化、制度化、动态化、长效化，以推动“民生工程”高效推进和健康运转。

（4）搭建兑现补贴资金的快速通道，即在全省统一实现“一折通”的兑现补贴办法，以减少中间环节和消除克扣、挪用、套用的现象。

三 思考与建议

1. 思考

自河南省开展“民生工程 ”以来，通过每年办一批“顺民意、解民忧、谋民利、得民心”的实事，河南“民生工程”建设始终保持好的趋势、好的态势和好的气势，被群众誉为利民工程、德政工程、发展工程和创新工程。纵观河南“民生工程”建设所取得的巨大成绩和良好效应，无一不是全省上下以领导方式

---

① 程红根：《河南改善民生长效机制，让群众享受真金白银的实惠》，2011年3月15日《中国青年报》。

转变带动发展方式转变的结果。从其谋划到实施的全过程，关键所在就是各级领导干部能否确立“以人为本”、“执政为民”的先进理念。一旦领导者心中装着群众，他们就必然会视保障和改善民生为最大的政绩，真正地做到深入实际、深入基层、深入群众，真诚地问政于民、问需于民、问计于民，真实地体察民情、珍惜民力和集中民智，从而不断获得对“民生工程”建设的智慧和动力，并且始终保持对“民生工程”建设的热情和恒心。

现阶段，河南所面临的迫切发展任务就是积极动员和组织全省人民努力建设“城乡经济繁荣、人民生活富裕、生态环境优良、社会和谐文明”的中原经济区。这就需要进一步着力研究和解决广大群众最关心、最直接、最现实的利益问题，以及努力维护和实现他们的根本利益和长远利益。因此，对于至今已持续实施7年的河南“民生工程”，在充分肯定其成绩的同时，有关方面也要认真找出其有待改进的不足之处，以利于“民生工程”在新的发展背景下能够得到进一步的充实、完善和提高。据省统计部门的调查显示：公众对2010年河南十项民生工程的总体满意度虽然较高，但不同群体、不同惠民项目的满意度则有所差别。总体来看，农村高于城镇、干部高于群众；项目受益亲身经历者满意度高于受益但无亲历的满意度。其中农民满意度较高的项目是农机具购置补贴、粮食直补和农资综合直补、两免一补，而满意度较低的项目则是环境保护、农村路网和农村低保。① 此外，在“民生工程”的资金使用方式上，不少地方依然存在“撒胡椒面”的现象，这种做法虽貌似公允，但却不利于集中解决突出矛盾和紧迫问题。在对“民生工程”专用资金的监管方面，在体制机制上依然存在着一定的薄弱环节，并且在“民生工程”资金的筹措方面，政府与市场有效合作的结合点尚有待寻求。在“民生工程”的谋划和实施上，一些地方及一些部门依然是临时抱佛脚，头痛医头、脚痛医脚，既缺乏全局观念，也缺乏未雨绸缪的前瞻性思考。尤其是一些地方的领导者对于“民生工程”的理解和认识还比较肤浅，他们仅仅将其当成一个由政府出资来改善民生的社会救助过程，尚不能体悟出其中所蕴涵的拉动经济增长和促进社会发展的重要价值。

2. 建议

在全省致力于建设中原经济区的大好形势下，加强以保障和改善民生为重点

---

① 贺心群：《河南去年十项民生工程总体满意度较高》，2011年5月27日《大河报》。

的社会建设，仍有待于全省广大干部和群众“难在持续不畏难”，“为在持续有可为”，进一步在提升“民生工程”建设质量及社会效应上下工夫。

（1）要针对环境保护、农村路网、农村低保等项目实施的薄弱环节及盲区和死角进一步做足、做好工作，让农民群众更加满意，并且逐步加大“民生工程”建设在城市生活中的投入力度，让城乡居民达到同等满意的程度。

（2）要统筹考虑全省人民的共同愿望、实际需求和政府财政保障能力，集中力量办大事，充分调动全社会力量参与“民生工程”建设的积极性和创造性。

（3）要进一步加强对“民生工程”资金的截留、挪用和套用的预防工作，力求有备无患，万无一失。

（4）进一步改进评估办法，使“民生工程”真正成为衡量政绩的“民心工程”。对“民生工程”的实施效应，应当采取专家、公众、媒体三者结合的方式来进行客观评议，并且相应地增强各级人大代表和政协委员在这方面的监督作用。

（5）要通过制定和实施发展型的社会政策，有针对性地解决当前“民生工程”持续发展中所面临的困难和问题。制定和实施发展型社会政策的重要价值在于：超越那种将社会政策的制定及实施当成主要是应对社会贫困和保证社会福利的传统思维模式及行为习惯，将其与提高个人发展能力和促进人的全面发展的潮流相衔接，为人们指示着一种更为美好的生活预期和发展前景。

B.5

河南省保障性住房建设研究

刘振杰*

摘　要： 住房问题是近几年全国最为纠结的主要热点问题，住房水平也成为衡量一个地区居民生活水平的重要指标。住房分配的情况既体现经济效益又反映社会公平。在近年来国内房价一再飙升、调控无果，任由市场自动调节机制无法保障普通居民住房的情况下，由政府主要担当的保障房建设理所当然地成为房市调控的得力之举。就河南来讲，在“三化”协调、科学发展的背景下，如何既能实现中低收入群体居者有其屋，又能使土地得到有效保护和利用，是当前和今后相当长时期内需要我们着重研究的重大问题。

关键词： 住房保障　公租房　住房公积金　以房养老

作为传统农业大省，一方面河南既要解决全省1亿人口的吃饭问题，又要肩负着国家粮食安全的重任，确保耕地面积不减少；另一方面河南的城镇化率一直不高，低于全国平均水平近10个百分点。为了加快河南省城镇化建设，让更多的人住在城里，享受美好生活，已成为当务之急。“十二五”期间，全省将新建各类保障性住房210万套，投入资金1872亿元；① 争取到2012年年末，基本完成省辖市集中成片的城市和国有工矿棚户区改造任务。这就要求河南省按照国务院关于中原经济区建设指导意见的具体要求，走一条“三化”协调的科学发展之路。

* 刘振杰，河南省社会科学院社会发展研究所，副研究员。主要研究方向：社会保障，公共政策等。

① 河南省住房和城乡建设厅：《河南省住房城乡建设“十二五”规划纲要》，2011年6月17日。

一 河南保障房建设步入快车道

保障和改善民生作为2011年的重要工作，受到中央经济工作会议的重点关注。虽经多轮政策出台，调控效果有所折扣，但中央对于楼市的调控决心未减。加强以公共租赁住房为重点的保障性安居工程建设，既可解决住房困难群体的住房问题，又能够为过热的房地产市场适度降温。

1. 保障房建设全面开工

2011年，我国开工建设各类保障性住房1000万套，整个“十二五”期间将建成3600万套。依照任务分解，2011年，河南新开工建设各类保障性住房共计45.12万套。按照河南省棚户区改造（2010～2012年）规划和“十二五”住房保障发展规划，“十二五”期间，全省计划建设各类保障性住房210万套，总计8000万平方米。

2010年10月，河南省财政厅、省发展和改革委员会、省住房和城乡建设厅联合印发关于《河南省公共租赁住房专项资金奖补办法》，各地将按照“专项管理、分账核算、专款专用、跟踪问效、多改造多补助、不改造不补助”的原则，加强城市棚户区改造补助资金管理，确保资金安全、规范、有效使用。

面对复杂多变的经济形势和保障性住房建设任务重、用地紧张、资金压力大等困难，全省各地群策群力，克难攻坚，保障性安居工程建设工作取得了阶段性成果。全省各地、市保障性安居工程已经在2011年9月份陆续开工。在资金筹措方面，2011年全省保障性住房项目计划投资364亿元，其中廉租住房计划投资70亿元，公共租赁住房计划投资58亿元，经济适用住房计划投资68亿元，棚户区改造计划投资168亿元。

2. 多策并举，力促按时完成建设任务

省住房和城乡建设厅会同有关部门，抓住关键环节，切实把“抓开工、抓进度、抓质量”作为工作重心，加大推进力度，加快项目实施进度，力争2011年12月底前完成实物工作量的50%。

（1）确保土地供应。对于保障性安居工程建设用地，各地可以单独组卷[①]并

---

① 卷指卷宗。单独组卷指单独组建卷宗。

优先审批。对于保障性安居工程建设用地落实不好、进度缓慢的地方，一律限批商业开发用地。省政府宣布对截至2011年7月19日开工不足40%的开封市、新乡市、平顶山市，暂停商业开发用地审批。

（2）进一步加大资金投入。省政府决定，省财政在已安排保障性住房建设补助资金13.71亿元的基础上再追加10亿元，用于市县配套补助资金。同时，省政府要求市、县政府进一步加大保障性住房资金投入力度，从土地总收入中提取3%～5%用于保障性安居工程建设，把中央代地方发行的地方债券，优先用于保障性安居工程。

（3）建立巡查员制度。由省派出驻市巡查员，建立旬报告、月督察制度。将各市开工、竣工情况每月报送省"四大班子"领导，并在媒体上公布，接受社会监督。

3. 依法促进保障性住房公平分配

根据经济适用房建设管理实际，省政府有关部门出台了新的管理办法，将摇号供应改为轮候供应。即根据由信息系统自动生成的《购房资格证》顺序号，经公示后实行轮候购买，并把结果向社会公开，接受监督。

通过法律形式，对政府、企业和个人违规分配获得的保障房予以重罚，以此震慑违规者。2011年8月8日，郑州市住房保障和房地产管理局对提供虚假户口簿骗取《经济适用住房购房资格证》的85户家庭做出处理，决定取消85户家庭的《经济适用住房购房资格证》，5年内不得再次申请购买经济适用住房，并将相关情况进行了公开曝光。

二 当前住房保障存在的主要问题

虽然近几年我国的保障房建设取得了令人瞩目的成就，但是其中存在的一些问题仍然不容忽视。对这类问题如不加以解决，仍会带来一系列的社会问题。

1. 房市泡沫程度仍较严重

一个地区的房价应该和该地区的居民收入水平相适应，如果房价上涨的幅度超过了居民的平均收入增长速度，内中必然有泡沫因素存在。中国社会科学院2010年12月8日发布的《住房绿皮书：中国住房发展报告（2010～2011）》

显示，2011 年我国大中城市房价泡沫程度偏大。报告还显示，作为二线城市的郑州，其泡沫成分堪与一线特大城市北京、上海、深圳等相比，已经达到了 30% ~50%。2011 年，郑州房市均价超过 7500 元，不少楼盘已突破 1 万元。就开发商而言，利润最大化是其经营目的，如果完全任由市场自发调节房地产市场，必然会扭曲市场价格，形成极大市场泡沫。因此，政府强力干预必不可少。

2. 地方政府推波助澜是房价虚高之根源所在

一些地方政府过分强调市场化，对中低收入家庭住房需求的满足关注度不够；过分强调房地产市场对推动经济的发展作用，忽视政府对保障居民基本住房条件的责任。一些地方政府只关注房地产行业的经济效应，忽视其社会效应。

当前房地产市场出现的不健康发展，其根源在于地方的土地财政。地价难以下跌，地方政府对土地财政的依赖仍难以弱化。在一些城市，房地产业对地方 GDP 的贡献率可达 1/4 ~1/3。一些地方政府为了经济指标，热衷于做表面文章，调控政策落实不彻底，房价暂时性地降下来，调控形势一旦过去，仍然纵容房价上涨。

与此同时，房地产市场基本上处于一种垄断状态，购买者几乎不具备谈判能力。在房地产开发商如此强势的情况下，政府不能坐视不管，而应责无旁贷地担负起责任来。

3. 保障房数量远远不能满足实际要求

人口的快速迁移导致城镇住房的巨大需求。目前，大部分地区正处于城市化的快速上升时期，城市人口激增引起了巨大的住房需求，再加上城乡居民的住房消费正在从生存型向舒适型转变，由此造成了严重的住房短缺。

由于配套资金不能足额到位，建设用地未能切实保证，这就影响了保障性住房建设项目的施工进度，造成保障性住房占总住房面积的比例过低。此外，许多新建的保障性住房建筑面积超过了 50 平方米的规定上限。单个房子的面积大了以后，必然会减少保障性住房的供应数量。目前房地产市场中，高端价位的住房占比例较大，而中低价位的商品住房供给相对较少，致使许多困难群体面临既买不起又租不起的困境。不符合条件的群体进入保障范围，挤占了本不宽裕的保障资源，从而导致真正的低收入家庭住房不能得到保证。

4. 监管不力导致大量房源流向社会

经济适用房的诸多优惠条件及其低廉的价格吸引了很多高收入者，他们利用政策和管理漏洞混入保障房享受范围，把保障性住房当成投资房，将经济适用房转手倒卖或出租获利。一些相关部门的官员利用手中职权与不法商贩沆瀣一气，大肆倒卖保障房源，并从中分赃。这不仅加重了经济适用房的供需矛盾，也使得真正需要经济适用房的中低收入家庭被排斥在受益范围之外，成为社会公平扭曲最严重的环节之一。比如，郑州经济适用房公开在网上倒卖一案就十分典型。郑州市公安局的多名工作人员之所以违规，就是利用郑州市关于购买经济适用房必须要具有“三年以上郑州市户口”的规定，而从中牟利。

三　改善居民住房状况的主要措施

住房作为准公共物品，不能完全交由市场来提供，应该由市场和政府共同来提供。市场提供的主要是为那些有能力购买房子的人群，政府管的应该主要是保障性住房，面对的主要是中低收入群体。为了实现居者有其屋，党中央、国务院多次强调，要加强保障性安居工程建设和房地产市场调控。为此，我们要从以下几个方面进行努力。

1. 国家强力控制房价，坚决打击投机行为

住房是人们生活的必需品，而土地则是人们赖以生存的“稀有品”。在中国这样一个人均土地资源极少的国家，住房应该以满足人民群众的基本居住需求为根本目的，不能像有些国家和地区那样无限度地提高人均住宅面积和住宅套数。因此政府应当制定一个适当的人均住宅标准，严格控制户均住宅套数和人均住宅面积，以保护耕地面积和城市公共用地面积。①

新加坡政府规定，一个核心家庭不能同时买两套或三套住房，同时政府对价格进行直接控制，由于新房价格完全是政府定的，因此人们没法炒作。一般来讲，在新加坡，人们购买新房以后5年之内是不允许出租的，五年以后才可以出租，才能在二手房市场交易。二手房市场名义上是随着市场供给和需求波动，但

① 韩冠先：《河南两会“剑指”高房价　让老百姓买得起房》，2010年2月4日《中华工商时报》。

是新加坡政府也对它进行干预，比如在二手房交易之前，房产所有者必须向政府提出申请，请政府来给你估价，然后把估价公布出来，你只能在估价范围内进行波动，这样也就保证了二手房市场价格的平稳。

在当前，对那些房价过高、上涨过快、供应紧张的中心城市，政府要在一定时间内限定居民家庭购房套数，要严格控制高档、大户型商品住房及写字楼建设的审批。面积小、功能全的廉租房、经适房、中低价位的中小套型住房占总住房供应比例不得低于60%。廉租房建筑面积控制在50平方米以内，经济适用房建筑面积控制在60平方米左右，农村危房改造面积控制在40～60平方米。

开展房地产税试点，对个人或家庭拥有的部分高档住房或多套住房，按照适当比例征税。这既可以为保障性住房的建设筹集一定的资金，也有利于缩小日益扩大的贫富差距，还可以引导个人合理住房消费，抑制高端住房市场的盲目发展。通过在保有环节每年按房屋价值的一定比例征收房产税（依法扣除一定面积），有利于通过增加房地产使用成本对房屋空置浪费形成有效的经济制约。①

2. 以供房渠道多元化缓解供求紧张状况

目前的房价居高不下，其主要原因是在单一的住房供应体系下，开发商垄断房地产开发权，老百姓被剥夺了购地权和建房权。在房屋价格构成中，开发商利润占到约30%，房屋营销成本约占10%。如果允许集资合作建房，将会省去这些开支，使房屋的价格降低30%～40%。如果政府能够再给予一定的政策优惠，房价将会更低。这样便可以有效抑制整体房价上涨，给房地产市场降温，使房地产市场回归理性，减少市场泡沫。这说明，放开住房的供应渠道，实行住房供应多元化，是解决当前扭曲的房地产市场和满足不同层次家庭住房需求的必由之路。在符合城市总体规划和坚持节约用地的前提下，政府可以允许集资建房和合作建房。这样才会对开发商形成竞争，从而降低开发商的高额利润，有利于降低房价。

3. 公租房应当成为住房保障体系中的主导产品

国家“十二五”规划纲要提出，在全国将重点发展公共租赁住房，逐步使

---

① 杨晓：《政策建议：住房保障体系》，2010年8月17日《中国财经报》。

其成为保障性住房的主体。从缓解大城市交通压力考虑，大型保障性住房社区用地应集中安排在轨道交通沿线和站点周边。根据目前的建设规划，“十二五”期间，政府要在产业带以及大型产业集聚区安排以公租房为主的保障性住房。属于城市三环以内的，租赁期满5年后由政府回购，作为永久性公租房；属于城市三环以外的，租赁期限满5年后，可以作为经适房向符合条件的家庭供应。

为满足产业工人的住房需要，在每个产业集聚区内都要配建一定比例的保障性住房。对于农民工比较集中的用工单位，要集中建设向农民工出租的集体宿舍。在农民工进城并有稳定的收入来源后，政府应当对在城镇定居后自愿退出农村宅基地的农民工给予一定的经济补偿，以调动他们退出农村宅基地的积极性。把农民工在城市购房与农村住房退出和盘活相衔接，可以促进农村住房和宅基地资源的合理流动和充分利用，既增强进城农民工住房保障能力，又有利于增加农村耕地和地方政府城镇建设用地指标，收到“一举多得”之功效。① 这就是说，应积极推动将就业比较稳定的农民工纳入住房公积金体系，允许住房公积金用于农民工购买或租赁自住住房。

利用住房政策促进社会整合。我们不能把公租房政策贴上社会隔离和边缘化的标签，而是恰恰相反，要让入住群体有一种社会自豪感和融入感。使不同收入、不同民族、不同阶层的人们居住在一起相互影响，有利于社会融合。要尽可能地阻止种族集聚区、边缘集群区的形成，因为这不利于社会的和谐稳定。

4. 建立起由政府主导的市场化的投资融资建设机制

资金短缺是当前保障性住房建设的最大问题，仅靠政府投入显然不够。经济适用房虽然利润较低，但至少能通过销售回收资金，但公租房则不同，通过租金回收成本的周期很长。② 如此薄利慢收的工程，市场化的企业对此没有兴趣。对此，应抓紧着手建立政府优惠政策扶持、社会资金投入的基本住房投资机制。

---

① 杨晓：《政策建议：住房保障体系》，2010年8月17日《中国财经报》。

② 匡韦仁：载于叶锋：《“公租房”破题：“中国式公屋”能否补足住房保障的“短板”？（谁来举起公租房建设的“资金杠铃”？）》，新华网·上海频道，2010年6月25日；http://www.sh.xinhuanet.com/2010-06/25/content_20162048_3.htm。

组织专业机构，具体负责公共租赁住房建设投资、房源筹措等运营机构以保本微利为原则，采取市场机制进行运作。通过土地优惠、税费减免，引导社会资金投入保障性住房建设，减轻地方各级政府廉租住房财政投资压力，使保障性住房建设的运作保持较大规模并具有可持续性。

住房公积金要成为调节住房消费行为的重要宏观经济政策和手段。在确保安全、增值的前提下，发挥住房公积金的作用，住房公积金增值收益中按规定比例提取，改变公积金大量“休眠”而保障房建设资金又严重不足的状况。对于利用住房公积金贷款建设的保障性住房，在同等条件下，缴存住房公积金的中低收入住房困难职工，可优先购买或租赁。

在利率、期限、项目资本金等方面做出特殊规定，引导商业银行在风险可控、保本微利的基础上支持经适房建设和农村危房改造。同时，加强贷款回收管理。

要将中央、省补助的保障性安居工程资金以及市县安排的保障性安居工程资金统筹使用，尽快落实到保障性安居工程项目和发放到符合住房保障条件的家庭，确保不因资金不落实、不到位而影响各类保障性安居工程建设进度。①

政府投资建设公共租赁住房取得的租金收入，应按照政府非税收入管理规定缴入同级国库，实行“收支两条线”管理。租金收入专项用于偿还公共租赁住房贷款，以及公共租赁住房的维护、管理等支出。

5. 将农村危房改造纳入保障性安居工程的范畴

保障房建设要城乡统筹考虑，统一规划，以村为单位整体实施住房建设和村庄改造，提升农村居民的居住条件，改善农村基础设施和公共服务设施条件，进一步促进农村宅基地的集约合理使用。在有条件的地区，稳步推进小城镇集聚和村庄整合。政府要做好村庄建设的科学规划，并给予必要的引导和扶持，具体可采取对农户直接补助、对集中建设的农房项目开发单位和自建房农户给予贷款贴息、以奖代补等方式，同时要做好村庄“腾空地”的开发整理和复垦工作。②

---

① 杨晓：《政策建议：住房保障体系》，2010 年 8 月 17 日《中国财经报》。

② 杨晓：《政策建议：住房保障体系》，2010 年 8 月 17 日《中国财经报》。

采取地方财政拨一点、社会力量捐一点、农户个人出一点等多渠道筹集资金。本着安全、经济、适用的原则，以解决农村困难群众的基本居住安全问题为目标，帮助贫困危房户进行房屋改造建设。补助对象重点是居住在危房中的分散供养五保户、低保户和其他农村贫困农户。农村危房改造不等于全部推倒重建，可以采取加固、维修的方式，以减轻农民负担。

6. 健全公示制度，实行阳光操作

建立街道、社区、村委会公示制度，接受社会公众监督，防止不符合条件的家庭享受保障性住房政策。实行保障性住房常态化运作，实行按照无房户资格轮候制度，让所有居民都有机会获得住房保障。要在一定区域内建立联网的公共租赁住房服务管理信息平台，并与房屋租赁登记、人口管理系统相衔接，防堵可能出现的漏洞。

尽早取消单一的经济适用房政策，将其逐步纳入廉租房政策体系的框架，实现两大住房保障政策的并轨。这主要是考虑到，廉租房政策既不会像经济适用房政策那样对房地产市场发展造成扭曲，也能够更好地实现政府住房保障政策的针对性和有效性等目标。取消经济适用房政策后，政府还可以筹集更多的土地出让收入用于廉租房建设和补贴。①

7. 开展“以房养老”试点

住房是家庭的重要固定资产，具有保值增值的功能。但由于其价值含量巨大，加之其他因素，因此变现较为困难。受此影响，拥有全部住房产权的老人的生活质量也随之大打折扣。依据生命周期理论，对人一生中收入和消费的周期分析，可以考虑在我国试行“以房养老”模式。例如，老年人将自己的合法房产抵押给金融机构或者个人，后者按期支付老人的养老金，待老人去世后，该房产即可以一种妥当的方式归属后者。中国养老的任务重、压力大，这种“倒按揭”模式不仅可以提高老年人的生活质量，使其获得经济上的独立；还可以缓解现时的养老、过高的医疗开支及住房需求压力。从而使不动产真正流动起来，做到合理配置及优化利用，也是对生命周期理论的丰富和发展。对金融机构来说，也是一种金融创新，金融机构可借此拓展业务范围，找到新的赢利点。

---

① 杨晓：《政策建议：住房保障体系》，2010 年 8 月 17 日《中国财经报》。

四　保障房建设及供应情况大致走势

随着国家对保障性住房建设的支持和监管力度的不断加大，长期困扰保障性住房建设的资金、土地等问题有望得到缓解，2012 年将有更多的廉租房和平价房上市，多年来持续不断的房市调控将会达到预期目的。

1. 多元化供房格局即将形成

各机关及企事业单位、高校、科研院所等社会单位利用自有国有土地按政策、规划建设公租房的行为会得到默许甚至鼓励，产业园区可以建设公租房向园区内企业职工出租，城市近郊的农村集体经济组织也可以利用存量建设用地建公租房。一些小产权房也有可能借保障房的东风实现合法化，成为保障房大家庭的一部分①。

2. 保障范围趋于扩大

住房保障方式将从过去的以售为主转向租售并举乃至以租为主，范围从少部分最低收入人群扩大至收入中等偏下的住房困难群体。随着住房租赁市场逐步规范，先租后买将成为不少中国年轻人的选择，这反过来又会压制商品房价格的过分上扬。

3. 房贷利率上调明显影响房市

近期，郑州银行、交行、建行、中信银行对房贷款利率都上浮了 10%，中信银行的购房首付也达到了 40%。首套房多为刚性需求购买者，提高首套房贷利率，使购房者欲望受到打压，房市已经明显出现了成交量和价格同时减低势头，整个房市拐点或在年底出现。

4. 住房自有率将大幅提升

公租房只是我们缓解住房紧张状况的权宜之计，是解决快速城镇化过程中人口身份转化的措施之一。我们的最终发展目标，仍然是把住房的所有权和控制权交给消费者。是否拥有自己的住房不仅仅是一种社会福利，更是一种社会权利。尤其是家观念乃中华民族传统文化中十分重要、不可或缺的元素，拥有一个稳定的家的感觉，会让人们产生一种安全感，由此在生活、工作等各方面信心倍增。

① 《中国新闻周刊》专题讨论“保障房：各有各的算盘”，2011 年 8 月 18 日。

随着建房数量的迅猛增加以及房价控制的成效所致，“十二五”末期，城乡居民住房自有率将大幅提升。

5. 依法调解供需矛盾势在必行

到“十二五”期末，保障房将占到全社会住房总量的30%左右。随着这些房子建成并进入分配环节，确保分配公平的呼声也越发高涨。经过多年的准备，我国首部《住房保障法》即将进入立法程序，不久就会正式出台。届时，我国的房地产市场将会进一步走向健康、持续的发展道路，保障性住房的分配、监管将会有法可依。

B.6

河南省公共安全体系建设状况分析

张 侃*

摘　要： 社会公共安全问题，目前已成为全社会广泛关注的焦点，并且考验着党和政府的执政能力。由于处在经济发展转型和中原经济区建设开局的关键时期，河南社会结构深刻变动，利益格局深刻调整，全省公共安全体系建设正面临着诸多新的问题与挑战。对河南来说，只有加强和创新社会管理，进一步健全食品药品安全监管机制、建立健全安全生产监管体制、完善社会治安防控体系及应急管理体制，才能维护社会安定，促进全省经济社会平稳、较快发展。

关键词： 公共安全体系　社会定安　应急管理体制

公共安全与社会经济发展密切相关，与人民群众利益密切相关。2011 年 2 月 19 日，胡锦涛同志在省部级主要领导干部社会管理及其创新专题研讨班的讲话中强调："进一步加强和完善公共安全体系，健全食品药品安全监管机制，建立健全安全生产监管体制，完善社会治安防控体系，完善应急管理体制。"① 目前，社会公共安全问题已成为全社会广泛关注的焦点，并且考验着党和政府的执政能力。

一　河南省食品药品安全监管机制建设状况分析

（一）河南省食品药品安全监管现状分析

改革开放以来，河南的食品药品安全保障工作取得可喜成绩。其主要表现为

---

* 张侃，硕士，河南省社会科学院社会发展研究所研究实习员，主要从事应用社会学研究。

① 胡锦涛：《在省部级主要领导干部社会管理及其创新专题研讨班的讲话》，2011 年 2 月 20 日《人民日报》。

食品药品安全监管体制和机制逐步完善；法律法规体系逐渐完备；监管队伍素质全面提高，依法行政能力进一步提升；基础设施建设加强，技术装备进一步改善，食品药品安全标准建设和检测技术水平显著提高；食品药品生产经营秩序明显好转；生产、销售假冒伪劣食品药品违法犯罪活动得到有效遏制，食品药品安全事故大幅减少。尤其是从2008年开始，河南省政府年年都把“努力保障食品药品安全”列为年度向全省人民公开承诺办好的十大实事之一，使河南省的食品药品安全监管机制得以不断完善。

自2009年建立药品安全专项整治工作联席会议制度和在全省深入开展药品安全专项整治以来，河南省药品质量评价性抽验合格率都保持在97%以上，群众用药安全得到了有效保障。① 2011年年初，河南省质监局对全省4904家企业生产的62种6020批次食品进行抽检，实物质量总合格率为93%。其中，大、中、小型企业产品实物质量抽样合格率分别为98.2%、97.9%、91.5%。抽检结果表明，河南的食品生产质量总体安全可靠。与2010年同期相比，全省实物质量总合格率提高了3.1个百分点。其中乳制品、大米、糖果、调味品等24种产品合格率达到100%；小麦粉、肉制品、蛋制品、豆制品、饼干、白酒等27种产品合格率在90%以上；合格率较低的三种产品分别是其他方便食品、饮用纯净水和麻辣小食品。②

（二）河南省食品药品安全监管中存在的问题

由于涉及的环节多，各监管部门之间协调难度大，利益关系复杂，保障食品药品安全是一个具有复杂性、长期性和艰巨性的系统工程。2011年3月爆出的河南双汇瘦肉精事件，7月份曝出的河南思念水饺“细菌门”事件，都在社会上造成了恶劣的影响。这表明河南省的食品药品安全监管机制尚有不少亟待完善之处。

1. 监管体制机制不完善

机构不健全、区域发展不平衡的问题还很突出；餐饮服务、保健食品、化妆品等方面的监管基础还比较薄弱；基层、边远地区食品药品安全保障能力亟待加强；监管事权划分不够科学，监管效率有待提高。

---

① 郭海方：《药品安全专项整治　河南药品合格率保持在97%以上》，2011年9月7日《河南日报》。

② 贺心群：《河南省食品生产质量总体安全可靠　三种产品需谨慎》，大河网·新闻中心，2011年1月31日；http：//news. dahe. cn/2011/01－31/100602459. html。

2. 产业发展水平总体不高

食品药品产业多、小、散、低的局面尚未彻底改变，规模化、产业化、集约化程度不高；科技创新和应用能力不足，研发设计、生产工艺、产品标准整体水平还不够高；市场流通秩序还不规范，医药市场缺乏公平竞争、优胜劣汰的有效机制；社会诚信体系不健全，生产经营不规范，甚至弄虚作假、规避监管的情况时有发生。

3. 监管能力建设相对滞后

相对于基础设施建设、执法装备条件的明显改善，监管方式落后，技术手段不强，高端人才不足的问题更加突出；干部素质和作风建设有待继续加强，依法行政水平需要进一步提高。

（三）健全河南食品药品安全监管机制的对策建议

1. 进一步完善相关的法律法规体系

虽然国家已经就食品药品安全问题进行了一系列立法工作，但是其条款相对分散，规定比较宽泛，缺乏明确的定义和限制。有些法规缺乏配套的实施条例。此外，食品药品的立法工作应该从源头到消费、售后进行全覆盖，而目前这一链条中仍存在不少法律真空地带。这就需要河南省根据国家相关法律的精神和本省的具体情况来制定相应的法规、规章。

2. 建立联动执法机制，整合有限的监管资源，提高监管效率

食品药品监管点多、线长、面广、量大，单靠一个部门的力量难以完成繁重的监督管理任务。因此，政府应当充分整合监管资源，构建上下同步、左右协调的联动执法体系，以便统一指挥，统一行动，实施综合治理。

（1）要建立部门执法联动机制。在地方政府对食品药品安全负总责的大前提下，通过建立部门联席会议、联络员制度和执法联动制度，整合监管资源，实施重点突破，集中解决影响食品药品安全的突出问题。

（2）要建立市、县执法联动机制。以信息共享、资源共享作为联动机制的轴心，充分利用现代化的信息技术，实施案件层级办理、案件督办、联合办案的工作方式，形成大稽查工作格局。

（3）要建立区域执法联动机制。打破行政区划的限制，建立跨区案件协查联动机制，共同推动解决食品药品监管中相互关联的重大问题。

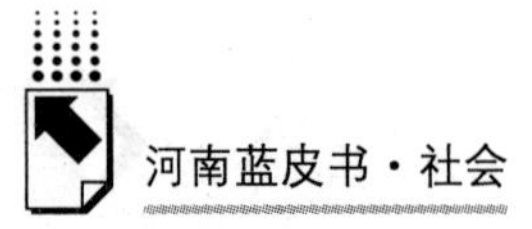

3. 尽快健全食品药品安全的应急管理体系

无论是双汇瘦肉精事件还是思念水饺“细菌门”事件，它们所造成的恶劣影响都说明了河南缺乏有效的食品药品安全应急管理体系。一些食品药品生产经营企业和个别地方政府缺乏危机意识和应急管理知识，重“堵”轻“疏”，导致管理工作不力，使不良影响扩大化。因此，要尽快完善应急管理预案，健全应急管理体系。

二 河南省安全生产监管体制建设状况分析

（一）河南省安全生产监管现状分析

河南省作为人口大省、交通大省和新兴工业大省，人流、车流、物流集中，能源及原材料加工企业比重偏大，高危行业企业较多，经济发展方式粗放，产业集中度偏低，矿山中后期开采灾害威胁加大，安全生产的客观基础十分薄弱。在这样的大背景下，河南省委、省政府将安全生产作为实践科学发展观的重要内容，纳入中原崛起和平安建设的战略部署，贯穿经济社会发展全过程；与此同时，又将安全生产列为省委、省政府十大保障机制，强力推进。一是在全国率先推行安全生产党政同责、一岗双责；二是实行人大代表定期视察、政协委员建议安全生产工作制度；三是开展安全河南创建活动，加强城市社区和乡村安全生产工作；四是实施民主人士监督安全生产、监管执法工作制度；五是建立安全委员会成员单位议事机制、隐患排查治理工作机制、联合执法机制等，为安全生产工作提供了强有力的保障。

近些年来，河南省安全生产监管体制不断得到完善，河南省安全生产水平逐年提高。“十一五”期间，河南全省共发生各类事故85775起，死亡17766人，比“十五”期间减少事故150262起、减少死亡13957人，同比分别下降63.7%和44.0%。此外，还发生较大以上事故318起，死亡1860人，比“十五”期间减少事故189起、减少死亡611人，同比分别下降37.3%和24.7%。2010年，死亡人数控制在2479人，事故死亡人数排在全国第十五位。[①]

① 李代文、夏来栋、赵修超：《“十一五”期间河南省安全生产总体形势逐年明显好转》，人民网河南频道·综合新闻，2011年2月14日；http：//henan. people. com. cn/news/2011/02/14/524224. html。

（二）河南省安全生产监管中存在的问题

当前及今后较长一个时期内，河南仍将处在事故易发、多发期，城市安全风险高、农村安全不设防、企业安全基础差的状况亟待改善，遏制防范重、特大事故的任务仍十分繁重。

1. 基层安全生产监管中存在的内部问题

（1）部分企业的主体责任落实不到位，片面追求经济利益而忽视了安全生产的重要性，对重大隐患和重大危险源监测排查不够。

（2）有些企业采用落后淘汰的生产工艺，导致发生生产安全事故。

（3）个别安全监管部门的监管责任落实不到位，少数领导干部对安全生产的认识与安全生产理念不相适应，安全生产监督监察力量配备与日益繁重的工作不相适应。

（4）个别地方仍然存在着重视经济效益、忽视社会效益、综合监管不力的现象，以致只重事后处罚，不重事前监督；只重显性隐患，不重隐性隐患。

此外，安全生产监管人员素质、监管装备配备和科研技术支撑保障不到位，传统监管模式难以适应新时期、新环境要求。

2. 基层安全生产监管中存在的外部问题

（1）生产要素和资源价格回升，企业在经济危机后资金更加趋紧，安全生产资金投入压力增大，非法、违法、违规生产经营可能反弹，打击查处非法违法任务加重。

（2）经济结构调整和产业转移力度加大，在兼并重组和要素整合中企业内部管理可能出现“滑坡”，使安全生产不确定因素增加。

（3）新技术、新工艺、新材料、新设备应用速度和农村劳动力转移就业频率加快，从业人员安全技能不足和安全技能培训滞后等问题更加突出，职业危害的压力加大。

（4）安全生产事故总量在近年来大幅度下降后，进一步下降的空间越来越小，重特大事故还不能得到有效遏制，抓巩固、防反弹的任务艰巨。

（三）健全河南安全生产监管体制的对策建议

1. 建立完善安全生产法制体系

（1）完善安全生产法律和规章体系，将安全生产监管工作、企业安全投入

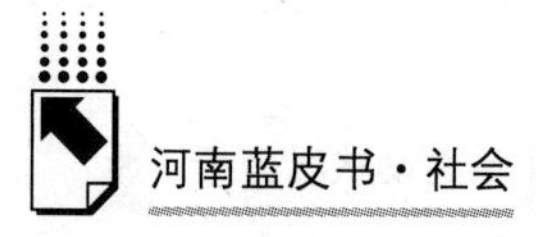

等制度纳入法制轨道，形成以法律为主线、规章为支撑和规范性文件为配套的地方性法制体系。

（2）完善安全生产技术标准体系，制定、修改安全生产技术基础标准以及矿山、道路交通、油气管道、危险化学品、烟花爆竹、建筑施工、水利、旅游、特种设备、消防等相关行业安全生产技术标准，建立安全生产技术标准更新机制。

2. 建立健全安全生产监督管理体系

（1）建立省、市、县、乡（镇）四级安全生产监管体系，市、县级安全生产监管执法机构要组建到位，具备安全生产执法资格。

（2）相关部门建立安全监管机构，明确监管责任；强化安全委员会的作用，建立完善安全生产沟通协调机制，解决安全生产中的重大问题。

3. 建立完善安全生产信息化体系

（1）建立省、市、县三级安全生产信息网络，实现事故快报、行政执法统计、伤亡事故统计网上自动化办公。

（2）建立安全生产电子政务信息平台和公共平台，与相关行业联网，掌握各地安全生产动向。

（3）加强事故统计分析，形成事故情况网上按时上报制度，为政府决策提供科学依据，为社会提供安全信息服务。

4. 建设安全生产应急救援体系

（1）着力构建省、市、县、重点乡（镇、社区）四级生产事故应急救援体系，建立由公安、消防为主体的社会综合应急救援体系，强化省、市级安全生产应急救援指挥中心建设。

（2）建立健全矿山、交通、油气、危化、火灾、铁路、电力、应急通信、建筑施工等行业的省级和省辖市级的应急指挥机构。

（3）依托大型企业，加强矿山、危险化学品应急救援队伍建设，解决应急救援队力量薄弱问题。

三　河南省社会治安防控体系建设状况分析

（一）河南省社会治安防控现状分析

近年来，河南省公安系统大力加强治安防控网络建设，进一步健全、完善以

交警、巡警为主体，各相关警种和治安辅助力量共同参与的“网格化”巡逻机制。包括加强街面防控网、城乡社区防控网、单位内部防控网、视频监控网、区域治安协作网和“虚拟社会”防控网等“六张网”建设，积极构建点、线、面结合，人防、物防、技防相结合的防控体系。尤其是为了解决基层一线警力严重不足的问题，提高控制社会治安局势的能力，全省公安系统积极稳妥推进警务机制改革，在全省城市分局试行“局所合一”模式。其结果是不仅最大限度地把有限的警力充实到一线、充实到实战中，而且建立起扁平化的指挥体系。例如，由郑州市公安局直接指挥调度各派出所的警力，指挥层级由三级变成了两级，缩短了响应的时间，将指挥与处置紧密地结合起来。这就大大提高了路面、街面见警率和民警管事率，进一步提高了防范的实效性。同时，全省公安系统积极推进城乡技术防范体系建设，在全省92%的县（市）公安局、84%的城区派出所完成了监控平台建设，从而使农村技术防范行政村覆盖率达到97.8%，农户覆盖率达68%。

严密的防范，收到了良好效果。2010年，全省共立刑事案件24万多起，比上年下降3.1%。特别是命案发案数量逐年递减，现行命案发案数由2003年的2100起左右，逐步下降到目前的1068起，下降幅度接近一半。2010年全省公众安全感达到95.06%，连续五年居全国榜首，人民群众对公安工作的满意度达到90.46%，在上年基础上再创新高。[①]

（二）河南省社会治安防控体系中存在的问题

一是黑恶势力、“两抢一盗”和“黄赌毒”违法犯罪依然突出，特别是一些地方黑恶势力赖以滋生、发展的土壤和条件依然存在。二是流动人口违法犯罪问题依然较为突出，一些地方，特别是流动人口较聚集的经济发达地区、大中型城市，流动人口违法犯罪所占比例一直居高不下。三是一些“城中村”、城乡接合部等治安重点地区社会管理服务不到位，尚存在基层组织软弱涣散、治安防控体系不健全、治安安全隐患突出、环境脏乱差等问题。四是一些地方违法经营问题仍然屡禁不止，违法违章建筑较多，公共安全隐患突出，重大交通、火灾及其他安全生产事故随时可能危及人民群众生命财产安全。

① 秦玉海在河南省人大十一届四次会议记者招待会上的发言，2011年1月20日。

（三）完善河南社会治安防控体系的对策建议

1. 加大对社会治安防控体系建设的投入力度

（1）要建立系统的组织机制，全面加强领导。社会治安防控体系建设应作为政府“一把手”工程，由政府牵头，成立社会治安防控体系建设领导小组，负责此项工作的指挥、督导和实施。公安机关应发挥主力军作用，实行防范工作县（市、区）公安局“一把手”、分管局长、派出所长、责任区民警负责制和连带考核。凡因防范工作不力，造成严重影响的，应坚决追究主要负责人的责任。

（2）要加大投入。当前，不少地方防控体系建设工作已经被列入了党委、政府的重要议事日程。各地公安机关要充分利用这一契机，依靠党委、政府的领导和支持，争取更多的投入，以改善保障条件。

2. 要因地制宜地构建适合不同地域的治安防控体系

（1）在城市居民区建立社区联防联控体系。在前期推行社区警务的基础上，以社区为依托，以社区民警为主体，以专职治安联防队员为骨干，以居委会干部、楼群院落值班员、机关和企事业单位保安门卫等社会力量为成员，成立社区防范控制组织。派出所社区民警应立足辖区，搞好社区查访、摸底控制等基础工作，分层面对社区防范控制组织骨干成员进行业务培训；居委会干部负责调解民事纠纷，组织社区防范控制组织其他成员搞好安全防范，楼群院落、机关、企事业单位的门卫和保安具体负责各自区域或单位的日常安全防范工作；专职联防队员负责对社会面的巡逻控制。

（2）在暂住人口多、发案频繁、违法犯罪分子易隐藏的城乡接合区、乡镇，建立“三警”联勤机制，即由辖区责任区民警、责任区刑警中队、治安联防队员组建的“三位一体”的联勤防控体系。具体来讲，就是由责任区刑警中队对辖区内发生的重、特大案件及时组织警力侦破；派出所民警立足辖区，搞好责任区查访，摸底控制等基础工作；治安联防队员主要是加强辖区巡逻，发现、制止现行犯罪、协助破案。要“三警”齐动，密切配合，联合做好打击和防范工作。

3. 加强法律法规建设，提高社会治安管理法制化水平

要将治安防控体系建设纳入法律法规制约的范畴，明确政府、单位、个人、居民各自所承担的义务，从法律法规上明确防控“不作为”的行为应承担的相应责任。以法规明确各职能部门责任。例如，规范公安机关在民事调解中的行

为，让民政、司法、街道办、居（村）委会尽快承担起调解职能，以减轻公安机关在调解民间纠纷中的压力。

四 河南省突发事件应急管理体制建设状况分析

（一）河南省突发事件应急管理现状分析

河南省委、省政府高度重视突发事件应急管理体制建设，努力提升应急管理水平，初步建立起覆盖全省各地、各部门、各行业、各单位的应急预案体系。

1. 初步建立起覆盖全省的应急管理机构

各省辖市政府都成立了应急管理专门办事机构，县级政府成立或明确了应急管理领导机构和办事机构，乡镇政府和街道办事处根据实际情况明确了相关责任人员，居委会、村委会等基层群众自治组织将应急管理作为自治管理的重要内容，落实了应急管理工作责任人，明确了基层部门、社会团体、企事业单位是本单位应急管理工作的责任主体。

2. 制定并实施了《河南省“十一五”期间突发公共事件应急体系建设规划》

通过优化整合各类资源，统一规划突发公共事件预防预警、应急处置、恢复重建等方面的项目和基础设施，科学指导各项应急管理体系建设，初步建立起了河南省突发事件应急管理体系。

3. 2010 年 5 月，河南省突发公共事件信息发布系统开始建设

该项目的实施，对于及时、高效、准确地传递发布应急信息，增强政府、社会公众应对自然灾害、事故灾难、公共卫生事件、社会安全事件四大类突发公共事件能力，避免和减少经济损失、人员伤亡具有重要意义，同时，它也标志着河南省突发事件应急管理水平迈向了新的高度。

（二）河南省突发事件应急管理体制中的问题

当前，河南在应对突发事件和应急管理方面仍面临着诸多的困难和问题。

1. 应急管理的法律法规不健全

目前，我国虽然在应急管理方面已制定了很多法律法规，但当前的应急法律法规还有待进一步完善。《突发事件应对法》只对相关问题做出了原则性规定，还需要配套法规、规章和规范性文件做出具体规定。

2. 应急指挥系统机制缺失

从应急体系建设看，特别是在基础信息、通讯信息、救灾队伍和救灾装备等方面，分工协作关系不够明确，存在部门分割、职责交叉、管理脱节、低水平的重复建设等现象，因此在应急实践中时常出现条块行动衔接配合不够、管理脱节、协调困难等问题，其结果不利于资源整合和快速反应能力的提高，影响了应对突发事件的处置能力。

3. 社会应急处置应变力不够，民众应对危机能力薄弱

（1）突发事件中的指挥和决策者的素质不高，应急决策、指挥、协调能力不高，缺乏全局思想和应对各种突发事件的专业知识及能力素养。这就容易导致部门之间横向职责分工关系不明确、缺乏统一协调，职责不明和无人管理的情况时有发生，从而贻误处置突发事件的最佳时机。

（2）社会参与的程度不高。对全社会的应急教育培训、演练和引导工作多停留在形式上，其具体要求和措施不明确，可操作性不强。

（3）公众对突发事件的危害性普遍认识不足，警惕性不高；而突发事件发生时，则应对信心和承受力低下，在危机真正到来的时候就慌了手脚。此外，公众风险防范意识、自救互救能力与合作精神也十分薄弱。

（三）完善河南突发事件应急管理体制的对策建议

1. 完善应急管理法律法规

（1）要建立健全应急管理的法律体系，依法规范各类社会组织和全体公民在应急管理过程中的行为，依法调用一切人力、物力和财力，保证各类社会资源在应急管理过程中发挥最大效益。

（2）应当制定与《突发事件应对法》相配套的具体规定，如具体规定地方、部门、军队之间的信息共享和协作联动机制，志愿者的认证、培训和管理制度，巨灾保险体制、国际援助的机制、政府补偿的类别和标准、进入应急期后政府的权力边界等事宜。

2. 建立统一领导、综合协调、分级负责的突发事件应急指挥联动系统

（1）实行统一的领导体制，整合各种力量，坚持效率优先，充分发挥政府

的主导作用，有效整合各种资源，协调指挥各种社会力量。

（2）应急处置指挥系统是处置突发事件的核心力量，应按照突发事件处置的客观规律及其要求，做好三项主要工作：一是明确突发事件的分级标准和职责分工；二是完善实施处置指挥的程序；三是严格依法指挥处置。

3. 建立健全应急教育培训体系

（1）应急管理部门应通过广播、电视、报刊、网络等大众传媒大力宣传和普及预防、避险、自救、互救等知识，提高公众的危机意识、责任意识和自救互救能力。

（2）应急管理部门应针对当地多发性公共危机事件组织应急演练，培养民众的应急技能；建立一些针对多发性事故的应急训练设施，提高民众对突发性事件的感性认识、体验识别和判断能力。

B.7

河南省农民专业合作社发展现状、困境及未来出路*

范会芳　陈彩娇**

摘　要： 自2007年《农民专业合作社法》实施以来，全国各地合作社得到快速发展。河南省也不例外，无论是合作社的数量还是质量在全国都无愧于农业大省的称号。省委、省政府立足省情，尊重农民合作意愿，积极探索多渠道、多领域、多层次的合作，不断加强政府对农民、农业的引导和扶持，营造良好环境，形成规模经营，促进了农民专业合作社的健康、快速发展，极大地降低了农民的生产、经营成本，规避各种市场风险及社会风险，最终实现农民收入增加、幸福感得到提升的目的。但是，农民专业合作社的发展仍然面临着小农意识、资金、技术、人才短缺及科技含量不高的瓶颈制约。本文在调研访谈的基础上，对河南省农民专业合作社的未来发展前景做了初步预测。

关键词： 农民专业合作社　制约瓶颈　多模式化发展

“三农”问题一直是政府高度关注的社会问题。自2004年到2011年连续8年，中央1号文件都强调要“扶持和加快发展各类农民专业合作社”。改革开放以来，中国一直实行家庭联产承包责任制，一家一户分散经营使农产品变成商品的阻力变大，农民在市场竞争中处于劣势地位，多年来增产不增收问题使农民的

---

* 本文为2010年度国家社会科学基金青年项目“新形势下我国农民专业合作社发展的长效机制研究”（项目编号：10CSH039）的阶段性成果。

** 范会芳，博士，郑州大学公共管理学院副教授，主要从事农村社会学、社会保障学研究；陈彩娇，郑州大学公共管理学院社会学专业研究生。

幸福感急剧下降。农民专业合作社的成立与发展，有利于减轻市场化带给农民的风险，提高农业的劳动生产效率，降低成本，保护农民的利益，有利于增加农民收入，缩小城乡二元分割和城乡贫富差距，促进农业的现代化和新农村建设。从长远来看，农民专业合作社是带领农民发家致富的有效途径，是构建城乡一体化的桥梁，是解决“三农”问题之本。

一　河南省农民专业合作社发展现状

自2007年7月1日《农民专业合作社法》实施以来，河南省认真贯彻实施法律规定，努力按照社会主义市场经济发展规律要求，立足省情，尊重农民合作意愿，积极探索多渠道、多领域、多层次的联合与合作，不断加强政府对农民、农业的引导和扶持，为的是营造良好环境，促进农民专业合作社的健康、快速发展。河南省“十二五”规划指出：要完善现代农业产业体系，发展高产、优质、高效、生态、安全农业，促进农业生产经营的专业化、标准化、规模化、集约化，推进农业经济结构调整，积极发展农民专业合作组织，培育农业新型经营主体，提高农业组织化程度。同时，2011年农民专业合作社委员会1号文件也要求：为了更好地服务三农，促进全省各类农民专业合作社的健康发展，改变各专业合作社规模小、起点低、理念差、发展混乱的局面，组建“农民专业合作社专业委员会”，负责指导农民专业合作社的服务、发展工作。河南省对农民专业合作社的重视程度，于此可见其一斑。

河南省的农民专业合作社覆盖了种植、养殖、水产、林果等各类农业，主要集中在畜牧、蔬菜、优质粮、林果等支柱产业，涉及猪、鸡、牛、牛奶、小麦、水稻、大蒜、草莓、西瓜、辣椒、甘蓝、金银花、食用菌、红枣、石榴、苹果、葡萄、樱桃等大部分地方特色和优势农产品。不仅如此，农民专业合作社还直接在农机作业、农资经营、农产品销售、加工、运输、储藏、沼气和小农信贷等方面为农业生产经营提供服务，而且所涉及领域在不断扩大。2011年上半年，全省经登记注册的农民专业合作社30758家，比2010年增长16%。而这3万余家合作社中有44%的农民专业合作社是在民政部门进行注册的，有33%的合作社是在工商部门注册的，其余22%是在科协或其他部门注册或没有注册（见图1）。这从侧面可以看出，河南省的农民专业合作社在管理方面并不规范。从合作社的业务范围来看，属于农业生产资料购买类的有 3097 家，占总数的 10%；农产品销售类的有 2200 家，农产品加工类的有 496 家，农产品运输类的有 254 家，农产品储藏类的有 298 家，四者合计占总数的 11%；与农业生产经营有关的技术、信息等服务类的有 5270 家，占总数的 17%；种植类的有 11136 家，占总数的 36%；养殖类的有 7360 家，占总数的 24%；其他类型的合作社有 647 家，占总数的 2%。这种情况说明河南省的农民专业合作社仍然以简单、初级的种植类和养殖类合作社为主体，而与产品附加值相关的合作社还比较少，有待进一步发展。从对农民专业合作社出资方式上看，仍以货币出资方式为主，总额达 3375929.61 万元，占出资总额的 70%；而非货币出资总额 1451201.7 万元，占出资总额的 30%。其中以 100 万～500 万元的小额出资最多，达到 84%；而出资总额达 1 亿元以上的仅有 7 家。从农民专业合作社的构成人员来看，全省参加农民专业合作社的人员总数为 231601 人，其中农民为 227472 人，占总数的 98%；而非农成员及企业、事业和社会团体的成员仅占 2%，这充分反映出农民专业合作社是以农民为主体的。目前，合作社的规模还比较小，100 人以下规模的合作社在全省占九成左右，而成员 1000 人以上的农民专营合作社在全省仅有 2 家。

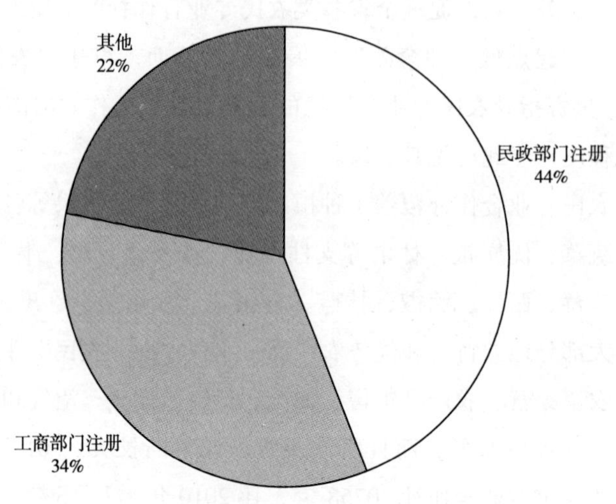

图 1　农民专业合作社注册登记途径

资料来源：河南省工商行政管理局：《农民专业合作社登记管理情况统计表》，2011。

二　河南省农民专业合作社发展的特点

（一）农民专业合作社得到足够重视，扶持力度大

自2003年以来，河南省各级政府对农民专业合作社的发展给予了充分支持和重视，用于发展农民专业合作社的资金不断增加，2008年，省级财政专门列出550万元专项资金，用于支持农民专业合作社的信息建设、技术培训、农产品质量标准与认证、农业生产基础设施建设等服务。2009年追加1500万元用于扶持农民专业合作社的发展。此外，省委还成立专门的“农民专业合作社委员会”，并出台实施《农民专业合作社辅导员工作规程》等。在实践中，河南省改革发展试验区对第一批村、乡镇中成立的农村经济合作组织均给予奖励，村级每成立一个合作社奖励10万元，乡镇级每成立一个合作社奖励30万元。在此背景下，农民专业合作社快速地发展起来。2008年，全省新发展农民专业合作社4299家，比2007年底1850家增长1.32倍，2010年省工商局注册登记达到26596家；到2011年上半年河南省农民专业合作社达到了30758家。① 合作社不仅数量增加迅速，而且质量也有很大提高，类型越来越多元化，除了传统的种植、养殖类合作社，还有农机类、加工类、融资类以及复合型合作社也得到快速发展。调研发现：农民专业合作社的发展给成员带来了收益，有72%的人认为加入合作社后收入明显比以前提高了很多，有24%的人认为提高了少许，仅有4%的人认为加入合作社前后的收入变化不大。

（二）从发展现状看，河南省农民专业合作社总体态势良好

河南省农民专业合作社大多以服务型为主，其制度和管理方式正趋于正规。农民专业合作社在生产过程中通过提供信息和技术服务以保证农户能顺利地与市场对接，减少农产品生产、经营、销售过程中的不确定性及风险性。从对荥阳、开封、周口等地调研的情况看：河南省农民专业合作社发展迅速，并呈现出

① 胡心洁：《我省农民专业合作社达3万余家》，2011年9月19日《河南日报》。

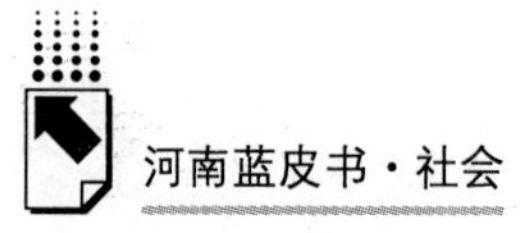

"三化"特征。

1. 领域多样化

毋庸置疑，农民专业合作社的发展，涉及农资、产品加工、市场信息、产品销售、技术交流、信贷等各类服务，有效地解决了农户分散生产、小规模经营与大市场的对接问题，并且有利于农业产业结构调整，促进农业增效和农民增收。

2. 范围扩大化

河南省农民专业合作社经营领域从传统的产业中逐步发展到产前、产中、产后一条龙的模式，其种植范围从粮食作物的种植扩展到花卉、中草药和蔬菜种植等，其经营内容扩展到技术服务、信息服务、农产品推销、加工、运输、储藏、信贷等服务和统一购进生产资料等多种服务。

3. 分布区域化

河南省农民专业合作社多数是依托优势产业而发展的，随着产业的聚集呈现出区域化的特征。围绕着市场的需求，它们形成了自己独具特色的产业化发展格局。

（三）农民专业合作社的管理已趋于规范

河南省的农民专业合作社发展经历着一个从无到有、从小到大、从开始起步到逐步规范的过程。2005～2007 年是发展起步阶段，《农民专业合作社法》颁布之后快速发展，特别是最近几年省委、省政府陆续出台了相关的配套措施，从政策、资金到技术等各个方面给予农民专业合作社支持。在全省，郑州市的农民专业示范合作社数目最多，这与省会城市的发展是分不开的；其次是周口、南阳、商丘和洛阳，这与当地的经济状况密切相关（见图 2）。

大部分农民专业合作社有较规范的章程、组织结构，且制定了较为科学的管理制度，还定期召开理事会、监事会及社员大会，实行一人一票制，入社、退社自由。从调研的情况来看，省内各农民专业合作社召开社员代表大会情况如下，有 4% 的合作社每年不定期召开社员大会，52% 的合作社每年召开一次，24% 的合作社每年召开两次社员大会，20% 的合作社是每年召开三次及以上的社员大会（见图 3），这主要是根据农民的闲忙时间而定的。

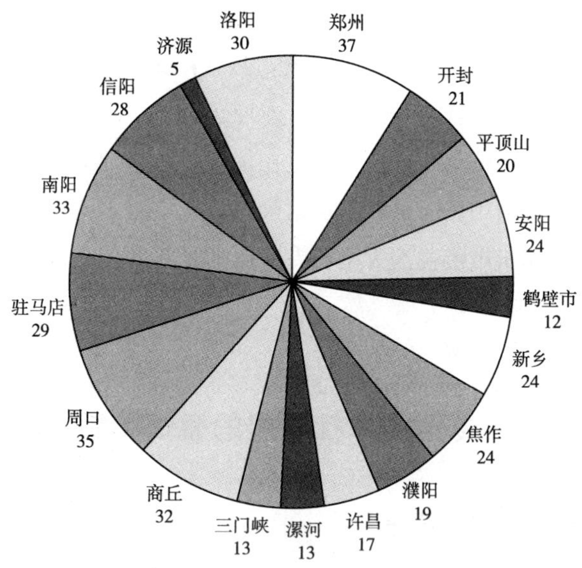

图 2　河南省各城市农民专业示范合作社分布（截至 2011 年 6 月份）

资料来源：《河南省农业厅关于对农民专业示范合作社考核认定的通知》，2009 年 9 月 26 日；《河南省农业厅关于公布第二批农民专业合作社示范社的通知》，2010 年 11 月 26 日；河南农业信息网 http：//www. haagri. gov. cn/html/。

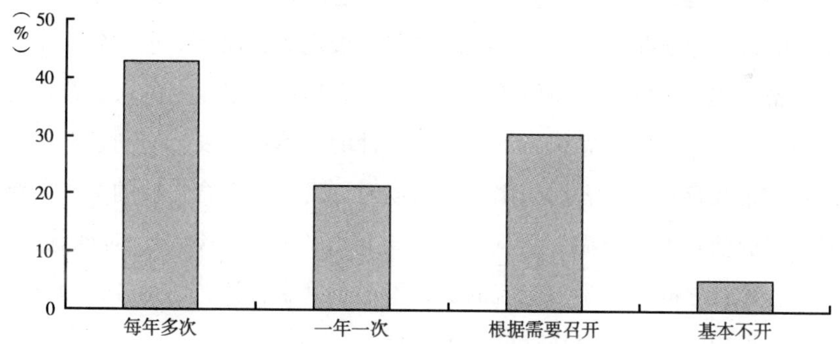

图 3　农民专业合作社召开社员大会的情况

（四）农民专业合作社呈现出因地制宜的发展趋势

河南省是一个具有悠久农作物种植历史的农业大省，种植作物多种多样是它的突出特点。各地的农业合作社立足于本地的主导产业，坚持因地制宜、多样化发展的原则，根据市场发展的需要和农民的合作要求，以及各地不同的资源优势来确定农民专业合作社的类型和合作模式。调研发现，河南省农民专业合作社多数是与地方特色产业相结合发展的，进行专业化生产，已形成了各具特色的产业模式。比如，信阳的马氏茶叶合作社就是在信阳茶叶基础上成立的；郑州邦众水产养殖专业合作社是利用黄河水养殖黄河鲤鱼而成立起来的合作社，封丘县青堆树莓专业合作社及郑州市樱桃沟大樱桃专业合作社等都是结合自身的优势因地制宜发展起来的。

三 农民专业合作社发展的瓶颈和制约因素

（一）小农意识较为严重

通过对河南省农民专业合作社进行调查和访谈时发现，合作社发展模式主要是“村干部牵头建立起来的合作社”和“企业牵头建立的合作社”两种类型，而农民牵头注册的合作社比较少，且发展前景不容乐观。合作社中成员存在着较为严重的小农思想，他们考虑的多是自身的获益和所属的合作社的发展、经营情况，且市场风险意识较差，“小富即安”的心态明显。[①] 调查显示绝大部分农户对合作社的现状很满足，至于合作社的未来发展规划，仅有一小部分合作社的理事长等人希望依靠大家的努力使其办得更好；有超过一半以上的人对合作社未来没有明确规划。这种小农思想，不利于合作社的规模化发展，不利于合作社的效益化经营和长久存在。笔者在荥阳市做访谈时，发现很多合作社的牵头人对合作社未来的发展前景都很模糊，而且不愿意再将合作社扩大经营，对现状很满足。而且同类合作社之间相互学习交流的少，不愿意携手合作，而是各自为营，独自发展。这种思想，不利于合作社的长远发展。

（二）农民专业合作社发展中面临资金、技术和人才等多重困难

中国农民专业合作社起步较晚，只有几年的历史，属于晚发外生型新事物，而且多为政府主导型发展模式。每年政府虽然会给予合作社 8 万 ~ 10 万元的扶

① 孔祥国：《新时期农村合作社发展对策》，《山东省农业管理干部学院学报》2010 年第 3 期。

持资金，但对农民专业合作社的发展来说只是杯水车薪。从访谈中发现，农民专业合作社要想去银行贷款或者通过招商引资的途径来发展是很困难的。因为，银行和商家都是以赢利为目的的市场型企业，贷款需要抵押品，贷款优惠政策也只是纸上谈兵，至于民间融资的方式就更不用说了。资金是支持农民专业合作社发展的主动脉，筹集不到资金，一切都是空谈，这将会严重导致农民专业合作社未来的发展。

另外，河南省农民专业合作社的模式多数是“村领导”或者“有社会资本”的能人牵头成立，其发展主要靠农村的血缘或者地缘关系来维持，缺少完善的、可操作的规章制度。其生产经营和内部管理靠权威来凝聚，更没有完善的风险评估和保障机制，也无健全的人才选拔和激励机制，而且其社员文化水平较低，缺少对科学技术的掌握和应用能力，没有专业的管理人才、策划人才和销售人才。比如，荥阳市某蔬菜专业合作社，存在着较为严重的“等、靠、要”思想，没有主动跑市场、推广合作社产品的意识，缺乏市场营销、管理专业和农林专业的人才，没有自己的管理精英；合作社内部缺乏制度化的理事会会议和成员培训会议，一般是一个季度才开一次会议，不利于合作社内部问题的得到及时有效的解决；合作社缺乏必要的硬件设施，调节能力比较差，尤其是没有资金投资冷库，导致新鲜蔬菜没办法冷藏，与市场上的蔬菜在同一个季节成熟时，卖不到好的价钱，农民的增收额度降低。

（三）农民专业合作社仍以传统种植业为主，产品科技含量低，缺乏特色

通过对河南省农民专业合作社进行比较发现，多数从事的仍然是较为初级的种植业和养殖业，即直接将初级成品、半成品对外销售或者加盟成为集团的供应基地。加上硬件设施、软件设施、技术人才、管理人才和信息不畅及宣传意识的缺乏，对产品的农药、化肥等农资的投入量没有控制，它们的产品在缺乏深加工的条件下既没有特色品牌，更没有特定的销售市场。总之，农民专业合作社给农民带来的收益没有预期的高，甚至出现增产不增收的恶性循环。笔者在对荥阳市合作社调查后发现，蔬菜合作社没有特色的品牌菜，更没有自己独特的销售市场，大部分都只是走向超市；奶牛养殖专业合作社仅仅是依靠供应蒙牛集团的生产基地，没有自己的牛奶品牌；黄河滩水产养殖专业合作社想要建立全国最大、

最正宗的黄河鲤鱼生态养殖基地，提出“用黄河水，在黄河滩上，养殖黄河鲤鱼，这才是最正宗的黄河鲤鱼”的口号，但是，其规模、资金及专业人才的匮乏都令人对其未来的发展感到担忧。

（四）合作社内部人员多以中老年人为主，缺乏活力和创新精神，存在后继无人的困惑

随着城市化和市场经济的发展，越来越多的青壮年劳动力转移到城市就业和发展，造成农村中“386199”部队的出现。这些青壮年逐步脱离了农村、农业和农民身份，在对河南省农民专业合作社进行访谈和调查时发现：合作社内部成员多集中在30岁到60岁之间，他们大部分是初中文化，这些中老年人仅凭借着自己多年的经验在进行农业生产，对新事物、新技术、新科研接受较慢、适应慢、应用更慢，导致农业生产缺乏活力和创新精神。而且，从长远来看，农村老龄化趋势不利于合作社的长久发展和新农村建设。比如，荥阳市王村镇留村蔬菜专业合作社，在40岁以下的青壮年中愿意从事蔬菜种植的基本无人，菜农多数在40岁以上，他们缺乏新技术、市场及风险意识，对农产品标准化生产技术认识不到位，对蔬菜的质量、品质、品牌、包装、标志更无概念，仅仅靠以往的种植经验维持着经营，这不利于农民专业合作社的长远发展。

四　农民专业合作社未来发展趋势展望

河南省农民专业合作社发展确实取得了很大的成绩，但与东部沿海先进省份相比，全省农民专业合作社发育情况还不是很充分。这与第一农业大省和农村人口最多的省份是不匹配的，说明河南省的农民专业合作社还有很大的潜力可挖。为了使农民专业合作社未来发展有更好的蓝图，应从以下几个方面努力。

（一）法规政策先行——从省情出发，完善农民专业合作社发展的一系列法规政策

就目前来看，中国具有权威的合作社法律法规就只有2007年颁布的《农民专业合作社法》，与之配套的法规和政策十分欠缺。河南省应该在认真贯彻执行国家已经出台的法律、政策的同时，借鉴其他省份较好的做法，主动及时制定配

套法规和支持政策，采取一切力所能及的措施，切实加强对农民专业合作社发展的支持力度。首先，省人大应加快步伐，制定出适合省情的实施办法和发展指南。其次，省委、省政府也应尽快出台促进农民专业合作社发展的意见，尤其是针对合作社的相关收费项目，根据“能减则减，能免则免”的原则，全力支持合作社的发展，为全省农民专业合作社的长期发展营造良好的外部环境。再次，组织省发改委、财税、工商、金融等部门，在开展调研的基础上，研究制定适合河南省省情的促进农民专业合作社发展的政策。

（二）为农民专业合作社营造良好发展环境

要系统地、有针对性地研究解决合作社发展中的困难和问题，切实搞好全方位服务，营造优良发展环境。

1. 简化登记注册办法

本着方便农民、促进发展的原则，极力解决农民专业合作社登记变更困难、环保评估困难等问题，简化农民专业合作社登记的相关手续，减免各种收费，加快合作社发展。

2. 贷款方面

河南省应出台完善的信贷优惠政策，增强金融机构支持农民专业合作社发展的积极性，增加对农民专业合作社及其成员的贷款额度和贷款总量。另外，规范农民专业合作社，建立健全各种规章制度，培养农民专业合作社及其成员的诚信意识，让农民专业合作社能够成为市场经济中真正独立的法人主体。

3. 税收优惠

从农民专业合作社的实际出发，为其合作社经营提供便利，确保税收优惠政策落实到位。

4. 提供信息、科技方面的服务

建立多级农民专业合作社政府网站，搭建多级公共信息和网络营销平台，建立健全农业公共服务体系，加速政策信息和市场信息的纵向和横向传递，加快农业技术推广应用。

5. 人才支持方面

对农民专业合作社实行分层次、分步骤、有针对性地培训，为农民专业合作社造就一批有文化、懂技术、会经营的人才。选拔、鼓励农林专业及市场营销专业的大学生到农民专业合作社工作，并给予物质奖励和精神奖励，以鼓励其扎根农村，献身农民专业合作社事业。

（三）加强试点建设，发展典型

结合河南省的省情和实力，现阶段全省农民专业合作社的发展不能过度追求数量、要求面面俱到，而应该以试点先行，注重成效，通过成功个案的示范作用，帮助农民群众加强对合作社的认识，带动农民群众开展专业合作。省委、省政府应规范对示范性农民专业合作社的评审、认定程序，对于省级、市级、县级示范性农民专业合作社给予重点扶持和政策优惠。对农民专业合作的试点要覆盖到各种产业类型、各个生产环节、各方地域、各类牵头主体、各种发展模式，并且要从省情出发，探讨农民专业合作社发展的新模式、新路子。一般来说，应鼓励各农民专业合作社之间的横向合作，支持其成立协会或联合会；加强农民专业合作社与龙头企业合作，完善产业化组织形式；鼓励有实力的农民专业合作社创办农产品深加工及运销企业，不断壮大实力，向高层次迈进。另外，加大对试点的支持力度，着力培养一批农民专业合作社发展的先进典型，及时总结、推广经验，为广大农民发展农民专业合作社引领道路，调动其办社兴社的热情，逐步使各地农民专业合作社的“盆景”变成全省合作社发展的美丽“风景”。

（四）调动多方积极性，形成农民专业合作社多种模式发展

要使农民专业合作社长远发展，就需要充分调动多主体的积极性。千方百计调动农民、农村能人、村干部、以农业为主的龙头企业、事业单位和社会团体参与兴办农民专业合作社的积极性。鼓励农村中的种植大户、养殖大户、销售大户、农机大户、农技推广机构、农产品加工企业等参与到农民专业合作社的成立和建设中，并利用自身的社会资本和资源来促进农民专业合作社的长效发展。大力推广典型的农民专业合作社发展模式，比如，兰考模式——文化先行，就是借助县乡村各级干部、知识分子、大学生、村民和各行各业的志愿者等各方面的力量全力发展农民专业合作社，并形成独特的文艺队；文艺队的建立一方面减少了合作社宣传投资成本，另一方面也增强了合作社内部的凝聚力，使合作社得以长效发展。鹤壁浚县模式——商业化网络运作，合作社上联河南大用实业有限公司、河南永达集团、北京锦绣大地风华公司、河北华天公司、南京仕必得等龙头

企业，下联农户养殖户，集生产、供应、销售于一体，并拥有规范的组织结构和良好的利益保障机制。实践证明：农民专业合作社的长远发展离不开多方力量的参与和支持。

参考文献

黄祖辉、徐旭初：《中国的农民专业合作社与制度安排》，《山东农业大学学报（社会科学版）》2005 年第 4 期。

马彦丽、董进才：《我国农民专业合作社研究的回顾与评价》，《河北经贸大学学报》2006 年第 2 期。

王海洋、乐红：《我国农民专业合作社发展困境的社会学解读》，《内蒙古农业大学学报（社会科学版）》2008 年第 5 期。

苗焱：《河南省农民专业合作社规范化发展研究》，河南农业大学硕士毕业论文 2009 年 5 月。

董长海、张广智：《我国农民专业合作社产生及发展探析》，《河南农业科学》2009 年第 12 期。

孔祥国：《新时期农村合作社发展对策》，《山东省农业管理干部学院学报》2010 年第 3 期。

周春芳、包宗顺：《农民专业合作社产权结构实证研究——以江苏为例》，《西北农林大学学报（社会科学版）》2010 年第 6 期。

贾爱云：《永成市农民专业合作社发展情况的调查与思考》，《河南农业》2011 年第 16 期。

B.8
河南省直管县体制改革试点研究

孟 白*

摘 要： 在统筹城乡发展以全面建设小康社会进程中，河南的重点和难点都在农村。为减少行政管理层级、推动县域经济发展、建设中原经济区，推行省直管县体制改革试点工作势在必行。取消省和县之间的行政层次，有利于增强县级财政实力，有利于为推动县级机构改革及促进县域经济发展奠定体制基础，有利于培育一批能为中原崛起、河南振兴提供强力支持的新的战略支撑点。在深化改革开放及加快转变发展方式的攻坚时期，必须紧紧把握住省直管县体制改革试点的方向，在优化结构、提高效益和降低能耗的基础上，使中原经济区建设优势得到彰显。

关键词： 省直管县 体制试点改革 县域经济发展

一 引言

党的十七届二中全会明确提出，到2020年，要建立起比较完善的中国特色社会主义行政管理体制。我们必须着眼于这一改革目标，加快重要领域和关键环节的改革步伐。世界上国土面积在前十位的国家中，除中国和印度外，其他国家的地方政府都实行两级制或三级制。我国在20世纪80年代由撤地设市逐渐形成了“市管县”体制，其初衷是放权给地方，加强市、县联系，促进市县互动，实现以城带乡，在当时条件下，对促进市县经济社会发展起到了重要作用。但是，这种增加行政层级的省市县乡四级地方行政管理体制，并不符合信息化条件下行政组织结构扁平化发展的趋势。近年来，随着经济社会快速发展和资金、

* 孟白，河南省社会科学院社会发展研究所副研究员，主要研究方向为行政体制改革与创新。

技术和人才等资源要素加快流动，对推动政府组织结构创新、减少行政层次和行政环节、从更大程度上打破行政和地域限制的要求越来越迫切。为此，在国内不少省份都为了适应县域经济社会发展需要，采取了一系列推进扩权强县和财政上由省直管县的措施。总体上说，这些改革在一定程度上扩大了县级自主权，增强了县域发展活力，取得了积极成效。但从实践来看，由于权限下放难以落实，县域发展活力不足的问题并没有得到根本解决。这些情况表明，单方面扩权强县或财政上由省直管县已不能满足县域经济发展的需要。显而易见，适应形势需要逐步推进省直管县体制改革，是新时期深化行政管理体制改革、全面调整省、市、县关系的重要尝试，有利于减少中间层级，实行扁平化管理，形成科学高效的政府组织架构，有利于降低管理成本，提高管理效能，提升社会管理和公共服务水平。①

河南省既是全国第一人口大省，也是国内典型的农业大省。2010 年，全省人口已超过 1 亿人，其中农民人口占 60%，现辖 108 个县、市，县域面积占全省的 90%、人口约占 39.5%，城乡收入差距在 2.9∶1 左右，县域人均生产总值、人均财政收入分别只有全省平均水平的 89.5% 和49.2%。② 在统筹城乡发展、全面建成小康社会方面，河南的重点和难点都在农村，其关键在于县域经济发展。党的十七届三中全会指出，有条件的地方可依法探索省直管县的体制，进一步扩大县级政府经济社会管理权限。推行省直管县体制改革，正是河南省委、省政府根据这一精神作出的重大决策。2010 年，河南省被中央编制委员会确定为省直管县体制改革 8 个联系点省份之一，在全省挑选 10 个县（市）为试点，其数量占全国试点县（市）总数的 1/3。2011 年 4 月 21 日，根据中央编制委员会《关于开展省直管县体制改革试点的通知》，河南省委、省政府下发《关于“河南省省直管县体制改革试点工作实施意见”的通知》，确定巩义、兰考、汝州、滑县、长垣、邓州、永城、固始、鹿邑、新蔡 10 个县（市）为省直管县体制改革试点，③ 从而拉开了河南省直管县改革试点工作的序幕。

---

① 郭庚茂于 2011 年 4 月 11 日在“河南省省直管县体制改革试点工作会议”上的讲话。

② 郭庚茂于 2011 年 4 月 11 日在“河南省省直管县体制改革试点工作会议”上的讲话。

③ 中共河南省委、省政府：《关于“河南省省直管县体制改革试点工作实施意见”的通知》，2011 年 4 月 21 日。

二　河南省直管县体制改革试点的重要意义

1. 有利于调整行政层次，为县域发展奠定基础

将市管县改为省直管县，取消省和县之间的行政层级，可以增强县级财政的实力，奠定县级机构改革、促进县域经济统筹协调发展的体制基础，进而形成县域发展的有利条件。从现实来看，如果要让县级政府承担推动农村经济社会发展的更大责任，就必须要完成省直部门与县级政府的有效对接。如果取消了省和县之间的行政层次，把原来被地市级机构抽取的财力移交县级财政，如果省级政府与县级政府在税收的分成上再给予后者以应有的倾斜，如果中央财政在向地方进行转移支付的时候再给予县级财政一定的支持，那么县级政府的经济实力将会得到较大幅度的提升，从而为县级和乡镇机构改革提供更加有利的条件和基础。①

2. 有利于降低成本，确保县乡机构改革向纵深推进

实行省对县的直接管理，在管理流程上表现为省直接对县进行管理，而不再经过地市这一中间环节，这样就减少了一个行政层级，使政府管理更加机动，有利于建设县域自主创新型的政府组织。因为市管县时，省县之间的层次由实变虚，地方行政体制为省、市、县、乡四级，这就既降低了行政效率，也会影响县级机构改革的积极性，以致阻碍县域改革向纵深推进，造成人浮于事，在微观上降低了行政效率。

3. 有利于发展农村公益服务事业，发展农村经济，推动社会主义新农村建设

省直管县后，能够合理配置事权、职权，确保为农业做好大服务。省直管县的实质是将政府层次之间的各种权力进行重新配置。实行省管县体制后，地市由广域型的行政建制转变为城市型的行政建制，其管理范围只是市区和郊区，而不再管理广大的农村区域。这将有利于县乡的配套改革，有利于推进新农村建设。以财政为例，目前县乡的财权与事权并不统一。

（1）省以下政府层层向上集中资金，基本事权都不断下移，地市级政府依

① 马晓河、武翔宇：《加快乡镇机构改革，强化农村公共管理与服务》，《中国发展观察》2006年第10期，第42页。

靠行政权力侵占县、乡镇政府利益的现象屡见不鲜。

（2）大量的资金、人员和技术投入城市发展上，忽略了县乡和农村的发展，以致县乡财政赤字问题扩大，并且使乡镇政府几乎没有能力提供充足的财源和税种。实行省直管县后，省财政体制直接结算到县，这就既避免了“由市到县到乡”的问题，又可使剩下的人力、物力和财力大部分用于加强县、乡区域发展，并且有利于省级财政宏观调控。

三　河南推行省直管县试点改革的主要措施

近年来，尽管河南省县域经济得到较快发展，但从总体上看，综合实力不强、发展活力不足、人均公共服务水平低的状况仍未得到根本改变。一些作为中心城市的省辖市，不仅对所辖县市很少“给予”支持，而且个别地方有时还会截留省里对县里的转移支付，甚至还要通过县财政上缴来支持市的发展，以致出现人们常说的“市吃县”现象。为推行省直管县改革试点以促进县域经济发展，河南省委、省政府采取以下重要措施。

1. 明确省直管县改革试点的总体要求

（1）将现行的省辖市管理县的体制逐步调整为省直接管理县的体制，经济社会发展事务由省对试点县实行单列管理，并且将试点县须报请上级审批、核准的事项，改为直接报省审批、核准。

（2）试点县行政建制、行政区划维持不变；试点县党委和人大、政协体制及法院体制维持现状，在试点过程中逐步进行研究与探索。

2. 赋予试点县以省辖市级经济社会管理权限

由省政府赋予试点县政府以省辖市的经济社会管理权限，以及省政府及其部门下放给省辖市政府及其部门的经济社会管理权限。

（1）国民经济和社会发展规划、城乡规划、土地利用总体规划、生态环境等重要规划和年度计划、直接报省审批、核准或备案，并抄送省辖市。

（2）试点县的统计数据（包括部门统计数据）由试点县直接向省对口上报，并抄送省辖市；试点县的经济社会数据计入省辖市总量。

（3）省政府及其部门召开的有关会议和举行的重要活动，直接通知试点县参加，有关文件和信息直接发至试点县；试点县不再重复参加省辖市同一类型的

会议和活动。

3. 调整完善财政管理体制

试点县实行财政省直接管理体制。

（1）对已经实行财政省直管的巩义、兰考、滑县、邓州、永城、固始、新蔡等7个县（市），进一步完善管理办法；对尚未实行财政省直管的汝州、长垣、鹿邑等3个县（市）实行财政省直管，在收支划分、转移支付、资金往来、预算决算、年终结算等方面，省与县直接联系。

（2）在财政管理体制调整后，原来由省辖市承担的对试点县的各项配套资金，仍由省辖市承担；国家和省新出台政策需要省辖市对试点县配套的资金，由省财政承担。

4. 理顺条块关系

（1）试点县工商、地税、质监等省以下垂直管理部门，由省政府主管部门直接领导；试点县党委、政府的意见作为省政府主管部门对县级部门工作考评、考核和干部任用的重要依据。

（2）国税、金融、电信等中央垂直管理单位，也应根据省直管县体制改革试点的需要，做好相应工作，共同推进县域经济发展。

5. 推进相关改革

（1）鼓励和支持试点县按照省直管体制改革的要求，统筹协调推进公共服务体制、文化体制、医疗卫生体制、行政审批制度和事业单位分类改革等相关改革，其重点是推进大部门体制改革，综合设置机构，完善运行机制，提高人员素质和工作效率，方便服务群众。

（2）省政府各部门转变领导方式和工作方式，在制定规划、安排项目、分配指标和配套资金等方面，将试点县与省辖市统筹考虑，相关改革试点优先安排在试点县进行。

（3）调整规范发展指标体系和考核评价制度，建立健全试点优先发展激励机制和以行政首长问责为主的监督制约机制。

四　河南省直管县体制改革试点的目标指向及运作方式

当前，河南省已经进入一个新的发展时期，“十二五”规划已经付诸实施，

中原经济区建设已经上升为国家战略。在“十二五”时期，必须紧紧把握住省直管县体制改革试点的方向，使中原经济区建设优势得到彰显。

1. 遵循推进省直管县体制改革试点工作的总体要求

坚持以邓小平理论和“三个代表”重要思想为指导，全面贯彻落实科学发展观，紧紧围绕深化行政管理体制改革的总体目标，按照权利与责任相统一、财力与事权相匹配的要求，扩大县级政府经济社会管理权限，着力转变政府职能，减少行政层级，激发发展活力，培育新的经济增长点，促进县域经济快速平稳发展。

2. 坚持有利于推进省直管县体制改革试点工作的选点策略

在选择试点县方面，应选择离市中心城市较远，处于若干行政区域的接合部，而且人口普遍较多，产业基础较好，经济实力较强，具有发展成为中等城市或区域性中心城市条件的，可以形成一批新的区域增长极的县。同时，还要开展经济发达镇改革试点工作，把县里的一些经济社会管理权限下放给试点镇，使其逐步发展到中小城市规模，成为区域经济中心或服务中心。其主旨是通过推动省直管县改革试点培育一批战略支撑点，为中原崛起、河南振兴提供强力支撑。

3. 积极、稳妥地推进省直管县改革试点

此次省直管县体制改革试点的核心内容是赋予试点县政府以省辖市的经济社会管理权限，试点县的经济、社会发展事务维持不变，党委和人大、政协体制及司法体制、干部管理、社会稳定管理权限与责任先维持现状。鉴于此，推进省直管县改革试点工作需要采取积极而又稳妥的方式。河南省省直管县改革试点工作大体上分为三个阶段进行：第一阶段，深入调查研究，做好各项准备工作，适时召开会议动员部署；第二阶段，省直各部门和各试点县完成配套措施和改革方案的制定和报批工作，自 2011 年 6 月 1 日起按照新的体制运行；第三阶段，是逐步完善的过程。研究解决试点工作中出现的新情况、新问题，不断调整完善管理体制和运行机制，逐步实现试点县完全由省直管理。

五　河南省直管县体制改革试点的实践经验及未来发展

“十二五”期间，河南省将加快建设更为完善的高速公路网、快速铁路网和信息网，这些将为实行省直管县体制提供更有力的支撑。从实践经验角度来看，近年来河南在扩权强县、财政省直管县等领域进行了有益的探索，并且取得了显著成效。特别是经过2011年10月我们对部分河南试点县（市）的调查，其结果表明，这些试点县（市）的改革已分阶段进行，并且试点县（市）政府部门与省直有关部门的对接也较为顺利。

（一）实践经验

1. 认真落实省政府赋予试点县的经济社会管理权限

根据河南省有关省直管县体制改革试点的精神，省赋予试点县经济社会管理权限共计603项。目前除核与辐射项目、市级政府部门等因特殊原因无法对接外，大部分管理权限均已对接，由试点县市承接的权限在560～597项。在具体工作中，试点县主要做了以下几个方面的工作。

（1）加强组织领导。在试点县政府统一领导下，各单位成立了下放权限对接工作领导小组，明确单位“一把手”为下放权限的第一责任人，结合实际制定工作方案，抓好每个环节的工作，做好各项权限的落实。

（2）加强学习培训。各单位组织全体干部职工认真学习下放权限的相关文件，结合之前作为“扩权县”的运行经验，准确掌握下放各审批权限的法律依据、审批条件、申报材料以及审查材料，并严格按照相关程序办理。

（3）做好政务公开。将下放的具体行政审批权限纳入各部门政务公开范围，通过多种方式公开审批项目法律依据、办理程序、审批条件、申报材料等内容，确保各项权限及时、高效地落实。

（4）及时报告反馈。全面收集整理下放权限落实过程中出现的问题，征求一线业务人员、服务对象的意见和建议，对于存在疑问的相关业务办理情况进行记录备案，每月15日向县编制委员会办公室反馈，由编制委员会办公室系统分析汇总后，形成书面材料，再上报到省编制委员会办公室，以寻求工作指导。

2. 扩权经验及不足得到认真总结

2004年，省委、省政府作出关于赋予巩义、项城等5个县（市）以省辖市经济管理权限和部分管理权限的重大决策。扩权政策的实施，有力地促进了县域经济社会的快速发展。特别是通过6年的运行，这些扩权县已经与省直部门在业务办理、项目申报、资金结算等方面建立起稳定的关系，对各项工作流程较为熟

悉，上下沟通、衔接比较到位。如扩权后的县级市巩义市，由于其改革基础较好，全市32个局委均与省直部门有效对接，承接的权限多达592项,[①] 除与核辐射之类的项目无法对接外，大部分管理权限均完成对接。据多数扩权县（市）的部门反映，试点县（市）自体制改革后，审批项目直接由省直部门召集审批，经济发展指标在市备案，其结果是减少了行政层级，提高了办事效率，开阔了视野，拓宽了发展思路。而在不是扩权县的长垣县，由于没有改革基础，虽然有40个局委部门与省直部门进行了对接,[②] 但其承接的权限受阻。这是因为市级政府部门从自身利益出发，将本应下放给长垣县的权限，诸如驾驶证、许可证、资格证、资质证、统筹缴费、汽车交易监管、招商项目审批、公安权限、畜牧权限、民政权限、新农村建设项目等共计36项实际权限未能下放给长垣县。[③] 据一些地方部门反映，县（市）与省直部门实行对接后，最难解决的问题就是市级政府的下放权限。市级政府部门往往以种种理由设置障碍，阻挠权限下放，从而导致省政府赋予试点县的管理权限无法得到落实。这些试点县的领导往往有苦难言，他们既不敢得罪市里的领导，又无法与省直部门进行权限对接，以致造成这些试点县的体制改革滞后。

（二）未来发展

1. 更新思想观念，理清发展思路

“省直管县”是在新的经济形势下探索加速河南省县域经济发展的新事物。由于任何新事物的推广都需要更新观念、更新思路，因此，只有创新思路才能使“省直管县”扎实推进。试点县各部门应将眼光放得更远一点，科学谋划试点县的“十二五”规划，明确发展目标和改革重点，解决制约试点县改革和发展的难题，同时找准自己的特色经济和主导产业，以规划新的经济增长点，做大做强产业集聚区，提高其作为区域中心的辐射带动能力。

2. 推进项目工作，做强本级财政

实施“省直管县”试点，最大的实惠体现在“项目”和“财政”上。在项

---

① 巩义市编制委员会办公室：2011年11月3日《巩义市直管县体制改革试点工作情况汇报》。

② 长垣县县委、县政府：2011年9月4日《直管县体制改革试点工作进展情况汇报》。

③ 长垣县编制委员会办公室：《豫政办［2011］66号文件赋予权限未落实情况统计》，2011年8月30日。

目上，它可以实行项目直接向省申报，增强申报项目的自主性和成功率。一些试点县抓住国家大力发展战略性新兴产业的机遇，抓住中央财政重点支持保障性安居工程、农业基础设施、水利设施、教育卫生等基础设施的机遇，在项目建设上全力以赴，以争取更多的项目进入国家、省、市的盘子。例如，在省发改委下达的2011年第二批重点建设项目名单中，巩义市就有8个项目入选，在郑州市六县（市）中名列第一，在10个省直管县中名列第一；这8个项目总投资111.9亿元。在财政上，由于省辖市不再分享县级财政收入，试点县（市）得以逐步加快经济发展步伐，做大做强本级财政。这就有利于大力发展工业经济，加强招商引资力度，加快中心城区、小城镇和产业集聚区建设。此外，在保持省级财政补助资金到位的情况下，试点县（市）依然可以继续争取需要省辖市安排的配套资金，并且确保直管县享受补助不低于改革前水平、不低于周边县市。

3. 协调各方交接关系，转变工作方式

实施“省直管县”试点，并不是行政区划的改变。就此而论，试点县必须摆正自己的位置。本着不等、不靠、不拖的原则，试点县应积极主动地加强与省直部门的对接和联系，做细、做实、做深各项基础性工作，并且加强与省有关部门对口联系沟通，理顺交接关系，完成省下放的权限范围及各项工作的办事流程。同时，试点县应一如既往地搞好与省辖市的关系，继续在经济发展方面保持与省辖市的良性互动，相互促进，共同发展。

4. 优化发展环境，改进工作作风

鉴于“省直管县”体制对经济发展环境提出的更高要求，有关方面应优化发展环境，改进工作作风。

（1）积极转变政府职能，提高行政效能，强化加快发展意识，不断提高工作效率和服务水平，努力为县域经济发展营造良好生产生活环境和投资经营软环境。

（2）切实改进工作作风，提升群众的满意度，并建立优化经济发展的长效工作机制。由于推进省直管县体制改革对政府服务能力提出了更高要求，各级地方政府必须把转变职能、提高效率、增强素质贯穿改革始终，以正确履行政府职能，切实提高公共行政能力。对省级来讲，多数政府部门由面对18个省辖市开展工作变为面对28个市县，其管理幅度扩大，工作量增加。能否高效率管理好这些试点县，这对于许多省级政府部门来说，是一个严峻考验。省直各部门必须

创新管理方式和手段，少掣肘、多服务，尤其要增强服务基层的意识，不断提高自身管理效率和管理水平。而对试点县（市）来讲，由于今后要直接与省对接，能否衔接好工作、履行好职责，用好上面新赋予的管理权限，对一些地方干部的素质和能力也是一个严峻考验。

总之，试点县（市）政府及部门需要进一步转变政府职能，减少和规范行政审批事项，简化办事程序，完善运行机制，提高行政效能。此外，试点县（市）政府及部门的各级领导和工作人员也应加强学习培训，不断提高履行职责和依法行政的水平，尽快完成自身角色转换，确保在省、县两级政府部门之间实现有效对接，领导和组织好当地经济社会发展事务。

B.9

河南省城市居民幸福感研究报告

——以郑州市为例

郑州大学课题组*

摘　要： 近年来，城市居民幸福感问题已成为政府、社会和学界关注的热点。对郑州市城市居民幸福感进行调查研究，不仅是为了了解社区居民实际生活状况，更重要的是通过调查深入了解社区居民对目前生活状况的态度和看法，对自我发展和家庭生活福祉新的需求，对幸福感的切身体验，以及对当前社会政策和社会建设新的期待。根据调查结果和相关政策研究，本研究报告能够为政府制定社会政策及推进社会建设提供决策依据。

关键词： 郑州市　社区居民　幸福感　政策研究

一　引言

长期以来，幸福感一直是人们对现实生活的追求和期待。如果从中国改革开放以来的社会变迁来分析，可以用三个主题词来概括：步入小康之前的主题词是“温饱”；步入小康之后的主题词是“富强”；目前正在全面步入小康的主题词是“幸福”。因此，在中国以全面建设小康社会为目标的当代社会，居民幸福感逐渐成为和谐社会的主要标志之一。幸福感是人们在影响自身发展以及满足自身需求的主观、客观因素影响下所产生的积极的心理感受。幸福感概念的提出，体现了社会发展观的改变，它使人们对个人发展和家庭生活状况的评价由只注重单一的经济指标而开始向同时注重经济收入、身心健康、居住环境、文化娱乐、社会

* 郑州大学课题组：主持人，纪德尚；成员，高翠丽、张保垒、张少停、高芳。

保障等多重发展指标的方向转变，并且强调社会个体成员的内在体验对于实现个人全面发展目标的意义。

在2011年两会上，“幸福”成为最热门的话题，“居民幸福指数”也频频出现在公众视野之中，而在此前，国内学者对有关城市幸福感和幸福指数问题也多有研究，且取得了不少研究成果。最近，在由中国城市竞争力研究会、香港浸会大学当代中国研究所共同发布的“2011年中国最具幸福感城市排行榜”中，郑州市排行第22位。为了进一步了解郑州市城市居民幸福感的实际情况，由郑州大学组成的郑州市城市居民幸福感课题组深入郑州市5个区的23个居民小区146户居民家庭，进行了实际问卷调查。通过对城市居民经济状况、身心健康、家庭与生活状况、教育与文化娱乐、社会环境、社会保障、社会发展前景7个与居民幸福感息息相关的变量考察，课题组对影响郑州市城市居民幸福感的几个重要指标，展开相关研究，为政府就如何进一步提高郑州市的城市品位和居民幸福感等方面的政策制定、社会建设的定位及公共服务水平的提高，提供理论和实证支持。

在对郑州市城市居民幸福感这一问题实施问卷调查时，我们将影响居民幸福感的自我体验分为七个主要元素：经济与职业状况、健康与心理状况、家庭与生活状况、教育与文化娱乐、环境与交通状况、社会福利与医疗保健以及社会发展前景。然后严格按照随机抽样的方法，从郑州市二七区、中原区、管城区、金水区、高新技术开发区中选取了23个居民小区；在此基础上，最终选中了146名市民作为本次研究的调查对象。

二　郑州市城市社区居民幸福感调查结果与分析

1. 经济状况

经济状况与幸福感的关联程度是课题组特别关注的方面。在所有被访者中，个人月平均收入在1000元以下的约占两成；收入在1001～5000元的市民成为被访者中的主要成员，占到56.9%；收入在5001～10000元的占19.9%，10000元以上的只有2.7%；无收入和无固定收入的被访者有2.7%。

通过相关分析后得出：市民幸福指数与个人月平均收入的显著性为0.372（远远大于置信区间0.05），因此拒绝零假设，接受备择假设，即市民幸福指数

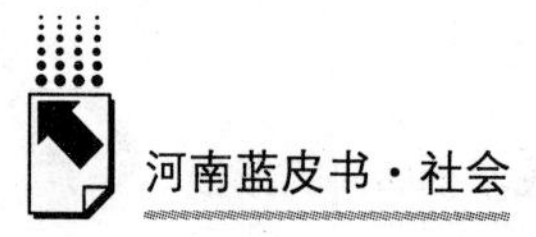

与个人月平均收入没有显著相关。可以推测，市民幸福感与经济收入没有直接关系。

但是，在课题组进一步对比了“家庭月收入水平”与“财富状况是否会影响幸福感”后，得出如下结论：在家庭月收入低于2000元的低收入被访者中，普遍认为财富状况与个人的幸福感关联性大，其中有73.2%的人认为财富状况影响到个人的幸福感；收入2000元以下的状况与居民的幸福感存在着一定相关性，尤其是在极其贫困的情况下，收入会对个体的幸福体验产生更大的影响作用。说明对于城市低保对象、收入偏低的家庭等困难群体，贫穷并未真正远去，他们渴望从贫穷走向富裕，期待增加收入以及拥有社会保障的权利。

根据调查，郑州市城市社区居民对自己的幸福指数评价与职业的Pearson相关系数为0.142，在0.05水平（单侧）上显著相关。这也就是说，社会职业收入或声望越高，居民的幸福感越强烈。同时，这也说明现阶段提高实际收入依然是提升城市居民幸福感的重要影响因素。所以，在我们关注经济增长的同时，应让发展回归到民生层面，更加注重社会建设，并把幸福、尊严、公正这样的心理体验和感受作为衡量城市发展的重要指标。

2. 身心健康

关于社区居民的身心健康与幸福感的关系，在所有被访者中，身体“非常健康”的为19.9%，“健康”的为41.1%，“一般”的为27.4%，“比较差”的为10.3%，“很差”的为1.4%。调查结果说明郑州市城市社区居民健康总体情况良好。当然，其中仍然有不少人以青春或健康为代价赌事业，其身心长期处于亚健康状态。显而易见，如果使身心健康成为发展的代价，就会使发展失去意义。

根据调查，个人的健康状况与居民主观幸福感具有一定的相关关系。居民对自己的幸福指数评价与自己健康状况的Pearson相关系数为0.150，在0.05水平（单侧）上显著相关。由此可见，居民的身心健康对居民的幸福感具有至关重要的影响作用。目前，影响城市居民身心健康的因素，主要来自生活压力、工作压力、社会保障压力等，对于一般城市居民而言，就业、上学、住房依然是影响他们身心健康的重要因素，同时，他们还要面对医疗、养老等社会保障的困扰。这些说明全面提高城市居民健康素质，我们还有很长的路要走。

3. 家庭与生活状况

调查数据表明，随着社会的发展，家庭和婚姻在城市社会生活中显得更加重要；而且居民对家庭状态的满意程度也和居民的幸福感息息相关，两者的Pearson相关系数为0.170，在0.05水平（双侧）上显著相关，婚姻状态为离异或丧偶的调查对象的幸福指数评价相对较低。在我们的调查中发现，92.3%的被调查者认为自己的家庭状况比较重要；关于未来所依赖的主要对象，有61%的居民选择了家人；在对有子女家庭的被调查对象中，96.3%的调查对象认为孩子教育比较重要，且与自己的幸福感密切相关。

住房是民生之要，住有所居是每个家庭的殷切期盼。调查发现，在家庭生活中，买房难、住房难仍然是困扰许多居民的一大难题，并且出现性别差异和年龄差异的现象。在家庭环境条件不好、自身经济条件差的25～32岁的青年群体以及年龄在40～60岁的中年群体中，住房压力尤为突出。从性别比上看，男性的住房压力以及由此产生的焦虑感均大于女性。因此，对现有住房的满意度也影响着居民的幸福感。所以，进一步推动保障性住房和廉租房建设，仍是提高城市居民幸福指数的重要因素。

4. 教育与文化娱乐

在解决温饱之后，人们对教育、文化娱乐的需求增长很快。调查发现，有近六成的社区居民对自己的教育程度很不满意或不满意，只有18.5%的居民对自己的教育程度比较满意或者很满意。但在相关分析中，我们发现，教育程度与居民幸福感并没有显著相关性，这与职业和幸福感的显著相关形成鲜明的对比。此种情况说明在绝大多数居民眼里，较高的学历只是获得较好工作的一种资本，但高学历并不一定有很高的幸福体验。

居民幸福感也离不开他们的业余文化生活。一般社区居民的业余生活主要有两大类，一类是在家通过看电视、电影等影音娱乐节目来丰富自己的业余生活；另一类主要选择棋牌类游戏作为自己业余的消遣方式。对于运动健身、聊天交友等需要一定花费的业余生活，这只是高学历或收入偏高的人群的选择。

在问及“您对您的业余文化生活是否满意”时，选择“非常满意”的只占9.7%，“比较满意”的占35.9%，“一般”的占36.6%，“不太满意和非常不满意”的占18.0%。调查数据说明，目前城市居民对大众化文化娱乐的满意度还有待提高，对文化事业的大发展还有更高的期待。城市居民对业余文化生活的不

满必然在一定程度上影响到他们的幸福感。所以，文化强市首先应满足城市居民日常精神文化方面的需求，在推进郑州市文化大发展、大繁荣中，应优先提升郑州居民精神领域的幸福感。

5. 宜居环境

创造宜居、环保、低碳、优美、整洁的城市环境，是城市居民的共同愿望，也是现代文明城市发展的必然趋势。在对郑州市社区居民的调查中，有21.2%的被调查居民对城市垃圾的处理率不太满意，35.6%的被调查居民对空气质量不满意，71.5%的居民希望能扩大城市绿化面积，33.8%的居民被城市噪声问题所困扰，29.6%的居民对生活用水质量表示担忧。由此看来，郑州市的城市环境还有待进一步提高。

城市居民生活离不开交通。在本次调查过程中，只有不到三成的居民对郑州市交通状况非常满意或者比较满意，有43.8%的居民对其不太满意或者非常不满意。被调查者集中反映比较普遍的问题是市政规划、交通拥堵、道路安全、道路资源利用率、路况建设等。这就说明郑州市的城市交通问题已影响到居民的正常出行和社会生活。

在对城市社会治安问题的回答中，认为自己所居住的社区和城市治安状况良好的被调查者有62.4%，而不满意当前治安状况的仅有10.2%。总体来说，居民对郑州市当前城市治安状况，普遍给予了较高的评价和认可度。经数据分析得出，居民幸福感与城市治安状况是显著相关的，居民幸福感的提升不仅与良好的城市环境和宜居条件密不可分，而且与良好的社会风尚和社会治安条件息息相关。

6. 社会福利与医疗保健

社会保障制度是国家和社会通过立法对国民收入进行分配和再分配，对社会成员尤其是特困群体的基本生活权利给予保障的社会安全制度。其本质是维护社会公平正义及促进社会良性运行和发展。因此，它与居民幸福感息息相关。关于郑州的医疗保健条件的调查显示，有10.5%的被访者选择了非常满意，27.4%的人选择了比较满意；另外，分别有14.0%和9.1%的居民选择了不太满意和非常不满意。通过进一步的相关性分析发现，医疗保健条件与居民主观幸福感评价关系密切。因此，欲提高城市居民的幸福指数，必须进一步加大这方面的投入。

此外，在调查中，社区居民对看病难、保健难、养老难等社会保障问题反映

较为强烈，而对于实现病有所医、老有所养等基本社会保障以及提供更加便利的基本公共服务，也有很高的期待。

7. 社会发展前景

城市社会发展前景是评价城市未来发展的一个重要的宏观指标。对城市社会发展的预期，以及城市发展的实际潜力，也会影响到个人的发展潜力和发展信心，进而影响到城市居民对未来生活的憧憬和幸福感。根据社区居民主观上对自己的幸福指数评价和他们对未来生活及社会发展的态度之间存在着显著相关性（P＝0.322），这表明居民对未来生活和社会发展的态度越积极乐观，他们的幸福感越强。在调查中，愿意继续在郑州生活和发展的人口占71.4%，另外有21.4%的人表示还在考虑，只有7.2%的人打算要到别的地方去发展。由此可知，郑州市城市居民对郑州的认可度和归属感比较高，对城市未来发展总体上持乐观态度。

通过上述统计分析，居民对社会生活领域相关问题关注度最高的分别是：经济发展状况（96.4%）、就业问题（95.8%）、教育问题（90.3%）和社会保障（88.6%）。其结果表明这些问题都是影响城市居民幸福感的重要因素。同时，有近七成的被访者对社会公平正义、社会道德风尚、社会诚信等表示担忧。他们普遍认为，在经济快速发展中，经济与社会发展不同步，社会建设以及社会道德建设相对滞后，这类情况不仅影响到城市的精神文明建设，而且给城市居民的思想观念、社会生活行为等带来了一定的负面影响。所以，更加重视社会建设、维护社会公平正义、加强思想道德建设，让每一个人共享改革发展的成果，仍然是“十二五”期间一项重要任务。

三　提高郑州市城市居民幸福感的政策建议

1. 增加经济收入，注重社会公平

在现阶段，城市居民经济收入的多少，仍然是事关居民生活质量和幸福指数的关键因素。由郑州市统计局提供的分析资料表明，“十一五”期间，郑州市市区城镇居民收入稳步增加，居民生活水平和生活质量进一步提高。2010年，郑州市市区城镇居民收入水平虽然在全国27个省会城市中名列第12位，但该市仍有一定的低收入家庭和困难群体，他们的幸福指数不高，对生活的满意度偏低。

提高郑州市城市居民幸福感，其基本前提是提高居民的生活质量，让人人过上富裕的生活。

（1）大力发展中小企业、劳动密集型产业，并且通过提供公益性社会岗位来扩大就业。让市民有稳定的工作和收入，以减小生活压力，提高幸福指数。

（2）要注重社会分配公平公正。郑州市应立足本地具体情况，加快全市收入分配体制改革，构建新型分配制度。

第一，新型个人收入分配应让收入与投入要素挂钩，以劳动收入为主，逐步缩小贫富差距。

第二，在政策设计上应保障好低收入群体的利益。例如，加大对廉租房和保障性住房建设的投资；调节过高收入者的收入，实行新标准的个人所得税实行方案；做大中等收入阶层的队伍，从优化环境、政策扶持等多方面入手，鼓励支持更多的人通过创业大幅增收。

第三，通过完善税收制度，在不断提高经济发展效益的同时，也解决好社会公平问题。

2. 完善医疗卫生，提高健康水平

（1）解决郑州市居民看病难、看病贵问题。郑州市应重点完善覆盖城乡居民的公共卫生服务、医疗服务、医疗保障和药品供应保障“四位一体”的基本医疗卫生体系。

第一，继续推进公共卫生服务优质化和均等化。在各个街道，进一步普及社区卫生服务中心，更新医疗设备，提高服务人员素质和医疗质量，增加居民日常生活的安全感和幸福感。

第二，完善医疗服务网络化。加快建设以居民健康档案为基础的社区卫生信息平台和以电子病历为基础的医院信息系统，推进网上咨询服务、远程医疗会诊等。

第三，继续完善多层次医疗保障体系。完善城乡医疗救助制度，多形式、多层次提供救助，按家庭收入、医疗费用的高低给予不同形式和等级的救助，缓解困难群众医疗负担，筑牢保障底线。

第四，保障公共卫生服务经费。专业公共卫生机构人员经费、发展建设经费、公用经费和业务经费由政府预算安排，服务性收入上缴财政专户或纳入预算管理，实行收支两条线。按项目为居民免费提供基本公共卫生服务。

（2）应把提升居民幸福感建立在郑州市居民身心健康基础之上。鉴于此，郑州市应该成立由市科协、区科协、办事处（社区）三级心理健康普及网络，具体负责协调、组织、实施“心理健康进社区活动”。

第一，完善社区心理健康服务中心的功能。定期（每隔3天或一周）派专家学者和相关专业学生到社区心理服务中心指导并参与心理志愿服务工作，社区心理服务中心全天为社区居民开放，为社区居民解决各种心理健康问题，从而促进家庭与社会和谐、提高居民的幸福感。

第二，开通免费心理健康咨询服务。在各社区卫生服务机构开通免费健康咨询热线，及时为社区居民提供心理健康疏导，同时为社区居民建立个人心理健康档案，对已有心理问题和容易发生心理问题的高危人群及时进行咨询、监测和干预。

第三，建立心理健康长效机制。设立相关宣传工作岗位，扩大宣教渠道，利用学校和社区全面开展心理健康知识宣传教育工作，并形成制度，进而提升居民心理素质，增强居民幸福感。

3. 扩大城市就业，加大政策支持

就业是民生之本，也是普通百姓幸福之源。

（1）提高郑州市社区居民幸福感，首先要千方百计扩大就业。

第一，要实施更加积极的就业政策，加大政府用于扶助和促进就业的财政投入。

第二，在产业结构调整和布局上，大力发展劳动密集型产业，发展多种形式的服务业，最大限度地满足城市居民和高校毕业生的就业需求。

第三，在扩大就业方面，要进一步强化企业的社会责任。加大对中小企业的扶持力度，同时又要继续完善就业补贴机制，创造更多的公益性就业岗位，为各类企业吸纳就业困难群体就业提供政策支持，不断为城乡居民和高校大学生就业创造更多的岗位。

（2）改善创业环境，坚持以创业带动就业，进一步完善创业政策扶持体系。

第一，增加创业扶持的资金投入，完善城市居民和大学生科技创业资金扶持政策，加大小额贷款担保工作力度。

第二，鼓励金融机构加大对创业组织的信贷支持力度，落实创业资金扶持政策。

4. 进一步完善社会保障体系

（1）重点推动社会保障体系建设主体的多元化。

第一，在政府合理调控的前提下，鼓励各种养老保险、医疗保险、教育保险的市场化运作，大力发展商业保险，建立多层次风险保障体系。

第二，积极创造条件，制定优惠政策，发展慈善事业，尤其要鼓励民营企业投入慈善事业。

第三，适度做实养老保险个人账户，积极鼓励发展以老年服务为重点的民间福利事业。

（2）建立刚性约束机制，拓宽社会保障筹资渠道，健全社会保障体系的资金运作。加快研究国有资产变现收入补充社会保险基金的办法，放宽基金的投资运营限制，实现社会保险基金的保值增值。

（3）进一步改革和完善社会保障制度。

第一，建立适用于所有劳动者的基本养老保险制度。大胆探索机关事业单位养老保险制度改革，使之与企业职工养老保险制度有机衔接，便于职工在不同用人单位之间合理流动。

第二，建立医疗保障制度的财政补贴机制，将困难国有和集体企业职工、社会申办退休人员纳入医疗保险。

第三，研究解决残疾人、未成年人、孤儿和学生等群体的医疗保障制度问题。

5. 关注民生热点，保障居民福祉

住房问题与人们的幸福感息息相关。

（1）保障城市居民住有所居，解决他们的住房问题。

第一，加大房改力度，在郑州市住房公积金制度的基础上，拓宽制度覆盖范围，降低标准，简化手续。

第二，加强郑州市保障性住房、廉租房建设，完善相关法律法规体系建设，建立“房”与“人”的一体化联系，防止个人投机取巧。

（2）城市交通与人们日常出行和社会生活密切相关。缓解目前郑州市严重的交通拥堵难题关系到人们的出行是否便利。

第一，加快郑州市城市管理体制改革，改变现有分区分块的状况，统一规划，科学制定郑州市整体交通网络布局。

第二，解决交通问题应以人为本，一切以人们的方便出行、安全出行为准，淘汰危旧车辆，增加公交车辆，提高乘车环境。

第三，倡导文明出行。通过公共传媒、公交电视等手段大力宣传文明交通行为，对严重影响人们出行的不文明行为实施严厉的惩罚。

（3）食品安全日渐重要。所谓民以食为天，食以安为先，就充分反映了保障食品安全的极端重要性。

第一，不断完善食品安全保障制度。例如，在2011年6月，由郑州市发布的《2011年食品安全重点工作实施方案》，就为解决郑州市食品安全问题提供了科学依据和权威保障。

第二，在此方案的基础上，应将专项整治与综合治理措施有机结合起来，将规范企业经营活动和落实监管责任结合起来。

第三，通过宣传教育，利用全社会的力量来共同解决食品安全问题，以提高郑州市居民生活幸福指数。

6. 重视子女教育，构建和谐家庭

幸福只有与个人和家庭相联系，才具有丰富的社会意义。重视子女教育、呵护亲情、关注家庭和谐是提高城市居民幸福感的重要内容之一。

（1）子女教育是目前家庭生活中备受关注的问题，因为它是以子女健康成长的方式体现了人类社会最为朴实、本真的亲情。解决子女教育问题应从以下三个方面着手。

第一，人们应更加重视学龄前的家庭教育，通过人伦亲情教育，使之养成良好的社会伦理和道德习惯。

第二，在家庭社会教育中要更加注重阳光教育、赏识教育以及面对困境的挫折教育，促进他们身心健康成长。

第三，进一步加强和完善教育资源配置力度，重视能力和素质教育。

注重学生的心理健康，从根本上入手解决因缺乏合理引导而引发的青少年违法、犯罪、自杀等社会问题。

（2）子女教育虽是现代家庭所关注的重要问题，但并非和谐家庭的唯一问题，家庭和谐与夫妻关系、父（母）子女关系、幸福观念等内容也有密切关系。

第一，欲构建和谐家庭，就要呵护家庭亲情。婚姻从家庭开始，亲情源自家庭的耳濡目染；欲建立和谐的家庭关系，就需要更加注重家庭成员之间人伦亲情

的培育。

第二，要注重家庭成员之间的沟通。沟通是家庭成员建立良好关系的桥梁和纽带，通过彼此相互尊重的有效沟通，能够进一步增强家庭凝聚力和彼此感情度。

第三，加强家庭伦理道德建设。家庭伦理道德是家庭成员相互之间行为规范的总称。它在调解家庭矛盾、营造和谐家庭氛围、增强家庭团结等方面起着多重作用。强化家庭伦理道德、呵护亲情、关爱家庭，就是在呵护人们的心灵，同时，它也使人们拥有更多的人生幸福感。

B.10

河南省网络事件分析报告

殷 辂*

摘 要：网络事件是社会热点问题在互联网上的集中反映。在风险社会和网络社会的双重背景下，事件本身的冲击性、爆发性被放大，形成舆论焦点。网络事件的爆发是矛盾积累的结果，同时也是风险的释放。如果应对得当、公道彰显，这种释放并不是坏事；若不顾事件本来的是非曲直，采取堵、捂、压的方式，让集体为个体行为埋单，则必然造成事态的扩大。网络事件虽然有非理性因素，但大都不涉及社会的核心价值，是在法制及体制框架内可以解决的。若以对立思维将其性质放大或上升，这其实是为渊驱鱼，只会激化矛盾。网络事件的应对并不是单纯的技术问题，其根本在于理念的转变。去除管制理念，回归社会管理的本质，依法而治、依理而管，建立良性的互动机制，只有这样，才能真正化解矛盾、平息事件。

关键词：网络事件 社会管理 应对理念

网络事件是形成网络舆论焦点、引发网民围观参与的事件。如果将网络事件看成是群体性事件的话，那么这种群体性聚集绝不是单方面形成的，而是互动的结果。在社会矛盾凸显期，事件借助网络放大和变形，其中包含着很深的社会含义。

一 2011 年河南网络事件回顾

2011 年河南发生了一系列网络事件，涉及社会的各个方面，其中一些影响巨大，具有典型性。这些事件偶然却不孤立，是社会热点问题的集中反映。

* 殷辂，博士，河南省社会科学院社会发展研究所，副研究员，主要研究社会学。

1. “天价过路费”事件

2011年1月11日，媒体披露了河南禹州农民时建锋因假冒军车牌照偷逃过路费368万元而被平顶山中院判无期徒刑的案件，在网络上引起震动。网民质疑天价过路费的算法，并怀疑存在司法不公。面对质疑，交通部门公布通行费算法；同时，针对是否应该以诈骗罪定罪、是否“判刑过重”的问题，1月12日，平顶山中院有关部门引用司法条文回应称“判决准确无误”，但这些回应反而激起了更多的质疑，网络舆论继续发酵。1月14日凌晨，平顶山中院以出现“新证据”为由，紧急启动再审程序。1月15日媒体披露，案件发生戏剧性变故，时建锋翻供，称是替弟弟时军锋顶罪。1月16日，案件当事人弟弟时军锋自首，并披露“军牌合同”，网络舆论达到顶峰。当天下午，河南省高院召开新闻发布会，通报“时建锋案”情况，认定“平顶山中院在审理时建峰诈骗一案时，存在审查不细、把关不严等问题，判决结果损害了人民法院和人民法官的形象，损害了法律的尊严和司法的公信力，决定对相关审判人员予以责任追究”。同时宣布：“鉴于本案事实、证据发生重大变化，平顶山中院已建议平顶山市人民检察院撤回起诉。”1月17日，平顶山检察院撤回起诉，案件退回公安机关。在新闻发布会之后，事件迅速得到平息。纵观事件的发展，虽然有关部门在事件出来之初应对失据，但上级司法部门直面问题，有效行使监督权，避免了事态的扩大，司法形象与法律的尊严并没有因为主动纠错受到伤害，反而得到提升。如果每一个案都能有错必纠，司法公信力必将进一步提升。

2. “瘦肉精”事件

2011年3月15日，央视315特别行动节目播出《“健美猪”真相》，报道了河南孟州等地养猪场使用“瘦肉精”喂养生猪，有毒猪肉被卖到了南京和济源双汇公司。这是继“双鹿奶粉事件”之后的又一起食品安全事件，经媒体曝光之后，引发强烈关注。3月15日，河南省相关部门及地区组成调查组对事件展开调查，处置有毒猪肉，处理涉案人员，但由于事件不仅涉及生产者，还涉及监管、企业责任等多方面的问题，网络舆情并没有因此而回落。3月17日，河南省畜牧局会同有关地区开展排查、抽检，初次抽检合格率高达98.8%，这份被指只对单一“瘦肉精”成分进行检测的数据又引发新一轮舆论热潮，引发公信力危机。为进一步排查检测，河南省紧急加调多种“瘦肉精”成分检测试纸更新检测手段，并在排查的同时，启动了问责制，“68名涉案人员被河南有关部门

控制、刑拘、立案侦查，并对 43 名公职人员调查取证。”随着时间的推移及排查、问责工作的展开，网络舆情开始回落，但事件造成的伤害并未消失，双汇公司的企业形象、监管等部门的公信力受到严重创伤。有关部门对“瘦肉精”事件的应对处置留下了很多值得研究和总结的地方。

3. 河南“宋基会”事件

“郭美美”事件引发官办慈善机构的公信危机，公益性机构运作中存在的问题成为媒体关注的焦点。2011 年 9 月 1 日，《南方周末》一篇报道直指河南“宋基会”，指出该组织存在借公益谋私利的现象。该文披露河南“宋基会”大量资金被用于投资和放贷，涉嫌非法集资，将公益资金交由员工持股的关联公司运营，变公益地产项目为豪宅。此文一出，即在网上掀起轩然大波。9 月 3 日，中国“宋基会”在官网发表声明，其与地方宋庆龄基金会既无行政上的上下级关系，也无经济方面的经营合作与往来。随后，河南“宋基会”接受媒体采访，逐一回应质疑，但网络非议并没有因此消失。9 月 5 日，河南省委统战部和省民政厅、郑东新区管委会等多部门组成调查组，宣布介入调查此事，网络舆论围观逐步退去。

4. 洛阳“性奴”事件

2011 年 9 月 22 日，《南方都市报》刊出记者采写的新闻稿《洛阳一男子居民楼里挖地窖，囚禁六名歌厅女子做性奴》，该报道披露了洛阳警方 9 月 3 日破获的血腥变态的案件。洛阳市技术监督局执法大队员工李浩，在购买的地下室内耗时一年开挖地窖，在地窖中囚禁 6 名歌厅女子为性奴，并残忍杀害两名女子，该案因一名女子逃脱而告破。案件经内部人员爆料被外地媒体披露后，立刻惊爆网络。网民在对事件震惊的同时，对洛阳有关方面信息保密提出质疑，更有人据此怀疑其中存在“案中案”。洛阳警方在 9 月 23 日发布《洛阳市公安局关于李浩案进展情况的通报》，并承认与媒体沟通不足，表示“愿意建立完善的、符合实际舆情需要的信息发布机制”。在此情况下，网络热潮开始消退。“性奴案”是阴暗、变态者制造的个案，虽然涉及治安等问题，但不应该转化为官民之间的对立。有关部门因为过多的“考虑”而忽视了信息披露的重要性，造成谣言四起，并将矛盾引向自身，造成被动局面，这是需要认真反思的问题。

二　2011年河南网络事件的特点

从2011年河南发生的网络事件可以看到，这些事件具有爆发性，它们直接冲击人们的心理承受底线，但这些事件并不孤立，在偶然性背后有着必然性。天价过路费事件涉及司法不公、非法交易、腐败以及乱收费问题；“瘦肉精事件”涉及食品安全监管、企业诚信危机等问题；“宋基会”事件背后其实是慈善危机、信誉危机；“性奴”事件虽然是个案，但牵涉到社会治安、弱势群体的权益、分配不公等问题。现实中存在的问题在特殊事件的刺激下在网络中集中爆发，这是网络事件形成发酵的根本原因。因此，事件是社会矛盾的集中反映，网络是事件爆发的条件，事件本身的冲击性和问题的普遍性是网络事件形成的关键所在。除此之外，2011年河南网络事件还具有其他较为明显的特点。

1. 网络事件的爆发力较强，但与以往相比持续性有所减弱

网络事件爆发的强度与事件本身的新闻性、轰动性有关，但持续性却牵涉公众的心理阈值。2011年河南发生的网络事件本身具有极端性，具有很强的冲击性和震撼力，这决定了事件的爆发具有很强的力度，但由于近年来各种“事故”频发，公众对事件持续关注的热情开始钝化，同类事件已经不能引起公众太多的关注，而新的极端事件一旦出现，也只是在最初的时间内引起关注，网络事件的持续性开始减弱。我们可以看到，一些网络事件比如“智障人服刑”，在曝光之初曾引起较大的轰动，但在没有下文的情况下就“自发”地趋于平静。相对于以往的“为谁说话事件”、“王帅事件”、“开胸验肺事件”等，网民的持续性关注明显减弱。虽然不满情绪并未消失，问题也依旧存在，但公众的“义愤”却在减退。舆论效应的阈值越来越高，新闻很快就变成旧闻，“围观”的持续性趋于弱化，这种舆论钝化现象对于社会来说并不是一个积极的信号。这说明社会风险正在积累，应该引起政府的高度重视。

2. 网络事件中舆论“极化”现象较为明显

所谓舆论极化，指的是网络舆论脱离事件本身而出现极端化现象。在网络事件中，网络舆论几乎一边倒，极端化、情绪化现象非常明显。“群体性极化”理论将极化现象归因于群体性，认为群体性思维比个体更具备倾向性和极端性。同时，网络具有去时空化的特点，不同地点的社会成员能够共同参与同一主题，更

容易形成群体效应，对舆论的极化会产生影响。其实，这些只是舆论的极端化的助因，根本原因并不在于此。舆论极化现象是在公信力危机、信用危机、道德危机背景下产生的，是与官民关系紧张、贫富对立等一系列社会问题联系在一起的。在这种情况下，若事件的“事主”不能完全回归于事件本来的是非曲直，那么舆论极化会更加突出。网络“群体性极化”现象虽与网络、群体性有关，但其本质却在于社会环境，它是社会问题日益凸显的结果。

3. 高层介入成为平息网络事件的重要方式

通过分析2011年河南网络事件，我们可以看到，高层介入是事件平息的重要途径。在“天价过路费”事件中，虽然基层相关部门在一开始存在“本能”的回避，但上级司法部门却主动纠错，不为问题及责任人埋单，通报案件及责任追究情况，主动回应质疑，防止了事件的蔓延及对公共部门公信力的进一步破坏。“宋基会事件”同样是高层宣布介入调查之后趋于平静的。高层介入防止了事态的进一步扩大，同时也说明在社会基层缺乏有效化解矛盾的机制。事实证明，还原真相、主动纠错不但不会破坏形象，反而能够重塑公众对公共部门的信心。

4. 因“平息”网络事件而制造新事端的现象减少

因回应新闻媒体或网络质疑而引发新的网络事件，这种现象在前几年屡见不鲜。比如“替谁说话事件”，这是因有关部门回应质疑而引发出来的新事端，其本身的舆论风波远远超过了被质疑的事件。无论媒体是否断章取义，但当事人确实存在着不懂舆论规律、不能正视舆论的问题。在以往的网络事件中，由事件引发新事端的现象非常突出，这与不适应网络监督有着密切的关系。纵观2011年发生在河南的大小网络事件，虽然存在回避乃至噤声的问题，但较少出现“连带事件”。这说明职能部门应对网络事件的技巧已有所提高。

5. 网络媒体和传统媒体呈现联动现象较为明显

事件上升到公共议题有一个传播、引爆的过程。一些网络事件是由微博、博客、网络论坛点燃，传统媒体跟进，在持续的互动中形成舆论效应；另一些事件却直接由传统媒体披露，由于事件本身的震撼性而在网络中爆发，形成舆论焦点，然后引发传统媒体的进一步关注，形成联动现象。2011年发生在河南的四大典型网络事件都是先由传统媒体披露，然后在网络中引爆，引发大量的网民围观参与。网络媒体与传统媒体的联动，是一种立体式的、参与式的传播模式，这种模式颠覆了传统的传播方式，对风险管理提出新的挑战。

三　网络事件应对中存在的问题

近年来，有关方面对网络事件的应对技巧虽有所提高，但由于其理念没有发生根本的改变，在应对上还存在一些问题。

1. 缺乏必要的预警、互动机制，在一定程度上存在着被事件支配的现象

网络事件有一个产生、发酵、爆发的过程，在网民围观热议的时期，本应该引起关注并及时介入，但网络舆论的回馈并没有像其形成那样具有直接性，往往到事情闹大之后，才引起上级政府职能部门的关注。事件若没有产生影响，则不能上通，而轰动性事件则被其影响所支配。一些网络事件本来可以在形成之初得以化解，但是往往到其破坏性发展到极致之时才引起上层的关注；同时，本来与官民关系无涉的事件，因为职能部门的不作为或不当作为而转化为涉官事件，影响政府职能部门的公信力。虽然很多职能部门都有专门的网络投诉，但投诉与解决问题处于隔离状态，若诉求不能直接上通到行政体系的顶端，则只能停留在诉求的层面。因此，一些当事人以为只有采取极端的手段才能解决问题，而这极容易触犯法律，其结果是，旧的诉求没有解决，又遇到新的问题。维权成为风险性的活动，这无论对政府部门还是对当事者来说都是一个悲剧。很多网络事件一开始只是网络诉求，因为缺乏互动和解决问题的机制，缺乏必要的预警，才演变为不断扭曲放大的网络事件。“小事”得不到应有的重视，诉求不能依理了结，这已经成为网络舆论不断升级的重要原因。

2. 一些网络事件关联者存在“本能”的回避与抵制，偏离事件本身的是非曲直，采取堵、捂、压的方式，造成事态的扩大

还原事实真相，以事件本来的是非曲直为基础大方应对，这是平息网络事件的最有效的方式。但是，一些网络事件的关联者在应对中“本能”地回避责任，以文字通稿、外交语言描述事件“真相”，或避重就轻搞媒体公关，或大量删帖以避风头，这种回避与抵制的方式所起的作用却适得其反。越是堵、捂、压，网络舆论的反弹也就越大；越是偏离事实真相，就越是流言、谣言四起。网络事件的关联者若不能正确面对现实，徇私而“建构”事实，那么，网络舆论同样会从相反的方向偏离真相。从网络事件的形成规律可以看出，如果端正态度、敢于担当，事件就不会持续很久，也不会造成舆论对决的局面。一方面是舆论的集中

爆发，而另一方面却是事件关联者试图控制“真相”，在这种非理性的互动中，网络事件发展到极致。

3. 在网络事件中，存在着机构、部门与事件责任人捆绑在一起的现象，捆绑出来的“责任人”与网络舆论形成对峙，将围观者推向对立面

网络事件的责任人不是机构、部门，但事件一旦发生，机构、部门却与责任人捆绑在一起，由集体为个体的行为埋单，这是网络事件中一个独特的现象。在2011年河南网络事件中，这种现象虽开始减少，但并没有完全消失。捆绑现象的原因有三：一是担心机构、部门乃至地区形象受损，影响政绩；二是担心在行政化体系中负有领导责任；三是担心事件曝光后公众质疑其管理水准。正是由于私心作怪，机构、部门与责任人被捆绑在一起，回避遮掩，与网络舆论形成对峙。这种对峙虽然也有网民的情绪化因素，但捆绑现象是制造对立的重要原因。这种将个体问题全局化、“小事化大”的做法不但造成事态的扩大，也严重影响了公共部门的公信力。

四　网络事件的发展趋势

如果将社会风险从产生、积累到释放定义为一个社会波动周期的话，那么我国目前正处在社会波动的上升波中。社会的结构性问题开始显现，以往积累的矛盾也开始暴露，同时由于干部作风问题的存在，使问题变得更加复杂。

1. 网络事件或社会突发事件发生的频率将有所加快

（1）中国经济正面临着改革开放以来从未有过的问题，到了必须转变发展方式的关键时期，这种转变必然有一个痛苦的过程。从2008年金融危机至今，经济风险并没有消失，物价上涨、民间借贷、房价波动等问题都有可能引发网络事件。

（2）迄今为止，社会的不满情绪还没有真正地集中释放，有可能借助于一系列事件而释放，由局部事端引发突发事件的可能性增大。

（3）由于存在干部作风问题，伤害群众合法权益而获取“政绩”的现象没有消失，住房拆迁矛盾依旧存在，一些很小的事件都有可能酿成大的事端。

人的问题、结构性问题和以往积累的问题交互作用，加大了社会风险。一般来说，社会风险的释放都会有以下规律：从激烈的言行到出奇的平静，再到大规模的爆发。在社会矛盾较为突出的时期，幻想出现平静的局面是不现实的。此时如果真的出现了不正常的平静，倒应该引起重视。

2. 网络事件的涉官性依旧较强

从网络事件看，事件的激起、发展以及变成大规模的群体事件，都有着官民不信任的背景。公共权力在一定范围内失去公共色彩，不能秉持公正，这是当今社会矛盾在一定程度上激化的一个重要原因。以司法为例，司法本是维护公正的最后环节，本是禁乱的，而一旦失去了"公"，就不可能有"明"，社会矛盾不但不能化解，反而会激化。社会一旦失去了最后的仲裁者，司法的禁乱功能就丧失殆尽。群体性事件和网络事件大多数都不是政治性事件，大都是"小事"演变而来，由于存在干部作风和官民不信任问题，小事才演变为大事，并进一步破坏官民关系。如果发展到官民之间连基本"共识"都无法形成的时候，问题就会更加严重。

3. 微博成为网络舆论传播的重要途径，增强网络事件的爆发力

微博的出现实现了电脑与手机的融合，使得舆论的传播更加广泛、更为迅速。微博既是传播平台，又是创作平台，可以在很短的时间内让很多人共同关注同一个问题，其扩散力和影响力是其他媒体无法比拟的。同时，与传统媒体相比，微博实现了双向互动，更容易形成群体效应。自从微博出现以来，其用户呈爆发式增长，成为舆论传播的重要途径。微博这种直接性、即时性特点，使得信息传播更加广泛，可以在瞬间形成舆论焦点，将事件引爆，这将使网络事件的爆发力进一步加大，同时也为风险管理提出了更高的要求。

五　应对网络事件的理念及对策

网络事件的应对，从根本上说并不是一个单纯的技术性问题，若没有理念的改善，应对的技术和方法不可能有真正的提高。社会管理的根本在于"理"，"管"是为了彰显公理，悖理而崇尚"管制"，只会适得其反。网络事件的爆发，从某种意义上说是风险的释放，若回归事件本来的是非曲直，应对有理、有节，这种释放并不是坏事，但若处理不当，公道不显，则会对社会造成进一步的伤害。网络事件虽然有非理性因素，但大都不涉及社会的核心价值，将问题盲目上升，以敌对意识处理事件，这是缺乏智慧的表现，只会激化矛盾。去除管制思

维，回归社会管理的本质，依理而治、依理而管，这是具体对策的出发点。

1. 净化官风，减少侵犯民众合法权利的事件

群体性事件、网络事件的上升与吏治不清有着直接的关系，后者已成为影响社会稳定的重要因素。

（1）它影响了人民群众的正常生活。由于干部作风问题的存在，仗势欺人、侵犯民众合法权利的事情屡屡出现。如果说过去人们对腐败的痛恨大多出于道义的话，那么到目前它已严重影响人民群众的生活和利益，成为制造社会风险的直接因素。

（2）它使一系列政策措施变形，从而造成群众对政府的不满。维稳政策的出发点是解决问题、化解矛盾，但是在一些地方却变异为压制，反而激化了矛盾。

（3）由于吏治问题的存在，在网络及群体性事件的处理中无法做到客观公正，致使事态扩大，严重侵蚀了政府公信力。目前，维稳成为各级政府的重要任务，但如果不从净化官风方面下工夫，不解决用人的机制问题，这一问题就不会得到根本的解决。

2. 积极开展对突发事件的调查研究，积累预防和处理此类问题的经验

由于制度问题、结构性矛盾和人的问题交互作用，突发事件将在未来的一段时间内经常出现。对此问题既不能熟视无睹，也不必过分惊慌。当突发事件发生之后，应该认真地进行调查研究，找出其产生的原因，发现社会各环节中存在的问题，积累预防和处理此类问题的经验。目前，对突发事件的调查研究并没有真正展开，往往是等事情闹大了之后相关部门才去处理，总是忙于应付，不能有效地消除同类问题产生的原因，不能在问题刚刚出现苗头时及时发现并予以化解。同时，一些相关部门不了解突发事件的发生、发展规律，不了解不满情绪的释放过程，缺乏必要的应对手段，不敢“说真话”、“立刻说”，由于缺乏勇气和魄力而将问题复杂化，造成一系列不应该出现的问题。网络事件虽然存在不确定因素，但它并不是完全不可预测、不可管理，只要加以重视，就能发现一些规律性的东西。

3. 完善网络事件的预警和官民良性互动机制

所谓网络事件的预警机制，就是通过预警，及时发现网络事件的苗头，避免在事件变得不可收拾之时才被动应对。实际上，大多数网络事件都有一个酝酿过程，网民对事件在一开始只是围观和热议，若发展到民怨沸腾阶段，就已经丧失了最佳介入时机。网络预警、舆情监测、舆论反馈并不是可有可无的事情，而是社会管理的重要内容。此外，在网络时代，官民良性互动是回归真相、回归公道的重要途径。良性互动的本质是和合于理、和合于义。它强调理性互动，最终回归到事件本身的是非曲直之上，这是矛盾化解、事件平息的根本标志。若不论是非、强力压制，即使有平静也是暂时的，这种回避、压制的做法其实是在积累矛盾。在网络时代，建立官民互动机制并不存在技术问题，问题的本质在于理念及态度。

4. 建立网络冲突的“安全阀”制度

冲突的“安全阀”制度实际上就是采取一系列的技术手段使冲突制度化，在一系列制度框架下规范和控制冲突。一方面使不满情绪充分表达，另一方面又不影响社会的稳定。“安全阀”制度包括以下内容：一是提供诉求平台，使网民充分表达诉求及不满。二是对网络行为依理管理，控制非理性及极端化倾向。三是促使当事人与网民实现必要的互动，防止不满情绪的转移。经过这些技术化处理，使网络行为可以在不影响稳定的范围内进行。但是应该看到，“安全阀”制度只是一种技术性手段，它只涉及对网络行为的管理，而没有涉及问题的解决。如果没有化解矛盾、解决问题这个根本前提，“安全阀”制度是无法真正建立的。

B.11

河南省劳动关系突出问题分析报告

蔡树峰*

摘　要： 劳动关系是市场经济条件下最基本、最重要的社会关系。劳动关系和谐是构建和谐社会的重要基础，是实现经济社会健康持续发展的基础条件。构建和谐劳动关系有利于加快中原区建设。当前，河南省产业结构正在进行调整，社会发展转型步伐不断加快，社会矛盾和问题不断出现，社会管理难度越来越大。基于此，在深入调研的基础上，通过剖析当前河南在劳动关系方面存在的突出问题，提出构建和谐劳动关系的思路和政策建议。

关键词： 劳动关系　合法权益　协商机制

一　河南劳动关系现状

劳动关系是在市场经济条件下最基本、最重要的社会关系。劳动关系和谐稳定是企业健康发展的重要保证，是社会和谐的重要基础和具体体现。近些年，随着工业化、城市化、农业现代化的快速推进，河南省劳动关系在保持总体稳定的同时，也在发生深刻而巨大的变化。一方面随着社会主义市场经济体制的建立和逐步完善，市场化的劳动关系逐步形成并占据主导地位；另一方面随着产业结构调整、社会发展转型的加快，整个社会的就业结构、就业形式不断变化，劳动关系日益多元化、复杂化，并呈现出多变性、多层性的特点。

在此形势下，河南省高度重视劳动关系的和谐稳定，积极应对经济社会形势变化所带来的冲击，采取一系列措施，取得了不错的效果。2011 年以来，河南

* 蔡树峰，河南省劳动科学研究所党总支书记、高级经济师。

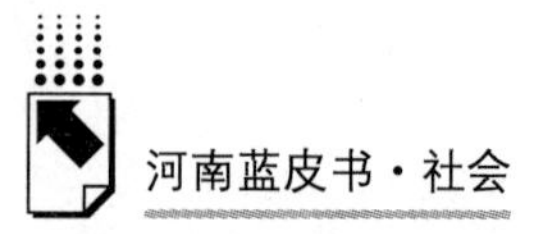

和谐劳动关系工作迈上了新台阶。

1. 劳动合同制度得以全面落实

上半年全省各类企业劳动合同签订率为96.3%，集体合同覆盖率为71%，农民工劳动合同签订率为96%；劳动监察执法力度进一步加大，上半年检查用人单位2.1万户，涉及劳动者111万人，为劳动者追讨工资等1.55亿元，其中农民工工资1.46亿元。

2. 劳动人事争议预防协调仲裁工作取得新进展

上半年全省共受理劳动人事仲裁案件11452件，涉及劳动者16584人，分别比上年增长14.8%、7.6%。

3. 劳动人事仲裁机构建设得以推进

目前，全省已有13个省辖市建立了劳动人事仲裁院，剩余的5个省辖市也在抓紧推进，调节仲裁能力进一步增强；多层次的劳动关系协调三方机制建设取得新进展，全省县级以上（包括县级）协调劳动关系三方机制组织数达到159个，乡镇、街道、社区建立三方机制组织数达到323个。

4. 不断加强企业工资分配指导，建立工资正常增长和工资支付保障机制

《河南省最低工资规定（征求意见稿）》于2011年5月份予以公开，10月1日已正式执行，最低工资标准由原来的800元、700元和600元分别调整为1080元、950元和820元，上调幅度约为35%。[①]

二　当前河南劳动关系中存在的突出问题

1. 职工总体收入水平偏低，分配制度不合理

近年来，河南职工收入水平虽有了较大提高，但职工收入总体水平偏低、收入分配不公、分配制度不合理等，仍是当前劳动关系矛盾中的主要问题。

（1）职工工资增长与经济增长不相同步。从1978年至今，河南经济高速增长了近30年，但职工工资水平却没有与经济增长保持同步，劳动报酬占国民收入比重有所下降。1978年劳动者报酬占GDP比重为55.8%，1990年达到60.6%。而到2010年，在劳动者数量大幅增加的情况下，劳动者报酬占GDP比

① 以上数据均来自河南省人力资源和社会保障厅2011年上半年工作总结等内部资料。

重仅为 49.8%，比 1990 年下降了 10 多个百分点。[①]

（2）职工收入分配不公、差距大。当前收入分配不公、差距拉大是分配领域反映最为突出的问题。不同地区、不同行业、不同群体之间都存在收入差距过大的问题。

（3）收入分配秩序还存在着一系列的不和谐因素。比如，国有企业分配秩序不规范，缺乏有效约束机制，工资外收入渠道多；部分垄断行业存在将垄断收益转化为高工资和高福利现象；在非公企业中，政府制定的最低工资标准变成最高工资标准，无法起到保障低收入者利益的作用；公务员工资标准尚存在不规范的地方；事业单位改革滞后，收入分配还存在一定的随意性；个人所得税对收入差距的调节作用有限；低收入人群提高收入的难度还比较大。

2. 劳动力就业难度大，劳动关系不规范

河南是人口大省、农业大省，适龄劳动人口总量非常大，就业困难群体数量较大，农村富余劳动力规模全国第一。长期以来，河南劳动力供大于求的总量矛盾比较突出，河南就业长期面临转轨就业、青年就业和农村劳动力转移就业相互交织、三峰叠加的复杂局面。“十一五”期间，河南城镇平均每年劳动力供需缺口都在 100 万左右，农村富余劳动力大量存在，城市“零就业家庭”人员、“4050”人员、大学生、失地农民等群体就业难度大，就业始终是河南必须面对的社会难题。在此情况下，为了缓解当前的就业压力，必须广泛拓展就业渠道。这就容易形成一些非规范化的劳动关系，从而影响劳动关系稳定，劳动争议案增加明显。比如，一些分散、临时性的灵活就业形式在劳动时间、劳动性质、计酬方式和权利义务等方面，都明显不同于长期性、固定化的全日制劳动关系，相应的劳动合同管理、工资支付和劳动保险等政策也不健全。加上这类形式的从业人员普遍属于文化技能素质不高的劳动者，相对缺乏自我维权的意识或能力，企业在雇用此类人员时也没有成型的管理制度，因此，这部分从业人员的劳动关系处在不规范、不稳定的状态，为以后留下许多劳动争议的隐患。

3. 职工合法权益受侵犯现象仍较为普遍

在劳动合同方面，尚有个别单位与职工不签劳动合同，履约情况也不理想；部分企业只愿签订短期合同，或者延长试用期，不让职工及时转正；部分合同的

---

① 河南省统计局：《河南统计年鉴（2011）》，中国统计出版社，2011。

内容违背法律的规定，在合同中添加一些不平等的要求。有关调查表明，目前河南省固定期限合同签订率并不高；在职工应当享有的劳动报酬权方面，表现为一些企业和单位尚存在拖欠工资、工资发放不及时等现象，个别企业还有意压低工资标准。多数企业没有建立正常的工资增长机制，职工加班工资常常得不到兑现。在职工应当享有的劳动安全与卫生保健的权利方面，有些企业一味地追求高额利润，忽视职工的安全与健康，把“安全第一、预防为主”的劳动保护方针置于一边。由于不肯在劳动保护的设施方面投入资金，缺乏安全生产的条件，就容易发生严重的工伤事故。例如，近年来在一些煤矿中不断出现爆炸、透水事件。此外，有的企业由于不注意安全卫生，使一些职工患上了职业病，甚至永久丧失劳动能力。

4. 三方协商机制建设相对滞后

三方协商机制建设已经提了很多年，但是在实践中，国有企业和一些规模较大的股份制企业、民营企业执行得较好，大多数小型和微型企业还没有建立三方协商机制。总体来看，三方协商机制的积极作用还没有得到充分的发挥，对各方建立三方协商机制意义认识不够深入。目前，各方对建立三方协商机制的重要意义认识还不够，思想尚不能完全统一，致使各层级尤其是基层三方协商机制还没有得以普遍建立；在三方协商机制的组织机构中，企业方代表主体不明确，致使机构不健全。由于三方协商机制组织制度不健全，在协商内容和事项上缺乏整体互动方略。

5. 工会组织在协调劳动关系中的积极作用发挥不够

工会组织作为影响劳动关系的重要变量，在参与协调企业劳动关系的过程中还存在一些问题。

（1）工会组织不够健全。非公企业不建工会、改制企业撤并工会、工会职能弱化问题突出，工会维权工作缺乏组织依托。

（2）工会参与劳动监督乏力。基层工会劳动法律监督员队伍不健全，工会参与劳动监督的职能、手段、程序、效力还没有明确的法规依据；特别是缺乏有效的手段和载体，使工会劳动监督仅仅停留在协助政府或行政进行劳动检查上，尚未形成工会劳动监督的长效机制。

三　劳动关系突出问题的原因分析

当前，河南劳动关系领域中出现的诸多问题，其原因是多方面的。但从构建和

谐社会、加快中原经济区建设的角度出发，至少其中有几个问题足以引起我们重视。

1. 相关法律法规还不尽完善，执法条件、环境有待改善

现行的《劳动法》、《工会法》、《公司法》、《劳动合同法》等相关法律，对于构建新型劳动关系起到了基本的法律保障作用。但是，由于历史和现实的原因，当前河南的劳动关系非常复杂，特别是随着改革的不断深入，劳动关系已经并将继续发生深刻的变化，现行的法律法规已经不能完全涵盖和适用劳动关系领域的所有问题；其中一些法律法规尚存在原则性要求多，缺乏相应处罚办法和处罚主体的问题。比如，一些法律虽然规定了企业和劳动者的有关权利和义务，但是对相关处罚的规定不够明确，在实际执行中可操作性不强，还存在着一些法律的空白点；有些还只能靠行政手段来执行，缺少一定的公信力。而作为劳动执法主体的有关政府部门，尤其是县区一级的劳动执法部门，由于受人员、设施、手段等方面的影响，面对众多企业，其工作机制和监督检查的力度均不到位，以致造成一些企业在发生违反劳动法律法规的情况下，出现处理不及时和无人处理的情况。同时，由于缺少对劳动执法部门本身的监督机制和社会监督环境，在执法的过程中，往往会出现劳动执法人员执法不严、违法不究的现象，甚至会出现个别执法人员与企业主一起侵害劳动者合法权益的现象。

2. 分配制度改革滞后，分配改革配套制度不健全

党的“十六大”报告要求“确立劳动、资本、技术和管理等生产要素按贡献参与分配的原则”。而在当前劳动力总体过剩的情况下，现行的分配制度并不能完全适应形势发展的需要，尚存在改革滞后的问题。在目前的分配格局中，各要素参与分配的权利是有失公平的。作为最重要的劳动要素处于明显弱势地位，而资本和管理等要素却处于强势地位。其造成的结果是：职工对收入分配的主张权被剥夺，劳动要素在利益争取上的力量被削弱，在分配中被严重“廉价化”；劳动报酬在初次分配中的比重持续下降，普通劳动者收入常年偏低；相关配套制度的不健全而且监管缺失，收入分配的约束机制还没建立起来，存在收入分配的无序和监管不力；政府对企业收入分配缺乏有效的宏观指导和监督，国有资产管理体制不完善；调节收入的税制不完善，面对社会上财产累积与占有上的日益扩大的差距，财产税制建设滞后，调节尚无手段；调节收入分配的基础建设滞后，金融和财产实名制及其监测体系不健全，个人收入信息难以掌握，监管缺乏依据。

3. 社会上劳动者利益诉求表达渠道相对缺失

在社会主义市场经济条件下的当今社会是利益多元的社会。在社会层面，各利益群体通过一定的渠道，表达利益诉求以影响政策法规，以实现利益的协调。但目前的实际情况是：职工相比于企业主，其利益诉求的影响小，利益诉求表达的渠道较少；企业主因其经济地位与政治地位，容易接近或影响制定政策、法规的决策层，而基层职工的诉求却往往不被重视；媒体也往往对企业家主张的报道比较积极，而对基层职工的利益诉求还是心存顾虑；在人大代表中，大多是企业经营者与官员，很少有工会代表，工人代表所占比例较小。这样，在表达劳动关系双方的利益诉求方面，劳动者与企业主之间的地位就不平等。

4. 劳动关系双方利益竞争能力上的失衡

劳动关系双方各自追求利益的最大化是市场经济运行的必然现象，其中关键是利益双方通过一定的机制，通过有序的利益竞争与抗衡，实现利益的协调，在某个阶段可以实现劳动关系与利益关系的和谐。但是，当前由于劳动关系双方力量失衡、很多基层工会组织相对较弱、法律对职工利益代表方权利保障不完善等原因，职工利益竞争与抗衡的能力显得极弱。这种失衡形成了一种现实的状况：一方面许多企业，特别是一些私营企业在进行生产和经营中，为了实现自己利益的最大化，忽视了普通职工的合法权益，无视职工的诉求和利益；另一方面由于大多数普通职工没有参与管理和决策的权力，对自己应当享受的权益也不了解，加上现实中法律的执行不力和劳动监察工作的薄弱，已经让大多数职工接受了这种现实，所以即便知道自己的权益受到侵犯，大多数职工或许只能选择保持沉默。这样的状况当然进一步加剧这种抗衡能力的失衡。

5. 一些地方政府角色错位

一些地方政府为了促进当地经济的发展，较多地考虑对资本的吸引力，而对相关的社会政策出台和劳动者权益的保护重视不够。“低劳动力成本”成为一些地方招商引资的法宝。有的地方为了所谓的投资环境，对一些企业违反相关劳动法律法规的行为往往不管不问，甚至为厂商侵犯劳动者合法权益进行人为地“开脱”。个别职工特别是一些农民工在自身权益受到侵害，而在当地又无法寻求保护的情况下，往往会采取一些过激的行为，有的地方甚至发生了影响社会稳定，造成不良社会影响的群体性事件。这些都与部分地方政府在维护职工合法权益方面的角色错位有关。

四 河南劳动关系发展趋势与对策建议

1. 发展趋势

“十二五”时期是河南经济社会深入发展的关键时期。随着中原经济区建设上升为国家战略，河南经济转型的步伐将进一步加快，多种经济成分将得到进一步发展。可以预期，河南经济结构调整、发展方式转变的压力将进一步加大。在劳动关系方面，随着灵活就业方式的增多、利益主体多元化及诉求多元化态势也逐渐明朗。可以预测在“十二五”时期，河南省的劳动关系将比现在更为复杂多样，劳动关系双方的利益冲突在一定时期将日趋显性化，群体性劳动争议事件会越来越多，劳动争议爆发将呈现一定的隐蔽性、突发性和区域性，和谐劳动关系的构建将面临更多的难题与挑战。

2. 对策建议

在当前形势下，河南省构建和谐劳动关系应从以下几个方面加以推进。

（1）建立健全相关法律法规，强化劳动者在利益协调中的法定权利。根据河南经济社会发展的实际需要，积极应对当前劳动关系领域出现的新变化、新情况。具有相应立法权限的部门应该主动学习和借鉴国内外协调劳动关系的成功经验，重视劳动保障相关法律法规的建立和完善，以法的形式来强化并保障劳动者在利益协调中的权利，保障职工参与企业工资协商谈判，并以法律规定增强劳动要素在分配过程中应有的正当权利，促进企业分配逐步合理；保障职工代表加入企业董事会与监事会的权利，在决策层更好地反映职工意愿，并参与企业民主管理。

（2）建立健全集体协商机制，畅通职工利益表达的渠道，依法推动企业普遍开展集体协商，乃是协调好企业内部劳动关系的关键手段和有效途径。这类措施在发展和谐劳动关系中起着承上启下的关键作用。

第一，要按照《劳动法》、《工会法》、《劳动合同法》等法律做出的明确规定，以及协调劳动关系各方就推进集体协商机制建设做出的安排部署，进一步完善协商主体、明确协商内容、规范协商程序，尽快推动企业普遍建立集体协商机制。

第二，要增加、畅通职工利益表达的渠道。在人大代表与政协委员中应增加职工利益代表者的比例；在立法与制定政策时要重视听取职工代表的呼声；上级工会要重视通过调查研究充分反映职工的利益诉求；党和政府部门要架设各种渠道了解与听取职工的意见与反映；企业应该在完善职工代表大会的基础上，畅通职工表达诉求的渠道，及时倾听群众的呼声，解决他们的困难和问题，把矛盾冲突化解在萌芽状态中。

(3) 充分发挥三方协商机制的作用，把加强三方机制建设作为完善劳动争议处理机制的重要任务。

第一，在三方协商机制的组织建设、制度建设、办案机制方面下工夫，建立经常性的三方联系例会。

第二，针对劳动关系和劳动争议处理中的新情况、新问题，对一些重大、疑难、复杂或影响面比较大的事情，及时召集三方进行安全研讨分析和会审，集三方智慧与影响，提高劳动仲裁处理中的民主性、透明性和公正性。

第三，三方代表都要加强自身素质建设，重视对劳动关系争议预防、劳动争议处理等方面的学习。

(4) 逐步完善社会保障体制，注重提高低收入群体的社会保障水平。完善社会保障制度是社会主义市场经济发展的需要，也是维护职工合法权益，保持劳动关系和谐稳定的必然要求。

第一，政府要通过加大转移支付的力度，加大对社会保障的财政投入，建立健全以社会保险、社会救助、社会福利、社会慈善为主要内容的社会保障体系。在当前形势下，尤其要解决好低收入群体的社会保障问题。

第二，要充分考虑农民、农民工、灵活就业者、被征地农民、城市无业人员和城乡残疾人等低收入群体的实际需要，根据当前经济发展和财政收入的实际状况，逐步建立适合这些特殊群体的基本社会保障体系。

第三，坚持“广覆盖、保基本、多层次、可持续”的方针，积极扩大社会保障覆盖面，加快解决城镇居民的养老和医疗保障问题，重点加强农村社会保障制度建设，将低收入和特殊群体完全纳入社会保障覆盖范围，不断提高低收入群体的社会保障水平。

(5) 加大劳动执法监察工作力度。在当前市场经济体制不健全、经济形式多样化、劳动关系复杂化的新形势下，尤其应加大劳动执法监察工作的力度。

第一，各级人力资源和社会保障监察部门要着力监督检查各类企业劳动合同

的订立情况、社会保险有关政策的执行情况、工资分配政策的执行情况、遵守工作时间和休假制度的情况、遵守女职工和未成年工特殊保护规定情况等。

第二，对随意延长工时、雇用童工、恶意拖欠职工工资，特别是拖欠农民工工资等现象，要坚决查处、严厉打击，以强有力的监督检查保证劳动法规政策的贯彻实施，有效预防劳动关系中的不和谐现象。

第三，尤其要注意对农民工合法权益的保护。

（6）积极预防、妥善处理群体性劳动争议事件。群体性劳动争议事件涉及人数多、情况复杂、突发性强、社会影响大，是劳动争议事件中的重点、难点。因此，必须给予高度重视，并且认真加以解决。

第一，各级人力资源和社会保障部门要按照“标本兼治、积极预防、妥善处理”的工作思路，加强对群体性劳动争议事件的预警预报、信息统计、沟通反馈等工作，增强预见性和主动性，及时掌控事件动态。

第二，要以重组改制企业和关闭破产企业职工安置、劳动关系处理以及社会保险政策落实等为重点，深入开展对群体性劳动争议事件隐患的认真排查，及时发现带有苗头性的问题，采取有针对性的措施，化解事件隐患，努力从源头上消除不稳定因素。

第三，对于已发生的群体性劳动争议事件，要快速反应，迅速立案，深入调查，综合运用政策、法律、经济、行政等手段，以及教育、协商、调解等方法，依法及时、合理地加以处理，全力维护社会稳定。

（7）加强道德文化建设，促进劳动关系进一步和谐。在促进劳动关系和谐的过程中，社会道德文化建设的作用不可忽视。通过加强道德文化建设，在全社会形成更加重视公平公正的社会氛围以及和睦相处的人际环境，将有助于促进劳动关系的和谐。

第一，形成更加重视公平公正的社会氛围。公平公正是实现社会和谐的重要前提，也是发展和谐劳动关系的基本原则。促进社会公平公正，需要为广大人民群众创造良好的就业环境、公平的就业渠道，并有效保护劳动者的合法权。

第二，大力加强社会公共道德建设，弘扬优秀传统文化，营造团结合作的氛围，形成扶贫济困的社会风尚，以及塑造和睦相处的人际环境。

第三，增强企业的现代管理意识、民主平等意识和社会责任意识，积极主动地维护劳动者的合法权益。

专 题 报 告

B.12

河南城镇居民收入差距分析与调节政策选择

任晓莉*

摘　要： 近年来，河南经济在获得稳步增长的同时，全省城镇居民收入也在不断提高。但是无论从总体上分析，还是从行业、地域来分析，河南城镇居民贫富差距都在不断扩大并有进一步加大的趋势，与全国城镇居民平均收入水平及发达地区相比，也存在着不小的差距。如何提高全省城镇居民收入水平，缩小全省城镇居民收入差距，已成为建设中原经济区、实现河南经济科学发展亟待解决的重要问题之一。加快经济发展，杜绝非市场化的不合理分配方式的存在，充分发挥税收收入调节功能、扶贫维稳功能、社会保障“安全阀”功能，在此基础上协调好初次分配与再次分配的关系，最终达成收入分配力量方面的对立性均衡，可作为提升居民收入水平、缩小收入分配差距的政策选择。

关键词： 河南城镇居民　收入分配　和谐社会

* 任晓莉，河南省社会科学院研究员。

近年来，河南加快转变经济发展方式，协调推进工业化、城镇化和农业现代化，综合经济实力不断跃上新台阶，经济社会发展进入快速持续发展轨道，城镇居民的收入水平大幅度提高，居民生活质量明显改善。但不可否认的是，由于分配制度还不是十分完善、分配关系尚未理顺，以及与社会主义市场经济制度相配套的制度、法律、政策、管理尚未健全等原因，收入差距扩大化等社会不和谐问题表现得越来越突出。如何让经济发展的成果惠及全民，如何让在市场竞争中处于弱势地位的群体也能分享经济增长和社会发展的好处，但又不至于损害市场经济的效率，这是河南与全国一样都面临的严峻挑战。调整经济发展方式，从少数人获利的增长转向全体人民分享的增长，已成为构建和谐社会、和谐中原的迫切任务。

一　河南城镇居民收入总体状况

改革开放以来，随着经济的快速发展和市场经济体制的建立，河南城镇居民收入不断增加，人民生活日益改善。特别是近十年，河南出台了一系列调整居民收入分配政策，对进一步提高城镇居民收入水平、消除社会贫困起到了积极作用。

自2001年以来，河南省城镇居民收入一直呈上升势头，每年增长幅度保持在10%以上，是河南城镇居民收入增长最快、群众得到实惠最多的时期（见图1），自2001年以来，河南城镇居民的收入增长了3倍多。居民收入的快速、持续增

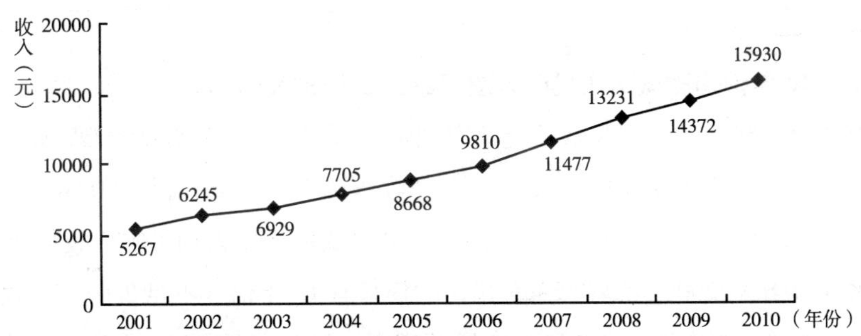

图1　2001～2010年河南省城镇居民人均可支配收入动态变化

资料来源：河南省统计局：《河南统计年鉴》，中国统计出版社，2002～2011。

长，显示了河南省近年来的经济发展坚持以人为本、关注民生，注意调整和优化收入分配及社会利益关系，致力于体现社会公平和正义，使满足人民群众对建设和谐社会要求的一系列政策措施，已落到了实处。

2010年，河南集中财力实施“十项民生工程”，全省城镇居民人均可支配收入实现较快增长，达到15936.26元，比2009年的14371.56元增长10.89%，城镇居民总收入的增幅比GDP的增长幅度12.2%少1.31个百分点，两者相差不大，说明在总量层面上，2010年河南城镇居民收入分配是基本合理的。

在看到河南省城镇居民生活水平迅速提高的同时，我们也要看到，由于社会、经济的变革，收入分配制度改革的不断深化，居民收入格局的多样化和不同社会群体间的经济利益重新调整幅度加大，在居民收入分配领域中仍然存在着一些突出的问题，特别是城镇居民的收入差距继续扩大，全省地区间、行业间的收入差距比较显著。合理、适度的收入差距是贯彻党和国家尊重劳动、尊重知识、尊重人才、尊重创造的重大方针的体现，是市场经济的必然要求。但如果收入差距过分扩大，尤其是不合理收入差距过分扩大，而且长期得不到有效的调节，就会直接或间接地损害社会公平、影响效率的提高、阻碍经济的持续发展，也会影响经济激励机制作用的正常发挥，进而可能转变成为严重的社会问题。所以，在全面建设小康社会和构建社会主义和谐社会的新形势下，应继续高度重视和解决居民的收入差距问题。

二　河南城镇居民收入差距的类别分析

1. 2010年河南省城镇居民收入差距继续保持扩大的速率

2010年，河南城镇居民收入差距连年扩大之势仍没有明显改观。2010年，河南省城镇居民最高收入户的人均可支配收入为37003元，比2001年的11590元高出25413元，10年中增长2.19倍。而最低城镇居民人均可支配收入为5491元，比2001年的2006元高出3485元，增长只有1.74倍，不足2倍，低收入户居民的收入增长幅度低于高收入户的增长幅度，而人均可支配收入的绝对增长则远远低于高收入户。城镇居民在收入共同增长的基础上，收入的差距还在不断扩大。表1按收入分组中最高收入组与最低收入组平均收入之比，计算的“收入不

良指数”，可以反映出河南省城镇居民收入差距的变化情况。

从表1可以看出，2006～2010年，河南省城镇居民的收入不良指数平均在6.66。其实，自2001年以来，全省城镇居民的收入不良指数就保持在6～7之间，这说明，十多年来，全省城镇居民的收入差距没有得到明显的改观，如果加上工资外收入、社会保险和福利待遇等隐性收入，全省“收入不良指数”实际上呈扩大之势，应当引起我们的高度重视。

表1　2006～2010年河南城镇居民“收入不良指数”动态变化

单位：元，%

年份	城镇最高收入户		城镇最低收入户		城镇居民收入不良指数(3)=(1)÷(2)
	(1)人均可支配收入	较上年增长	(2)人均可支配收入	较上年增长	
2006	22971	7.58	3593	17.59	6.39
2007	26475	15.25	4253	18.37	6.23
2008	32004	20.88	4643	9.17	6.89
2009	34491	7.78	4904	5.62	7.03
2010	37003	7.28	5491	11.97	6.74

资料来源：河南省统计局：《河南统计年鉴》，中国统计出版社，2007～2011。

2. 河南城镇居民分行业的收入差距分析

我们选取十大行业类别分析河南城镇居民行业之间的收入差距。从表2中可以看出，年人均工资排在前5位的，分别是采矿业、金融业、电力燃气、科学研究及技术服务业和教育业，2010年这5个行业的年平均工资分别是46887元、41871元、37196元、36436元和33090元。年平均工资收入排在后5位的行业分别是制造业25864元、租赁和商务服务业24560元、建筑业24151元、居民服务业和其他服务业23650元、住宿和餐饮业20201元。排名最高与排名最低行业间的年平均工资收入差距达26686元，后者只是前者的43.08%，不足一半。而且，年平均工资收入排在前5位的多是“三高”行业，即高附加值、高技术含量、高垄断性行业。排在后5位的则多以传统的劳动密集型和市场竞争性行业为主。虽然2010年，两者工资提高幅度差不多，但是，由于基数的关系前者工资还是后者的1.5倍多，处在相当低的水平上。不同行业之间的收入差距还是很大。

表 2　河南省 2009 年、2010 年十类行业职工平均工资差距对比

单位：元，%

行　业	平均工资		2010 年比上年增长
	2009 年	2010 年	
采矿业	41541	46887	12.87
金融业	39748	41871	5.34
电力燃气	33642	37196	10.56
科学研究与技术服务业	33380	36436	9.16
教育	29919	33090	10.60
制造业	23451	25864	10.29
租赁和商务服务业	21691	24560	13.22
建筑业	21851	24151	10.53
居民服务和其他服务业	22438	23650	5.40
住宿和餐饮业	18688	20201	8.10

资料来源：河南省统计局：《河南统计年鉴》，中国统计出版社，2010、2011。

高收入行业收入的快速增加以及全省城镇居民收入差距的不断扩大，一方面反映了河南产业结构在市场经济条件下向比例协调和知识化迈进；另一方面由于社会成员所拥有的资本、技术和管理等生产要素按贡献的质和量的差异等原因，使职工收入水平分化严重、差距明显。这也与职工“身份”的不同、所处行业的不同以及收入分配调控政策的不完善和作用发挥不充分有直接关系。一些高收入行业属于垄断经营，获取行业垄断利润是这些行业收入高的重要因素。这有悖于社会主义市场经济让每个劳动者公平享受经济社会发展成果的价值取向，其实质反映了身份歧视和机会上的不平等。促进有效竞争和执行反垄断政策，应成为政府加强对收入差距调控的重要手段。

3. 河南城镇居民收入差距的地域分析

河南是一个人口大省，各地区由于资源状况、科技人才资源和经济基础不同等因素，发展不平衡、收入差距不平等现象将长期存在。通过对 2006～2010 年河南各地区城镇居民收入对比的情况可以看出地区间的差距（见图 2）。排在前 5 位的是郑州、洛阳、安阳、平顶山和焦作，排在后 5 位的是商丘、驻马店、开封、信阳和周口。排在前 5 位的基本上是占据区位优势、人才优势和科技优势强、工业基础强的地区，排在后 5 位的基本上是黄淮 4 市、农业大市，工业基础比较薄弱。从最高市与最低市的倍数和绝对数来看，2006 年，收入最低的周口

市与收入最高的郑州市相差4604元，后者是前者的1.64倍。到2010年，周口市与郑州市相差6219元，后者是前者的1.49倍，虽然相对差距在缩小，但是绝对差距仍然在扩大。

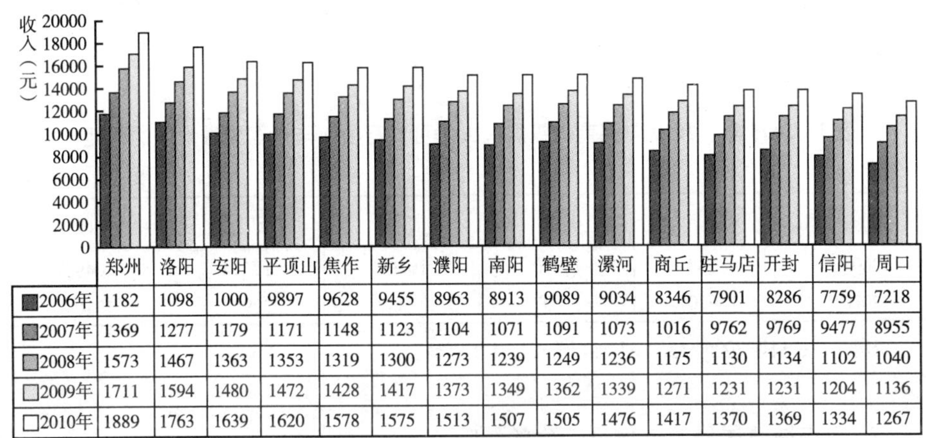

	郑州	洛阳	安阳	平顶山	焦作	新乡	濮阳	南阳	鹤壁	漯河	商丘	驻马店	开封	信阳	周口
2006年	1182	1098	1000	9897	9628	9455	8963	8913	9089	9034	8346	7901	8286	7759	7218
2007年	1369	1277	1179	1171	1148	1123	1104	1071	1091	1073	1016	9762	9769	9477	8955
2008年	1573	1467	1363	1353	1319	1300	1273	1239	1249	1236	1175	1130	1134	1102	1040
2009年	1711	1594	1480	1472	1428	1417	1373	1349	1362	1339	1271	1231	1231	1204	1136
2010年	1889	1763	1639	1620	1578	1575	1513	1507	1505	1476	1417	1370	1369	1334	1267

图2　2006～2010年河南城镇居民收入对比

资料来源：河南省统计局：《河南统计年鉴》，中国统计出版社，2007～2011。

三　河南城镇居民收入偏低产生的影响分析

中国地区之间由于在改革开放进程中经历的阶段不同，所享受的国家优惠政策有很大差别，因此不同地区的行业平均工资差异很大。东部地区的行业平均工资普遍高于中西部地区。近年来，河南城镇居民收入虽然得到很大提高，但是与东部地区和全国平均水平相比，仍处于偏低的水平，以致影响了河南城镇居民消费水平的提高和经济社会的可持续发展。

1. 与全国其他地区相比，河南城镇居民的收入仍处于较低水平

从表3中可以计算出，2005年，河南城镇居民人均可支配收入分别只是广东、浙江、江苏以及全国平均水平的58.69%、53.20%、70.36%以及82.61%；2010年，分别是四者的66.66%、58.23%、69.43%和83.36%。虽然2010年，河南城镇居民人均可支配收入与全国的所占比值在提高，但是绝对数还是在下降，差距由2005年的1825元拉大到3179元，绝对差距又拉大了1354元；与广东省相比，2010 年河南城镇居民收入与其差距由 2005 年的 6102 元拉大到 7967 元，绝对差距又拉大了 1865 元；与浙江省相比，2010 年河南城镇居民收入与其差距由 2005 年的 7626 元拉大到 11429 元，绝对差距拉大了 3803 元；与江苏省相比，2010 年河南城镇居民收入与其差距由 2005 年的 3651 元拉大到 7014 元，绝对差距拉大了 3453 元。

表 3　2005 年、2010 年河南城镇居民人均可支配收入与全国先进地区的差距

单位：元

年份＼省份	河南	广东	浙江	江苏	全国平均
2005	8668	14770	16294	12319	10493
2010	15930	23897	27359	22944	19109

资料来源：根据 2006 年、2011 年相关省统计年鉴整理。

2. 河南城镇居民收入偏低产生的影响

河南省城镇居民收入水平低于全国平均水平，且与东部沿海发达地区相比，差距在持续扩大，这对居民的生活水平和社会经济发展都产生了一定的负面影响。

（1）对居民生活产生的影响。河南省城镇居民收入水平偏低，对居民产生的具体影响就是直接影响着居民的消费水平，与发达省份相比，河南居民的生活质量存在一定的差距。

第一，河南城镇居民消费水平低于全国平均水平。生活费多少是反映生活质量的综合性指标。从表 4 中可以看出，2010 年，全国城镇居民人均消费性支出是 13471 元，河南是 10838 元，河南比全国平均水平低 2633 元，是全国的 80.45%；与人均消费水平最高的省份广东省 18489 元相比，相差 7651 元，仅是其 58.62%；与浙江、江苏两省相比，也分别相差 7020 元、3519 元。河南要着力改善民生，加快社会事业发展，让人民群众生活得更有质量、更有保障、更有尊严。要努力缩小居民收入水平与全国平均水平的差距，努力提高居民的收入水平和消费水平。

第二，河南城镇居民生活质量与全国相比也存在着较大的差距。教育文化消费、精神生活支出等是城镇居民生活的重要内容，也是影响城镇居民生活质量的重要因素。由于河南城镇居民收入水平不高，用于文化消费和精神生活支出的开

表4 2010年河南省城镇居民生活质量与全国及发达地区的比较

单位：元

	人均消费支出	人均教育文化服务支出	家庭设备用品及服务支出
河　南	10838	1137	886
全　国	13471	1628	908
广　东	18489	2375	1208
浙　江	17858	2586	916
江　苏	14357	2133	1026

资料来源：根据2011年相关省统计年鉴整理。

支就比较小，直接影响到河南城镇居民生活质量的提高。2010年，全国城镇居民人均教育文化1628元，河南只有1137元，仅是全国的69.84%；分别是广东、浙江、江苏等发达省份的47.87%、43.97%、53.31%。全国城镇居民人均家庭设备用品及服务支出是908元，河南是908元，也低于全国平均水平；分别是广东、浙江、江苏等发达省份的73.34%、96.72%和86.35%。

（2）对经济发展产生的影响。生产决定分配，分配对生产具有一定的反作用。河南城镇居民收入水平偏低，对经济社会发展产生了一定的消极影响，特别是不利于消费需求的扩大和经济的持续发展，同时，也加速了高素质人才的流失，有碍于劳动力素质的提高。

第一，影响消费需求的扩大和经济的持续发展。河南城镇居民收入水平偏低，而购买住房、孩子上学、医疗、养老等都需要支出，不高的收入水平和众多基本消费需求的后顾之忧，在一定程度上抑制了河南居民的消费欲望，制约了消费需求的扩大。

第二，影响劳动力素质的提高和人才的引进。劳动力是生产活动的第一要素，其素质的提高直接影响到生产效益和经济发展水平的提高。收入水平偏低的家庭，如果其收入在支持了生活费用之后，没有宽裕的费用支付教育、培训等支出，就会在市场竞争中处于不利的地位，影响其素质的提高。

第三，偏低的收入水平，对吸引人才、留住人才也是极为不利的。缺少人才、高素质人才储备不足、高层次人才引不进来，势必影响河南的自主创新能力，进而影响到河南经济的可持续发展。

四 调节收入分配差距、提高城镇居民收入水平的政策选择

目前，提高河南城镇居民收入水平、促进收入分配公平，实际上面临两大难题：一是如何尽快发展经济，赶上发达地区的经济发展步伐，缩小本地区居民与发达地区居民收入上的整体差距。二是如何解决本区域内比较严重的收入差距扩大问题。第一个问题涉及如何提升本地区经济实力、发展地方综合能力的问题；后一个问题是收入的再分配问题，涉及政府如何创新财政政策、遏制不断扩大的居民收入分配失衡态势，通过财政政策的设计以达到促进收入公平分配的目的。因此，政策的选择应从提升经济实力、实现收入分配公平两大方面入手。

1. 提升经济发展水平和运用市场经济的实力

经济发展是解决居民收入分配问题的根本，是构建和谐中原的物质基础。要切实把主要精力和工作重点放在加快调整结构和转变发展方式上来，加快发展、科学发展，特别要注意克服发展观念上的误区，始终把不断满足人民群众的各种需要作为经济发展的最终目的。要继续解放思想，继续坚持和不断开拓有利于解放生产力、发展生产力、激励人们创造财富的分配方式，引导人们从根本上摒弃陈旧保守的、不利于发展市场经济的观念。要摒弃思想保守、目光短浅、发展经济的目标不长远、小富即安思想严重、等待国家或其他区域“输血”和支持的“等、靠、要”思想，消除人们“空间视野的狭窄性、时间眼光的短浅性、思维方式的定势性”①，激励人们努力工作，勤劳致富。要通过有秩序、合理的竞争，激励人们的劳动和投入热情，并依法保障各种合理收入，努力保持城镇居民收入增长的良好势头。要善于运用现有政策，创新理念，增强创新的意识；只要国家法律政策没有明令禁止的，就可以大胆地试，要用创新的精神破解难题。要全面放开手脚，降低门槛，完善体制，激活要素，提升本区域的市场能力。

2. 公平、公正、高效配置经济资源，实现收入公平分配

在致力于做大、做好财富蛋糕，提高经济效益和经济实力的同时，作为促进

① 刘茂才：《解放思想　推进改革》，《毛泽东思想研究》1992 年第 2 期。

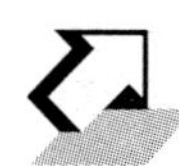

收入分配公平的关键环节，应更多地注重社会公平，缩小或扭转本地区收入分配差距扩大的趋势。应注意提供均等的就业和创造财富的机会和条件，致力于通过实施具有地方性的公共福利政策，以缩小收入差距，实现收益的公平分配。

（1）通过强有力的行政手段整顿分配秩序，逐步扭转收入分配差距扩大趋势。政府要尽一切努力，采取一切必要的手段，杜绝可能产生灰色收入甚至黑色收入的来源，杜绝非市场化分配方式的存在和干扰。要通过加大反腐败的力度，加强制度建设，杜绝权钱交易和官商勾结，确保诚实劳动和合法经营致富。要通过相关信息的公开化和明细化对收入分配的过程进行监督，提高财政预算的透明度，使政府的财政再分配更加公平、合理、有效。

（2）探索调控垄断行业高收入的有效路径，遏制过高的垄断性行业收入。调控垄断性行业的高收入应作为今后改革的重点。虽然对其信息进行有效监控很难，制定具体调控措施也有难度，但是难度再大也得改。当前，可选择收取特别收益金、加大资源税和个人所得税的监管等办法，探讨有效的打破行业垄断、促进行业市场平均利润率和工资率形成的机制。

（3）加大收入分配制度改革力度，继续提高城镇居民的收入水平，完善社会保障和救助体系。要继续督促企业落实自筹资金，扩大社会政府部门及时受理不落实最低工资制的投诉事件，严肃查处各种违规行为，切实维护劳动者的合法权益。要实施积极的就业政策，千方百计开拓就业门路，重视对城镇弱势群体的保障作用，提高城镇贫困人口的自救能力；坚持把发展经济作为解决就业问题、提高低收入者收入的根本途径，强化政府促进就业职能，实施积极的就业政策，广开就业门路，改善就业结构，提高就业质量，促进充分就业。

（4）提高劳动报酬在初次分配中的比重，使广大劳动者实实在在地享受到经济发展的成果。为此，要切实保护劳动报酬权益。特别需要大幅度提高中低收入者的劳动收入。政府应加大劳动监察力度，依法纠正并处罚用人单位在劳动时间、劳动条件、安全保障、伤亡事故诸多方面的违法行为，同时还应完善劳动法，确保劳动者收入随着经济增长而稳步提高。另外，也要建立利润分享制，使劳动者根据工作年限和贡献大小获得一定股份，实现“按劳分红”，并且股东分红后的剩余部分再以工资外附加形式分得，包括与劳动贡献挂钩的奖金、退休金、住房、养老医疗、旅游度假等福利。

（5）进一步完善社会保障体系。完善的社会保障体系是按劳分配的体制保障。完善的社会保障体系既要满足社会成员的公共福利，又要照顾到社会中不具备劳动能力的人或需要救济的贫困者，以及应付自然灾害、卫生医疗保健、教育等社会保障性开销。这是扩大居民消费，提升生活质量的体制保障。政府无论从弥补市场调节的缺陷，还是从履行自身职能出发，都应当有所作为。

第一，要加快最低工资立法，将医疗费用与教育等人力资本投资费用纳入最低工资保障的标准范围，职工最低工资的确定要依据家庭人口、生活费用、价格变动、医疗与教育费用、经济发展水平等因素。

第二，加大对劳资关系管理的检查力度，兼顾劳资双方利益。

第三，增加社会公共消费支出，改善低收入阶层的收入状况。为了更好地改善低收入者的贫困状况，政府要在加大社会保障方面转移支付的同时，增加公共基础教育和公共卫生保健方面的消费支出。这样做将有利于化解在教育和医疗卫生保健方面低收入者因城乡税负不均、收入不均等因素而受到不公平待遇的困境，为他们提供基本的生活保障以体现社会公平。

B.13

河南农民收入增长新动向及趋势展望

陈明星*

摘　要： 近年来，河南农民收入整体呈现持续向好的增长态势，收入格局没有发生根本性变化，与全国其他地区的横向差距依然延续，同时呈现出一些值得关注的新动向。如农民就地就业收入增速加快、农村内部收入差距继续扩大、农业生产经营成本不断攀升等。未来一段时期，河南农民收入增长将面临更为复杂多变的国内外经济形势，虽然不确定、不稳定因素有所增加，但同时也将迎来建设中原经济区的良机，因此，总体上仍将保持增长态势，而这种增长将呈现出更多的波动性特征。有关部门应采取不断加大农业、农村基础设施建设投入力度，大力承接产业转移以促进农民就地就近就业创业，提升贫困地区及群体自我发展的能力。

关键词： 农民收入　新动向　趋势

一　当前河南农民收入增长态势分析

近年来，河南农民收入整体呈现持续向好的增长态势，收入格局没有发生根本性变化，与全国其他地区的横向差距依然延续。

1. 农民收入增长态势持续向好

2010 年，全省农民人均纯收入达到 5523.73 元，比上年增长 14.9%，扣除价格因素，实际增长 11.0%，增长速度提高 3.1 个百分点。同时，农民人均纯收入增长速度以 4 个百分点左右的幅度超过城镇居民人均可支配收入 10.8% 的名义增长速度和 7.2% 的实际增长速度，这是自 1997 年以来的第一次。由此，城乡

* 陈明星，河南省社会科学院科研处副处长、副研究员。

居民收入之比由上年的2.99∶1缩小到2.88∶1。2011年上半年，全省农民人均现金收入3177.31元，同比增长22.2%，高于11.5%的城镇居民人均可支配收入增长速度，继续保持良好的增长态势。

2. 农民收入增长格局基本未变

从全省农民人均纯收入构成看，收入格局没有发生根本性变化，家庭经营纯收入尤其是来自第一产业的收入仍然是农民收入中最大的一部分，工资性收入仍然是农民收入增长的重要渠道，财产性和转移性收入所占比重与往年基本持平（见表1）。

表1 2008～2010年河南农民人均纯收入增长情况

单位：元，%

收入构成	2008年		2009年		2010年	
	绝对值	增幅	绝对值	增幅	绝对值	增幅
纯收入	4454	15.6	4807	7.9	5524	14.9
工资性收入	1500	18.3	1622	8.1	1944	19.9
家庭经营纯收入	2699	12.5	2891	7.1	3240	12.1
第一产业	2262	12.7	2380	5.2	2658	11.7
第二产业	115	10.5	120	4.6	137	14.4
第三产业	322	12.6	391	21.4	445	13.8
财产性收入	53	0.6	56	5.7	59	5.9
转移性收入	202	51.9	239	18.1	280	17.4

资料来源：河南省统计局：《河南统计年鉴（2011）》中国统计出版社，2011。

家庭经营纯收入虽然所占比重逐年下降，但仍然是农民收入的主要来源，其对收入增长的贡献率仍高达50%左右。家庭经营纯收入中的第一产业收入主要得益于粮食、棉花、蔬菜等农产品价格上涨，使2010年达到2658元，增长11.7%；第二、第三产业纯收入达到582元，增长14.0%；而受牧业生产成本上升和前三季度生猪价格较低的影响，人均牧业纯收入为434元，与上年持平。

工资性收入所占比重近年来逐步提高，其对收入增长的贡献率在经历2008年和2009年的下挫后重新回升，并超过2007年的水平（见表2）。这一方面说明农村劳动力务工工资水平上涨较多，外出务工人数和时间有所增加，另一方面也说明2008年国际金融危机对农民工资性收入的影响已经减弱。

转移性收入所占比重逐步提高，财产性收入所占比重略有降低，二者对农民收入增长的作用趋于下降，尤其是财产性收入对收入增长的贡献率已由2007年的2.1%降至2010年的0.5%。

表 2　2007～2010 年河南农民人均纯收入构成变化情况

单位：%

收入构成	比重				对收入增长的贡献率			
	2007 年	2008 年	2009 年	2010 年	2007 年	2008 年	2009 年	2010 年
纯收入	100	100	100	100	100	100	100	100
工资性收入	32.9	33.7	33.7	35.2	41.5	38.5	34.5	44.9
家庭经营纯收入	62.3	60.6	60.1	58.7	49.1	49.9	54.3	48.8
第一产业	52.1	50.8	49.5	48.1	42.0	42.2	33.2	38.9
第二产业	2.7	2.6	2.5	2.5	1.4	1.8	1.5	2.4
第三产业	7.4	7.2	8.1	8.1	5.7	6.0	19.6	7.5
财产性收入	1.4	1.2	1.2	1.1	2.1	0.1	0.9	0.5
转移性收入	3.5	4.5	5.0	5.1	7.3	11.5	10.4	5.8

资料来源：河南省统计局：《河南统计年鉴（2011）》，中国统计出版社，2011。

3. 农民收入横向差距依然延续

近年来，与全国其他地区农民收入水平之间的差距仍在延续。仅以普遍低于全国平均水平的中部 6 省为例，河南农民人均纯收入水平 2006 年以来一直位居 6 省第四，2011 年上半年河南农民人均现金收入水平依然延续这样的位次（见表 3）。在城乡收入差距上，河南城乡居民收入之比（以农村居民收入为 1）由 2006 年的 3.01 缩至 2010 年的 2.88，低于江西（2.67）、湖北的（2.75）。与发达省份相比，差距更为明显。

表 3　2006～2011 年上半年中部 6 省农民人均纯收入情况

单位：元

年份 \ 省份	全国	湖北	江西	湖南	河南	安徽	山西
2006	3587	3419	3460	3390	3261	2969	3181
2007	4140	3997	4045	3904	3852	3556	3666
2008	4761	4656	4697	4513	4454	4203	4097
2009	5153	5035	5075	4909	4807	4504	4244
2010	5919	5832	5789	5622	5524	5285	4736
2010 增速(%)	14.9	15.8	14.1	14.5	14.9	17.3	11.6
2010 城乡比上半年	3.23	2.75	2.67	2.95	2.88	2.99	3.30
2011*	3705	3462	3067	3514	3177	3584	2837

*为 2011 年上半年农民人均现金收入。

资料来源：相关省份的统计年鉴。

二　河南农民收入增长新动向分析

近年来，河南农民收入增长呈现出一些值得关注的新动向，如农民就地就业收入增速加快，农村内部收入差距继续扩大，农业生产经营成本不断攀升，农民不良消费倾向不容忽视。

1. 农民就地就业收入增速加快

在工资性收入中，常住人口外出从业得到的收入仍占主要来源，来自在本乡地域内乡镇企业得到的收入呈加快增长的态势，从2006年至今几乎翻了一番。2011年上半年，全省农民人均工资性收入1299元，增长31%，其中，在非企业组织中劳动得到的收入为110元，同比增长5.2%；在本乡地域内劳动得到的收入493元，同比增长42.7%；外出从业得到的收入696元，同比增长28.6%（见表4）。同时，数据表明，在跨域转移劳动力中，河南到东部经济发达地区的占省外务工人数的50.2%；到中部和西部地区的分别为47.6%和2.1%。在东部经济发达地区务工人员年均收入为1.34万元，比2009年增长13.8%；在中部地区务工人员年均收入为1.2万元，比2009年增长14.2%；在西部地区务工人员年均收入为1.35万元，比2009年增长12.1%。① 这反映出随着东部沿海地区产业转移的加快，以及河南产业集聚区的建设和对农民工自主创业的激励引导，为省内企业的发展注入了活力，促进了农民省内务工条件的改善、工资标准的提高。

表4　2006～2011年河南农民工资性收入及构成

单位：元

年份	工资性收入	在非企业组织中劳动得到的收入	在本乡地域内劳动得到的收入	在本地乡镇企业得到的收入	常住人口外出从业得到的收入
2006	1023	119	387	76	517
2007	1268	145	491	116	632
2008	1500	169	567	167	764
2009	1622	173	640	170	809
2010	1944	195	738	189	1011
2011*	1299	110	493	—	696

*为2011年为上半年农民人均现金收入。

资料来源：河南省统计局：《河南统计年鉴》，中国统计出版社，2006～2011。

① 田园、薄玉敬：《河南1843万农民在外打工　中部务工收入涨得最快》，2011年5月18日《大河报》。

2. 农民内部收入差距继续扩大

在省辖市之间，尽管农民人均纯收入最高、最低之比从2006年的2.10降至2010年的2.05，但最高、最低收入绝对差距从2918元扩大到4715元；同期，全省城乡居民收入比从3.01降至2.88，但城乡居民收入绝对差距从6549元扩大到10406元。2011年上半年，全省贫困地区农民人均现金收入2230元，仅占全省农民人均收入的70.2%、城镇居民可支配收入的24.8%；[①] 比上年同期增长16.5%，低于22.2%的全省农民人均收入增速。按农村居民家庭收入水平分组，全省高收入户全年人均纯收入与低收入户之比由2006年的4.71扩大到2010年的5.63，绝对差距则从5139元扩大到9706元。这反映出农民内部收入差距继续扩大。

3. 农业生产经营成本不断攀升

近年来，随着石油等基础能源和原材料价格上升，导致化肥、农药、种子等农业生产资料生产成本和价格上升，尤其是在工业化和城镇化深入发展的背景下，劳动力和土地成本也在不断上升，造成农业生产经营成本不断攀升。尽管劳动力价格上涨有利于助推农民增收，2011年部分区县农民工打零工的日工资比上年同期增加10～30元，其中，技工日薪已超百元，建筑大工日薪已达到100元、小工日薪达70元，均比上年增加了20～30元，但同时也会以机会成本上升的方式，造成机耕、机播、机收、排灌等生产服务成本的上升。农业投入品的上涨直接引起粮食生产成本的增加，抵消了种粮补贴和粮食价格上涨等给农民带来的收入，造成农民收益减少或者增产不增收。以小麦生产为例，2011年平均每亩小麦的总成本为704.7元，比上年增加119.7元，增长20.5%。其中，生产成本505.9元，比上年增加52.1元，增长11.5%；土地成本198.7元，比上年增加67.5元，增长51.5%，粮食生产正逐步进入高成本时代。受此影响，扣除土地成本后，种植每亩小麦的平均净收益仅增加63.5元，小麦生产收益增长的速度赶不上成本增长的速度（见表5）。[②]

① 双瑞：《上半年河南贫困地区农民现金收入增长16.5%》，新华网·河南频道，2011年9月25日。

② 河南省统计局地调队农产量与农村住户处：《2011年河南小麦生产成本及收益调查分析》，河南省统计网，2011年7月8日。

表5　2007～2011年河南省小麦亩均生产成本及收益情况

指　　标	单位	2007年	2008年	2009年	2010年	2011年
亩产量	公斤	380.4	385.9	386.3	388.3	390.0
收购价格(平均最低保护价)	元/公斤	1.4	1.5	1.7	1.76	1.88
亩产值	元	540.2	578.9	656.7	683.4	733.2
亩总成本	元	—	—	—	585.0	704.7
亩生产成本	元	373.8	423.5	461.1	453.8	505.9
种粮补贴(单季每亩实际)	元	35.0	35.0	35.0	35.0	35.0
亩净收益(扣总成本)	元	—	—	—	133.4	63.5
亩生产收益(扣生产成本)	元	201.4	190.3	230.6	264.6	262.3

资料来源：河南省统计局地调队农产量与农村住户处：《2011年河南小麦生产成本及收益调查分析》，河南省统计网，2011年7月8日。

4. 农民不良消费倾向不容忽视

近年来，由于根深蒂固的传统习惯，加之人云亦云、相互攀比的从众心理，一些地方农民不良消费支出呈逐年增多的趋势。

（1）农村人情消费范围扩大、数额增加，从传统的婚丧嫁娶发展到修房建屋、孩子参军、升学、过生日等，数额则越来越多。

（2）相互攀比建房、装修，并将其视为富有的标志和“形象工程”。

（3）争购高档商品。无视现实需要和承受能力，将高档商品等同生活品位和档次，不顾自己的消费能力，争相购买，钱不够就借。

（4）一些地区的个别农民把赌博当成娱乐。赌资不断增高，一些落后地区的农民，甚至热衷于各类迷信活动，建房请“风水先生”，生病找“算命先生”，求神拜佛，烧香祷告。这些不良消费不但对扩大农村内需有着典型的“挤出效应”，而且在削弱着农民本不殷实的收入，这些不良消费倾向必须引起高度重视。

三　河南农民收入增长趋势展望及对策建议

未来一段时期，河南农民收入增长将面临更为复杂多变的国际、国内经济形势，虽然不确定、不稳定的因素有所增加，但同时也将迎来建设中原经济区的良好机遇，因此，农民收入在总体上仍将保持增长态势，而这种增长将呈现出更多

的波动性特征。对此，要进一步加大农业基础建设投入力度，大力承接产业转移以促进农民就地就近就业创业，积极引导农产品深加工业在产区布局，因地制宜积极发展特色高效农业，切实稳定重要农业生产资料价格，充分发挥相关群体的帮扶带动作用，着力提升贫困地区和群体的自我发展能力，积极培育农民劳动技能，增强理财意识和能力，强化对农民增收的目标考核。

1. 当前河南农民增收环境分析

从国际看，当前，全球经济深陷欧美债务危机阴影，形势复杂多变，不确定性因素增加，并呈现出“二次探底”迹象。从国内看，受货币紧缩政策以及原材料价格上涨、劳动力成本上升特别是资金供给紧张和融资成本快速上涨等诸多因素影响，部分中小企业经营面临困境。目前，尽管从宏观层面已释放出宏观调控政策将进行微调的信号，但宏观调控政策从出台到见效，仍需要一定的时间。

从河南自身看，传统的制约农民增收的因素仍然存在，如农业比较效益低下，农业生产的耕作方式比较粗放，规模化、标准化水平不高，市场竞争力不强，农产品精深加工有待强化，农村劳动力文化素质不高，农业资源环境压力越来越大，这些都制约着仍占农民增收主渠道的农民家庭经营纯收入的持续稳定提高。而且，国际、国内经济形势的不确定、不稳定因素，也为河南农民增收尤其是外出务工的工资性收入的增长带来了不确定性。

当然，全省农民增收也面临着难得的机遇，尤其是中原经济区建设上升为国家战略层面，《国务院关于支持河南省加快建设中原经济区的指导意见》正式发布，提出诸如“允许农民流转土地承包经营权”、“鼓励和引导农民专业合作社等提供生产经营服务”、“扩大对种粮农民各种补贴”、“确保农民在土地增值中的收益权”等惠农利农、强农兴农的政策扶持性的表述，真金白银，货真价实。在建设中原经济区的过程中，还将以巨大的“腹地效应”吸引沿海产业加速转移，这有利于促进农村劳动力向非农产业转移，推进包括涉农产业在内的经济结构战略性调整，提高农民就业水平和增收能力。尤其是作为中原经济区建设的核心任务，积极探索不以牺牲农业和粮食、生态和环境为代价的“三化”协调发展的路子，将为推动农民持续增收带来极大的机遇。

2. 河南农民收入增长趋势展望

《河南省农业和农村经济发展“十二五”规划》提出“十二五”期间农民人均纯收入的增长目标是，年均增长率达到9%以上，力争达到全国平均水平。综合以上分析，未来河南农民收入仍将保持增长态势，实现这一目标是有可能的。但是，鉴于农民人均纯收入的主要构成部分即农民工资性收入和家庭经营纯收入增长所面临的国际、国内经济环境，农民收入水平将在总体上保持增长态势的同时，呈现出更多的波动性特征。

3. 促进河南农民收入稳定增长的对策建议

（1）加大农业农村基础设施建设投入力度。要以粮食核心产区建设为契机，加强农业农村基础设施建设和农业科技创新推广，健全完善强农惠农政策，加大对农业的补贴力度，调动农民生产积极性。加大对贫困地区转移支付力度，通过加大总人口、第一产业占 GDP 的比重、乡村个数等因素的权重，增加公共服务均等化转移支付总额。对农村公共服务建设项目，减免经济发展相对滞后的市、县地方配套比例。创新农业风险防范机制，将自然灾害、意外事故、病虫害、疫病均纳入政策性农业保险范围。建立健全政策性农业保险体系，将政策性棉花、水稻保险扩展至全省，将小麦和油料作物等主要农作物逐步纳入政策性农业保险范围。创新金融支农机制，大力开展农业开发和农村基础设施建设中长期政策性信贷业务。落实县域内银行业金融机构新吸收存款主要用于当地发放贷款政策。

（2）大力承接产业转移，促进农民就地就近就业创业。继续实施开放带动主战略，加大招商引资力度，依托产业发展基础和劳动力、资源等优势，搭建产业承接平台，优化产业承接环境，推动重点产业承接发展，进一步壮大产业规模，加快产业结构调整，培育产业发展新优势。充分发挥省内农产品资源丰富的优势，积极引进龙头企业和产业资本，承接发展农产品加工业、生态农业和旅游观光农业。同时，积极鼓励和扶持农民就业创业，在项目选择、立项审批、证照办理、小额贷款、市场开拓等方面提供帮助和服务，在市场准入、创业用地、税费减免、金融信贷和财政支持等方面给予政策扶持。

（3）积极引导农产品加工业在产区布局。面向市场发展起来的农产品深加工和食品工业，是农业、工业和商业的联结点，也是农业生产价值的再延续，是衔接产区销区利益、增加产区农民收入的重要环节。要按照保障粮食有效供给和发挥比较优势的要求，依托粮食、畜禽、果蔬等优势农产品，加快推进农业结构战略性调整，大力实施食品工业调整和振兴规划，搞好产业布局，科学确定区域农业发展重点，支持开展农产品精深加工和综合利用，做大做强精面制品、肉制品、淀粉加工和乳制品四大产业链，壮大果蔬、油脂、调味品和休闲食品等高成

长型行业，促进结构升级，提升产业附加值，形成优势突出和特色鲜明的产业带，引导加工、流通、储运设施建设向优势产区聚集，建立集良种繁育、规模生产、精深加工、检验检测、物流销售和循环利用于一体的现代农业产业体系。

（4）因地制宜，积极发展特色高效农业。以市场需求为导向，因地制宜，稳定发展棉花、油料、烟叶等大宗经济作物，突出发展蔬菜、瓜果、食用菌、花卉、茶叶、中药材等六大主导产业，着力建设标准化特色农产品生产基地，加快建设优势农产品产业带。加快经济林和工业原料林基地建设，大力发展木浆造纸、木材和果品加工、森林旅游、林下经济等林业产业，促进林业生态、经济、社会效益相统一。积极拓展农业功能，以特色农业发展为依托，大力发展休闲农业和观光农业。

（5）切实稳定重要农业生产资料价格。要加快建立农资生产经营的长效监督机制，健全农资服务体系，加强对农资市场的价格监管力度，稳定农资价格。同时，加大农业科技研发和推广力度，深化农业科技推广体制改革，加快科技成果的转化，在最大限度地降低种地成本、实现节能增效的同时，降低对农业生产资料的过度依赖和需求。

（6）充分发挥相关群体的帮扶带动作用。深入开展“三下乡”活动，大力开展技术培训和指导，降低农业生产经营成本和风险。充分调动和发挥村党支部、村民委员会、农民专业合作经济组织、回乡创业者、农村经纪人、大学生村官等农村发展主体的积极性，加大对农村能人培训的投入，发挥民间组织的作用，通过启用、挖掘、扶持、引进、培训等多渠道，促进乡村能人增强能力、提升综合素质，使其成为新知识与新技术的乡村“先行者”、带领农户闯市场的“组织者”、乡村就业机会的“提供者”、饮水思源的“乐施者”。综合运用财政贴息、财政补助、奖励、投资参股、担保和保险、减免税费、购买服务等政策工具和激励措施，积极鼓励和引导外国资金、银行资金、社会资金投入农业农村发展。

（7）着力提升贫困地区和群体的自我发展能力。坚持开发式扶贫方针，逐步提高扶贫标准，增加扶贫资金投入，加快解决集中连片特殊困难地区的贫困问题。支持贫困地区改善基础设施条件，发展特色优势产业，增强自我发展能力。因地制宜开展整村推进扶贫开发，对偏远山区、生态脆弱区和自然条件恶劣地区的贫困村，加大易地扶贫搬迁力度。促进扶贫开发与农村最低生活保障制度有效衔接。扩大互助资金、连片开发、彩票公益金扶贫、科技扶贫等试点。完善社会福利和养老机构基础设施，建立健全城乡困难群体、残疾人和优抚对象等特殊群体的社会保障机制。

（8）积极培育农民劳动技能、理财意识和能力。要积极探索建立政府扶助、面向市场、多元办学的教育培训机制，整合农业职业教育资源，充分发挥职业学校、农广校、农函大等农民技术教育培训主渠道作用，广泛运用现代媒体和远程教育手段，扩大农民科技培训的覆盖面。要按照“以需定培、长短结合”的思路，加大农村劳动力技能培训力度，开放培训市场，鼓励各类培训机构和用人单位开展“定向培训”、“订单培训”，积极培育有文化、懂技术、会经营的新型农民，强化现代经营理念，提升农民的理财意识和能力，引导农民移风易俗、破除陋习，提倡科学健康的生活方式。

（9）强化对农民增收的目标考核。建立科学的政府绩效考评体制和机制，把粮食生产、农民增收、耕地保护、环境治理、和谐稳定作为考核各级领导特别是县（市）领导班子绩效的重要内容，引导各级政府把更大的物力、财力和注意力转向农村经济和社会发展。要建立和完善激励机制，加大督察考核力度，及时总结好做法、好经验，对有效推动农民增收工作突出的单位和个人进行表彰、奖励，对工作落后的给予通报批评。

B.14

河南省公共就业服务工作的成效与发展趋势分析*

——基于郑州市公共就业服务满意度的调查

郝宏杰**

摘　要：本文首先对近年来河南省在公共就业服务方面开展的主要改革措施进行了梳理；其次，以郑州市为例，通过对劳动者满意度的问卷调查和访谈，发现目前的公共就业服务工作仍存在公共就业服务压力大、现有公共就业资源利用率低等亟待解决的问题；其三，本文从公共就业机构建设和管理的状况分析了现有公共就业服务满意度较低的原因；其四，结合中原经济区建设，从公益性、均等化、区域化、市场化四个方面，提出了未来河南省公共就业服务体系的发展趋势。

关键词：就业难　公共就业服务　满意度

公共就业服务是政府为促进社会充分就业，通过公共就业服务机构，以帮扶就业困难群体为重点，免费向全体劳动者提供的公益性就业服务。其内容包括就业政策咨询、就业失业登记、职业培训等。公共就业服务具有公共产品的特征，是政府履行公共事务所应当承担的主要职能。面对长期存在的就业压力和严峻的就业形势，目前河南省就业市场存在就业机会不足、信息不对称、就业歧视严重、弱势群体就业难等市场失灵问题。就业问题事关国计民生，因此，在河南做好公共就业服务工作，已成为支撑中原经济区建设的主要途径。

---

* 本课题是2011年度河南省哲学社会科学规划项目，“支撑中原经济区建设的公共就业服务体系研究”的阶段性成果（课题编号：2011BZZ005）。

** 郝宏杰，硕士，郑州轻工业学院政法学院讲师，主要从事公共经济与管理方面的研究。

一　河南省公共就业服务工作的改革举措

近年来，全省各级公共就业服务机构紧紧围绕经济建设和社会发展的大局，积极探索公共就业服务的新领域、新举措，使之成为实施积极就业政策的主要工作载体，已取得显著成就。

1. 加强基层公共就业服务机构和平台建设

目前，全省所有城市和大部分县都建立了以公共职业介绍机构为窗口的综合性公共就业服务场所，99%以上的街道和70%以上的乡镇建立了人力资源社会保障公共服务平台，预计到2012年底全省所有街道、乡镇要全部建设人力资源社会保障公共服务平台，这将形成省、市、区县、街道（乡镇）、社区五级的公共就业服务网络。基层人力资源社会保障公共服务平台的职能包括开展人力资源社会保障法规政策的宣传，搞好人力资源供需调查、失业登记、就业援助、职业培训等就业服务，做好社会保险经办管理服务工作，开展劳动关系协调工作，建立劳动争议调解组织，推进劳动保障监察网格化和网络化建设等。这一平台现已成为公共就业服务的重要载体，在就业政策的落实和就业工作的开展中起着基础作用。

2. 拓展公共就业服务功能

长期以来，我国公共就业服务工作主要侧重于简单的职业介绍和匹配，这虽然在短期提高了就业数量，但就业的质量和持续性并不高。近年来，全省加快了公共就业服务机构的职能转变，拓展了从求职登记到职业指导、职业培训、职业介绍、创业扶持、就业援助、职业技能鉴定申报、档案管理、社会保险关系接续、劳动保障事务代理、劳动监察等一站式服务功能，使劳动者的就业能力得到提高，整体就业质量好转。如安阳市职业介绍服务中心，根据工作业务需要设立8个科室、40多个服务窗口，还建立了高校毕业生就业（技能人才）服务市场、农民工市场、社会民办职介管理服务大厅。近年来，该中心共召开不同类型、多种特色的用工招聘洽谈会480多场，先后为求职人员提供就业岗位11万多个，帮助下岗失业人员实现再就业5.2万人①。

① 李文波：《始于需求终于满意——河南省安阳市职业介绍服务中心提供优质就业服务的探索》，2011年5月28日《中国劳动保障报》。

3. 大力开展对困难群体有针对性的公共就业服务

就职业介绍工作本身而言，政府和市场都可以提供，所以必须明确政府主导下的公共就业服务的职责，即政府与民营职业介绍中心是互相补充、互相促进的作用，政府应体现其公共属性。其中，开展对困难群体有针对性的就业服务，就是公共就业服务最重要的职责。近年来，针对零就业家庭、家庭贫困的未就业大学生，“4050”就业困难人员、长期失业人员等就业困难群体，河南省整合各级各部门公共就业资源，开展了对该类群体的“春季就业援助”等一系列专项活动。这些活动为大量就业困难人员提供了就业援助，如在2010年初重点开展的“春风活动”中，全省共培训各类专业人员30.68万名，进一步提高了农村劳动力的转移就业和创业能力；全省共开放各类职业介绍机构1647家，为农村劳动者组织专场招聘会1122场次，提供各类就业岗位232.86万个，全省农村劳动力省外转移就业人数达到867.09万人；全省人力资源社会保障部门共扶持41693名农民工回乡创业；全省共出动各类执法人员13000多人次，打击取缔黑中介254个，帮助农民工讨回清欠工资7694.99万元，有力地维护了农民工的合法权益①。

4. 创新对外来流动人口的公共就业均等化服务工作

随着河南省城市化进程的加快，流动人口规模呈逐年扩大趋势，外来流动人口对城市发展的贡献率在不断增长。如何让流动人口也享受均等的公共服务摆上了日程，已成为必须尽快解决的一个重要社会问题。针对这一问题，为加快流动人口的市民化进程，郑州市已经在全省率先实行社区“一站式”服务管理体制，将公安、人社、人口计生、民政、司法、房管、工商、教育等部门的工作容纳进来，在社区设置专门服务窗口，为流动人口提供均等化的基本公共服务。例如，符合落户条件的流动人口，根据本人意愿，准予其户籍迁入郑州，享受城市公共就业服务；同时，推动外来务工人员职业技能培训工作，将稳定就业6个月以上的外来务工人员纳入就业、失业登记范围，免费提供岗位信息；推进流动人口参加养老保险、医疗保险、工伤保险、失业保险和生育保险。到2011年底，郑州市流动人口基本公共服务均等化覆盖率将达到60%以上，到2012年底这一比例

① 《河南省2010“春风行动”活动总结》，中国就业网就业政策与服务频道，2010年5月27日；http：//www. chinajob. gov. cn。

将达80%以上①。

5. 加大公共财政对就业服务的支持力度

由于当前市场和社会对公共就业服务工作的参与程度较低，要实现公共就业服务的目标，其有效保障就是政府公共财政的制度性安排和资金的有效利用。近年来，河南省财政不断加大对职业培训、职业指导、职业介绍等方面的公共就业支出。河南省公共财政用于社会保障和就业支出从209.71亿元增长到461.5亿元，增长1.2倍，年均增速高达21.8%。2010年河南省用于社会保障和就业的支出占全省总财政支出的比重为13.5%，高于全国的平均水平（10.2%）。通过这些支出，全省加大就业专项资金和小额担保贷款贴息支持力度，2010年新增城镇就业132万人，新增农村劳动力转移就业105万人②。

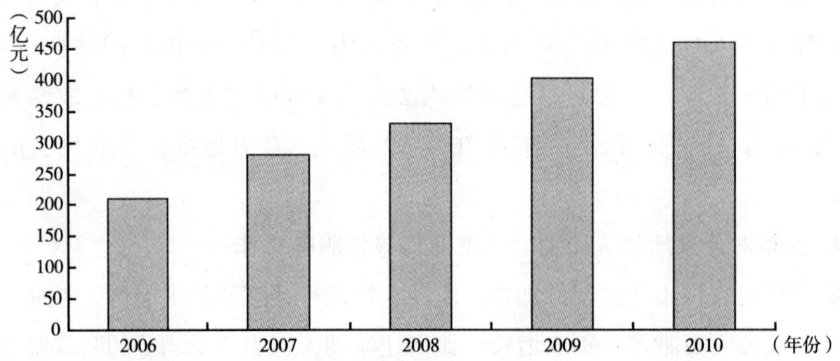

图1 2006~2010年河南省社会保障与就业的财政支出额

资料来源：河南省统计局：《河南统计年鉴》，中国统计出版社，2006~2011。

二 河南省公共就业服务的需求和满意度调查

为深入了解河南公共就业服务的劳动者满意度，本文以郑州市为例，采用问卷调查和访谈法就劳动者对政府公共就业服务的需求和满意度进行了实

① 郑州市人民政府办公厅：《郑州市流动人口基本公共服务均等化实施方案》，2010年12月14日。

② 河南省统计局：《河南统计年鉴》，中国统计出版社，2009~2010；河南省财政厅：《关于河南省2010年预算执行情况和2011年财政预算情况的决议》，2011年1月23日。

地调查①。调查发现，劳动者对近年来在全省采取的一系列公共就业服务改革措施表示支持，但对现有的公共就业服务工作仍然不太满意，主要存在以下亟待解决的问题。

1. 劳动力市场供求矛盾突出，公共就业服务压力大

公共就业服务主要是解决劳动力市场的失灵问题，所以劳动力市场的发展状况，直接决定该地区公共就业服务的工作任务。本研究首先对郑州市劳动力市场的供需矛盾进行了调查。调查发现：19% 的求职者属于首次来郑州找工作，其中刚毕业大学生占 11%，外来农民工占 8%，说明越来越多的外来人口希望在郑州就业；26% 的求职者已经连续 2 个月以上在找工作但还未找到合适工作，其中，专科及以下学历者占 19%，说明弱势群体的就业难问题仍未得到根本解决；35% 的求职者期待获得政府更多的就业帮助。河南是劳动力输出大省，近年来由于东南沿海等大城市生活成本加大，越来越多的求职者选择在家门口就业，使河南劳动力市场的就业需求骤然增加，然而由于劳动力市场上新增的职位数量远远不能满足需求，导致劳动力市场供求矛盾突出，公共就业服务工作的压力加大。

2. 现有公共就业服务资源利用效率不高

面对越来越多的公共就业服务需求，河南公共就业服务资源非常稀缺。然而，即便在有些公共就业服务资源相对丰富、服务质量较高的城市，人们对这些资源的利用也不充分。郑州在全省所有城市中的公共就业服务资源是一流的，但其利用率并不高。

（1）公共就业服务机构的规划、建设不合理，48% 的被调查者认为，在他们所在的区域找不到能为他们介绍工作或提供就业信息的机构。

（2）政府的公共就业服务政策和信息宣传滞后、传播手段单一，53% 的人不了解新发布的公共就业服务政策和信息，更不知道如何利用，即使在了解这些

---

① 问卷调查的对象主要选择外来农民工、刚毕业大学生、城市“4050”就业困难群体，调查地点是人力资源市场、低档小区和城中村等地，采取了非随机抽样中的配额抽样方法，保证了样本具有高度代表性。共发放问卷 200 份，有效问卷 181 份，其中，正在求职者占 67%，在岗的低收入群体占 23%，其他占 10%；刚毕业大学生占 39%，外来农民工占 26%，城市“4050”就业困难人员占 22%，其他占 13%。调查结果基本可以反映劳动者对郑州市公共就业服务的满意度。同时，还挑选不同群体的 15 名劳动者进行深度访谈。

政策和信息的人群中，他们对这些政策、信息的理解程度也不高。

（3）劳动者对公共就业机构的信任度较低，人们总是首选市场、网络、亲戚朋友等渠道寻找工作，万般无奈下才会求助于公共就业服务，参加过公益性招聘会的仅占26%，只有7%的人到社区进行过就业失业登记（见图2）。

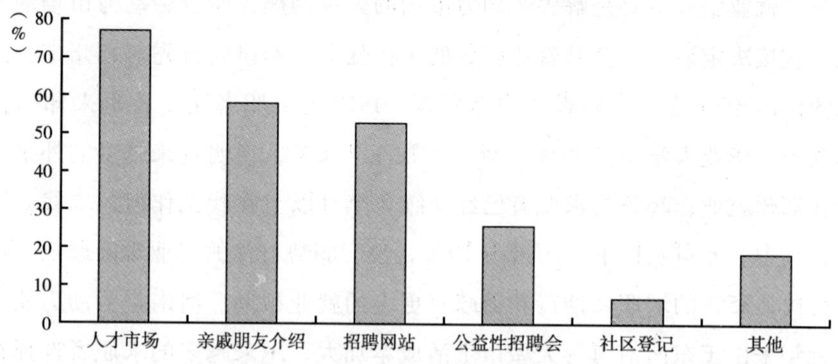

图2　劳动者寻找工作的主要渠道（可多选）

（4）公共就业服务机构的回应性差，在登记失业的劳动者中，1个月以内得到回应的仅占30%。

3. 职业培训、指导与求职者就业、再就业的需求不相适应

加强对求职者的免费职业培训和职业指导，提高求职者的就业能力，是近年来公共就业服务工作的重点。河南省职业、技工学校的数量很多，国家每年投入大量资金扶持河南职业教育的发展。由于近年来职业院校生源不足，大量教学资源闲置，这在客观上为开展成人的职业培训和职业指导提供了重要平台。但调查结果却表明，现行的职业培训和职业指导在数量和质量上都不能满足劳动者的就业、再就业需求；76%的被调查者渴望接受免费的职业培训和职业指导，说明进一步完善以就业为导向的职业教育和培训，加强就业前培训、在职职工培训以及对进城农民工的技能培训等需求十分迫切；然而，绝大多数求职者的职业培训和职业指导需求无法得到满足，超过一半的被调查者（52%）认为，他们所在地区的就业培训太少，约35%的人对他们接受的就业培训不满意。

4. 公共就业服务在不同社会群体间存在巨大差距

作为基本公共服务的主要领域，公共就业服务应为不同群体提供公平、均等

化的服务，然而据调查，不同群体对郑州公共就业服务的总体满意度①存在巨大差别：刚毕业大学生由于在校园里接受过就业指导等教育，对公共就业服务的满意度还比较高（0.62）；城镇“4050”就业困难群体的满意度为0.45，说明他们虽然接受了政府的一些再就业培训等帮助，但由于这些培训的针对性不强，效果并不明显；在岗低收入群体的满意度为0.55，说明他们虽然找到了工作，但对工资待遇、工作环境、社会保险等方面仍然不太满意；外来农民工的满意度最低（0.36），主要原因是与城镇相比，农村地区就业信息、就业培训和就业机会的缺乏程度更加严重，很多农村地区没有任何就业服务机构，农村的就业培训远远不能满足实际需求，而他们又被排除在城市的公共就业服务体系之外（见图3）。

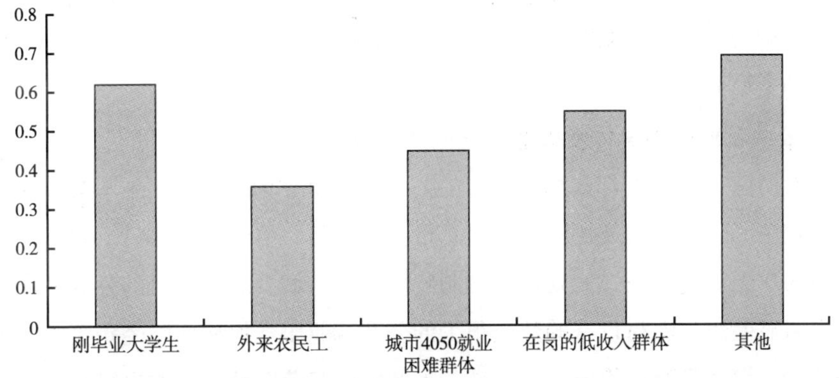

图3　不同群体对公共就业服务工作的总体满意度

5. 不能满足中原经济区建设对人才工作的要求

中原经济区建设对加快河南经济社会发展具有重要意义。在中原经济区建设中，企业需要大量高技能和高素质的劳动者，而河南大量劳动者又需要稳定、规范、法治、有保障的就业环境和更多的培训机会。而当前的公共就业服务体系难以满足经济区建设中企业和劳动者更高层次的需求，直接导致经济区人力资源发展滞后，制约了经济区的建设和发展。据调查，98%的被调查者都知道中原经济

① 问卷调查中分别调查了劳动者对公共就业服务机构和平台建设、职业介绍、职业培训和指导、就业援助及就业保障等工作的满意情况，然后对满意情况进行量化（非常满意为1，比较满意为0.8，基本满意为0.6，不满意为0.4，很不满意为0.2），最后对以上五类公共就业服务工作采取加权平均的方法计算出了各类群体对公共就业服务工作的总体满意度。数值越高，说明该群体对公共就业服务的满意度越高。

区被纳入国家战略规划，也希望为中原经济区的建设贡献自身力量。但65%的被调查者不了解中原经济区建设会给他们的就业带来哪些具体影响，除了对富士康少数企业的招工情况比较满意之外，对其他新增的就业信息、就业市场变化情况等都不甚了解。在对一些较高层次人才的访谈中也发现，高层次人才流失现象仍较普遍，其主要原因是一些企业缺乏干事创业的环境和舞台，同时工资待遇落实不到位，激励机制不够完善。这说明政府的劳动监察和维权工作有待加强。

三　河南省公共就业服务机构存在的主要问题

针对求职者对当前公共就业服务工作满意度较低的状况，在对郑州市公共就业服务机构实地调研的基础上，发现在当前河南公共就业服务机构的建设和管理中存在的主要问题。

1. 公共就业服务总体发展滞后，城乡发展失衡

虽然河南很多地方都建立了有形的公共就业服务场所，但实施下来的服务内容还比较单一，覆盖面还比较狭窄，总量供给不足，整体发展滞后。同时，受城乡分离的户籍制度以及二元就业管理制度的束缚，城乡居民获得的公共就业服务也存在明显差距，农村仅有的数量很少的公共就业服务机构面临经费匮乏、工作流动性大、设备简陋等困境，而进城务工的农民工劳动就业权益也得不到有效的维护和保障。

2. 公共就业服务机构的职能仍处于初级阶段

当前，河南的公共就业服务职能主要还局限在单一的岗位匹配、简单的职业指导方面，而经济区大多数劳动者文化水平低、劳动技能落后、对自身职业能力缺乏了解、心理脆弱、社会保障水平低，低层次的就业服务无法满足他们的真正需求。与此同时，公共就业机构还偏向一些赢利性的服务，对难以获利的服务产品不愿提供，即使在政府强制要求下，也不过是敷衍了事，服务的质量因而难以得到保证。

3. 公共就业服务机构可支配的资源不足

随着河南城市化和工业化进程的加快，城市劳动人口越来越多，且劳动者流动越来越频繁，对公共就业服务的需求越来越多。然而，政府公共财政对公共就业的投入水平仍然偏低，导致公共服务机构的经费严重不足。尤其是基层就业服

务机构经费紧张，公益性招聘会、免费的职业培训、农村劳动力转移、就业信息资源库的建设等基本的公共就业服务项目都较难开展。

4. 公共就业服务供给模式单一，供给效率低下

当前，河南的公共就业服务主要还是政府单一主体的供给模式，市场化、社会化程度很低，这就直接导致公共就业服务机构处于政府垄断状态，缺乏竞争和激励机制。同时，受中国传统的自上而下的行政体制的影响，劳动者缺乏表达其需求偏好的有效机制，从而导致公共就业服务供需的脱节。更重要的是，公共就业服务机构还缺乏部门和地区之间的互相交流与协作，导致工商、民政、共青团、妇联、劳动和社会保障等多个部门职能互相重叠，各地区公共服务机构的重复建设和信息不通畅。这就容易造成在公共就业服务资源严重浪费的同时，公共就业服务质量和效率也十分低下。

5. 公共就业服务的信息网络化平台建设落后

在河南的就业服务中，还存在信息封闭、各地区信息渠道不统一、信息资源无法共享等信息网络平台建设落后的问题。如就业的信息量小、信息覆盖不广、渠道不畅，街道办、社区、村委会等基层的信息平台建设尤为缓慢。这导致劳动者的就业服务得不到满足，劳动力资源大量浪费，从而不利于公平、开放、统一的区域劳动力市场的建设。

四　河南公共就业服务工作的发展趋势

针对河南公共就业服务体系存在的主要问题，为实现推动基本公共服务均等化和加快中原经济区建设两大战略的协调发展，依据新公共管理理论，在借鉴发达地区先进经验的基础上，河南公共就业服务体系应向公益性、均等化、区域化和市场化几个方向发展。

1. 强化公共就业服务的公益性职能

在关于公共就业服务与市场化服务的职能定位方面，公共就业服务机构应定位于公共就业服务的提供者与市场的监管者，政府应加大对公共就业机构公益性服务方面的财政投入。

（1）应对职业介绍机构的现有业务进行划分，实现公益性项目和盈利性项目的分离，使公益性项目延续事业单位的管理模式，把赢利性项目彻底推向市场，为职业中介和猎头公司等就业市场的发展营造公平竞争的政策环境。

（2）考虑公共就业服务机构与营利性就业中介机构的工作目标和服务对象的区别问题，公共就业服务机构提供的内容应集中在保障性服务方面，确保失业者、低收入群体、缺乏工作技能者能够获得就业服务。

（3）进一步完善和深化公共就业服务功能。如坚持对失业者特别是长期失业者工作搜寻帮助、工作匹配的核心功能，建立面向所有劳动者的职业技能培训、职业指导制度，完善由政府、企业、职业院校、职业技能培训机构、社会等主体共同组成的职业技能培训联动机制。尤其要针对求职者在年龄、性别、就业能力、就业需求方面的实际情况，实行分类指导，分层次开展多种类型、多种方式的职业技能培训，引导劳动者主动参加职业技能培训，不断提高劳动者的就业能力。

2. 促进公共就业服务城乡间的均等化

就业权是劳动者的基本权利，公共就业服务业属于基本公共服务范畴，所以公共就业服务应辐射城乡的全社会范围。特别是针对河南省农村人口多、农村隐形失业人口多、农民就业能力差等问题，进一步加强城乡均等化的公共就业服务体系建设。

（1）加快农村公共就业服务机构建设，对所有基层劳动保障和就业服务平台统一标志、统一名称、统一场地、统一制度、统一管理、统一业务软件，并加大政府公共就业政策的宣传，完善农民的就业、失业等信息登记制度，围绕农民需求开展有针对性的就业、创业等职业技术培训，加大对农民的就业援助和帮扶力度，提高农民富余劳动力的就业能力。

（2）取消城市公共就业服务对象的户籍限制，建立以常住人口为服务对象的公共就业服务制度，扩大公共就业服务的受益者，最大限度地提高公共就业服务资源的利用率。

3. 加强支撑中原经济区建设的区域公共就业服务体系建设

由于传统的“自上而下”、分割化、闭合化的科层式公共就业服务供给体制不利于中原经济区建设，我们必须加快构建支撑中原经济区建设的区域性公共就业服务体系。

（1）充分利用网络、新闻媒体等大众媒介，建立统一、开放、多元化的公共就业服务信息网络交流平台，完善中原经济区建设中企业用工和劳动者的公共

就业服务需求等表达机制，并加强对这些信息的鉴别和回应。

（2）整合区域公共就业服务资源，集中现有的人事和社会保障、团委、妇联、工会等部门的公共就业服务职能，建立统一的区域公共就业服务管理机构，以提高管理的经济效益和社会效益。

（3）促进各行政区公共就业服务间的横向协作，打破地区行政壁垒，跨越行政区地理范围来整合公共就业服务机构。特别是对人力资源市场和职业培训机构，应促使它们在整个经济区范围内的竞争与合作，提高其工作效率和利用率。

（4）根据河南劳动力资源的特点和优势，加大劳动密集型和轻工业企业的引资力度，实现中原经济区建设中的招商引资与促进就业的良性互动、合作共赢。

4. 引入市场机制，完善公共就业服务机构的法人治理和绩效考核制度

公共就业服务组织是区域公共就业服务的直接供给者，应引入市场机制，完善公共就业服务组织的治理结构，提高其绩效管理水平。

（1）公共就业服务机构要立足于建立和完善现代法人制度，推进政企分开，权力向地方下放，实现由行政化管理向法治化管理和服务导向模式转变，对求职者和企业不断变化的需求作出快速反应。

（2）立足公共就业服务的职能定位，在法人治理框架下，完善公共服务组织的绩效考核制度，强化对“失业人员新岗位匹配的时间和数量”、“求职者对公共就业服务的满意度”、“为就业困难群体提供就业服务后的就业变化”、“公共就业服务机构工作计划的完成度”等具体指标的量化考核，以促进内部管理的标准化和规范化，提升公共就业服务品质和工作水平。最后，在对外关系上，加快市场化和国际化步伐，加强公共就业服务组织与营利性就业中介组织合作，实行公共就业服务外包，实现信息共享。

参考文献

〔美〕珍妮·V. 登哈特、罗伯特·B. 登哈特：《新公共服务：服务，而不是掌舵》，丁煌等译，中国人民大学出版社，2004。

Melvin M. Brodsky, “Public-Service Employment Programs in Selected OECD Countries,”

Monthly Labor Review 16 Vol.（2000）.

Provan K，Kenis P.，“Modes of Network Governance：Structure，Management，and Effectiveness，” *Journal Administration Research and Theory* 2（2008）.

陈建刚：《完善我国就业公共服务体系的几点建议》，《中国行政管理》2005 年第 5 期。

李占五：《充分发挥社会力量建立健全农民工流动就业服务体系》，《宏观经济研究》2007 年第 6 期。

王静：《河南省公共就业服务体系建设问题研究》，《新乡学院学报（社会科学版）》2010 年第 4 期。

陈瑞莲：《区域公共管理理论与实践研究》，中国社会科学出版社，2008。

张华新、刘海莺：《公共就业服务体系满意度的测评及实证》，《统计与决策》2010 年第 9 期。

杨宜勇：《大力推进公共就业服务基层平台建设》，《中国经贸导刊》2010 年第 16 期。

刘海莺、林木西：《公共就业服务述评：由 2010 年诺贝尔经济学奖生发》，《改革》2010 年第 12 期。

喻新安：《中原经济区研究》，河南人民出版社，2011。

B.15

河南省社会组织发展现状分析与预测

罗英豪*

摘　要： 现今，社会组织发展已成为一种潮流和趋势。近年来，河南社会组织蓬勃发展，服务社会成效显著，在社会建设与管理服务中发挥着重要作用，但也存在着管理体制滞后、法规政策缺位、品牌意识不强等问题。因此，在社会组织发展中应结合河南省情和中原经济区建设的实际需求，建构新型理念，加大扶持力度，创新监管体制，提升社会公信力，提高社会组织整体水平，充分发挥其助推中原经济区建设和河南经济社会发展的协同作用。

关键词： 社会组织　现状分析　趋势展望　路向选择

近年来，中国大力扶持社会组织发展，初步形成了门类齐全、多层次、广覆盖的社会组织体系。跟随时代发展步伐，河南社会组织蓬勃发展，18934 个社会组织遍布河南城乡，其活动领域日益广泛，在社会建设中发挥着重要作用，已成为沟通政府与社会、各阶层间的桥梁与纽带，以及和谐中原建设的“活细胞”。

一　河南省社会组织的发展现状

一般而言，社会组织是指人们为实现特定目标而建立的共同活动群体。但在中国，社会组织指政府、事业单位之外面向社会提供专门领域社会服务的法人实体，其中主要包括社会团体、基金会、民办非企业单位等。具有非政府性、民间性、自治性、组织性等基本特性的社会组织，历来为党和政府所重视。河南省委、政府已将其纳入全省经济社会发展规划，积极探索对其管理的体制创新、购

* 罗英豪，河南省社会科学院社会发展研究所助理研究员。

买服务等工作，现已取得显著成效。

1. 发展规模飞速壮大，组织体系初步形成

随着市场体制的日益完善，政府职能不断转变，公众结社热情高涨，河南社会组织快速成长，年均增长10%。截至2010年底，全省各类社会组织达18934个，约占全国总数的4.3%，排名第七。其中，社会团体10505个（省管918个），民办非企业单位8374个（省管639个），基金会55个，涉及100多个业务主管单位。

社会组织形式多样，种类繁多。2009年河南省10290个社会团体主要分布在农业及农村（1889个）、社会服务（1314个）、工商业服务（1042个）、文化（1023个）等领域，8065个民办非企业单位主要分布在教育（3292个）、社会服务（1316个）、科技与研究（739个）等领域，① 已初步形成了门类较为齐全、分布广泛、多层次、广覆盖的组织体系，在全省经济发展、社会服务、民生建设、对外交往中发挥着重要作用。

2. 改革力度不断加大，制度创新富有成效

（1）创新管理体制。建构社会组织综合管理体制，部分省辖市设有民间组织管理局和专业网站，完善监管机制，初步形成了行政管理、社会监督、社会组织自律的管理格局；选准突破口推进管理体制改革，重点发展公益性、科教文卫性、高科技协会，如互联网、民营科技促进会、软件产业等，调整重组企业管理社团，如合并后的省电力行业协会；采纳新举措培育发展基层社会组织，采取登记、备案方式，大力扶持农村专业经济协会、社区社会组织，如平顶山、洛阳采取“一表统揽制”登记审批方式。

（2）勇于创新，管理改革领先。早在2008年，郑州市青年联合会就设立“社会自组织”界别，开全国之先例。平顶山市强力推进行业协会改革，127名协会兼职干部有113人脱离协会职务，此项工作走在全省全国前列。2010年成立的河南省知识产权保护协会，2011年，建业集团和百瑞信托入股河南省宋庆龄基金会，开创了河南省公募基金会基金管理市场化的先河。

3. 法规政策不断健全，社会组织愈益法制化、规范化

近年来，社会组织的法规政策相继出台，助推了社会组织的法制化、规范化

---

① 国家民间组织管理局：《2009年度分地区社会组织统计数据》，中国社会组织网，2010年3月18日；http：//www. chinanpo. gov. cn/web/listTitle. do? dictionid = 2202。

建设。《社会团体登记管理条例》、《基金会管理条例》、《民办非企业单位登记管理暂行条例》等规范性文件，以及《企业所得税法》、《公益事业捐赠法》与《民办教育促进法》等配套政策的出台，逐步完善了社会组织建设的制度环境。全省各级民政部门通过出台政策、开展专项治理等，深化登记审批制度，规范登记审批事项，简化程序，逐步完善了社会组织登记管理的规范化建设。如平顶山市的“一文一章制”、信阳市的“三服务五把关”，收效良好。出台《河南省〈社会团体登记管理条例〉实施办法》、《河南省取缔非法组织暂行规定》、《关于加快行业协会商会改革和发展的实施意见》等政策条例，旨在规范会费税票，扶持行业协会，健全预警机制，打击非法违法组织，保护合法守法组织，撤销、注销不合法社团，从而规范了执法活动与程序，加强了社团组织法制化建设。在2010年社会组织年检中，焦作市的孟州和沁阳两个县级市分别有11家和4家被责令整改，7家和23家被撤销登记。[①] 贯彻实施《基金会年度检查办法》、《民间非营利组织会计制度》等，旨在完善税收优惠政策和信息披露制度，健全财务管理制度，规范收支行为，从而强化了基金会和民非的规范化建设。如平顶山市有80%的社会组织健全财务管理制度，有67%的社会组织建立信息披露制度。[②]

4. 服务社会成效显著，交流活动渐趋增多

（1）在助推经济发展上，社会组织已成为促进经济可持续发展的“催化剂”和“助推器”。河南省新型重点领域社会组织快速发展，如平顶山市行业经济类协会占社团总数30%以上，它们以为政府和企业“双向服务”为宗旨，发挥行业自律和管理功能，目前已经成为政府认可、企业信赖和成员拥护的新型组织形式。

（2）在加快新型农村发展上，农村社团已成为促进农村经济发展的重要平台。近几年，全省涌现出一大批有活力、有实力、有影响的示范性协会，如新郑红枣营销协会、唐河黄牛协会等，它们加快了科技成果转化，增加了农民收入。例如，2010年上蔡养猪行业协会为养殖户净增利润100余万元；叶县食用菌协

① 焦作市民政局：《民政信息》第19期；孟州市民政局：《孟州市民间组织年检工作圆满结束》，孟州市民政局网站。

② 平顶山市民政局：《我市社会组织建设与管理工作取得优异成绩》（内部材料），2009年12月3日。

会带动菇农1500余户，年产值达5500万元。[①]

（3）在繁荣科教文卫等事业上，社会组织已成为整合资源与聚集人才的有效载体。科技类、社科类社团充分发挥其人才、技术、信息等优势，为政府建言献策，促进社会发展。例如，由平顶山市律师协会撰写的“律师参与政策决策、服务中心工作”的报告在律师界产生了良好影响，大大提高了服务效果；雄鹰摩托车赛车俱乐部是现今全国摩托车运动行业唯一获取领航资格的民间社团；枫叶合唱团是河南省杰出的民间合唱队，多次获得国际奖项。

（4）在服务公益事业上，慈善组织和志愿者队伍已成为弥补政府公共服务不足与市场失灵的“营养液”。省慈善总会、洛阳绿营户外救援队等广泛开展助人活动。2010年上半年，省慈善总会发放款物1亿多元，使1.3万民众收益。

（5）在对外交流上，社会组织已成为推动交流合作、促进经济发展的联络员。浙、湘、川、渝等纷纷在河南成立商会，省贸促会与省国际商会共邀请30多个外国经贸代表团访问河南，促进了河南经贸合作。2011年，郑州市、焦作市、平顶山市民政局被评为“全国社会组织及创先争优宣传工作先进单位”，其中郑州市民政局代表河南省做了经验介绍，并且先后吸引无锡市前来郑州调研民间组织与管理体制改革，安阳、周口到郑州市的荥阳市学习“全民慈善”经验。

二　河南省社会组织存在的主要问题与原因分析

现阶段，河南省社会组织发展态势良好，但从总体上看，社会组织在思想意识、法规政策、监管制度及自身发展等方面还存在着一些问题，主要表现在以下方面。

1. 传统制约发展，结社意识淡薄

在国际上，一国拥有社会组织的多寡是衡量其社会和谐程度的重要标志。因而，社会组织的发达与成熟是和谐社会的必然要求。然而，在我国尽管宪法规定了结社自由，但长期以来由于受儒家思想束缚和中央集权制影响，民间缺少结社传统，严重限制了社会组织的发展空间。已有的、为数不多的民间组织也不愿过

① 平顶山市民政局：《我市社会组织建设与管理工作取得优异成绩》（内部材料），2009年12月3日。

多承担公共服务，更少发挥利益表达功能。大多数公众受传统影响对社会组织存有偏见，认识不到位，不愿加入社会组织，极少主动参与公共事务，甚至出现“动员式参与”现象。据统计，2010 年，河南平均每万人拥有 1.9 个社会组织，而发达国家平均每百人就拥有 1 个社会组织，瑞典平均每百人则拥有 2.3 个社团。可见，社会组织未被国人普遍接受，公众结社意识淡薄，自觉参与社会组织的理念与习惯尚未形成。

2. 法律法规缺位，扶持力度有限

社会组织的发展与企业财产的转让捐赠、国家税收征管的财政转移密切相关，捐赠减免税、配套资金等优惠政策是助推社会组织发展的有力举措。但目前，在全国及河南，还没有专门的社会组织法，也无激励志愿行为的法规，已有的《社会团体登记管理条例》、《民办非企业单位登记管理暂行条例》、《基金会管理条例》等规范性文件，《红十字会法》、《企业所得税法》、《公益事业捐赠法》、《基金会年度检查办法》、《民办教育促进法》等配套政策，《河南省〈社会团体登记管理条例〉实施办法》，《河南省取缔非法组织暂行规定》、《关于加快行业协会商会改革和发展的实施意见》等政策条例，虽然对社会组织的登记、监管、捐赠等有所规定，但其立法层次较低，内容不够完善，界定不够明晰，评估、激励机制滞后甚或缺漏，政府扶持不足，组织保障不力，在税收优惠、人事管理、财政支持和审计监管及社会保险等方面都缺乏明晰的实施细则与健全的政策规定，可操作性不强，人员编制经费不足，致使社会组织面临合法化困境，新兴社会组织难以界定，民间融资、企业与个人捐赠以及专业人才参与受到限制，队伍不稳，结构老化，资金缺乏，有自由发展或过度依靠政府倾向，制约了社会组织向纵深发展。

3. 监管制度滞后，自主地位缺失

（1）在管理制度上，目前对社会组织实施双重管理体制，一方面抬高了登记门槛，使一些具有“合理性”的组织因不能取得“合法性”外衣而不被制度所保护，大量社会需要的组织因找不到业务主管单位而无法登记，有的在无奈之下直接到工商部门登记为企业，而以事业单位为主体的公共服务提供方式已远不能满足愈益多元化的公共需求；另一方面政社不分，社会组织行政色彩浓重，大多数社会组织的章程制定、人事权与决策权、运行机制、激励监督机制等均严重依赖政府，志愿活动也主要靠行政推动，社会组织成了准政治性、半官方组织，失去了其民间性、自主性、志愿性之本质意涵。

（2）在监督制度上，已有的法规政策、工作机制及执法环境制约了管理监督工作的开展。《社会团体登记管理条例》和《民办非企业单位登记管理暂行条例》旨在规范社会组织登记行为，有关人事、财务、收费等配套政策不够健全甚或缺失；但相关行业政策衔接不力甚至相悖，教育、工商、劳动等部门各自为政、各行其是，有法不依，致使监管工作困难重重，缺乏力度与深度，出现多头管理、政出多门甚或漏洞、混乱局面。此外，综合协调快速反应机制与社会监督评价机制缺失，致使监管乏力，评而不估。

4. 自身建设不力，品牌意识不强

目前，河南省社会组织近2万家，但真正成规模、有影响力的不多，公信力不高，草根性组织极少。社会组织在自身建设方面存在不足；整体素质不高，能力建设不强，驾驭社会资本和动员资源能力薄弱，募捐形式单一，应急式、激情式、井喷式居多，救助对象有限，资金运作透明度低；组织机构不够完善，规章制度尚未健全，内部运作有失规范，财务管理不独立，信息披露、监测评估、激励惩罚措施不力，导致公众不认可、自我毁誉，公信力缺失；政社不分，在职干部兼任、离退休干部担任社团负责人的现象十分普遍，使其过多依靠政府，缺乏独立精神，自主性、志愿性、能动性不强，自治程度较低，难以独立运作，国际合作与创新能力不强；管理存有漏洞，制度落实不力，不能完全实现自我治理，财力不足，自愿者较少，高素质专业人员短缺，职业化、专业化程度较低，过多注重筹款；自律、诚信机制不健全，服务意识、竞争意识、改革意识不强，诚信缺失，民主建设不到位，法制观念淡薄，缺乏自觉接受监督意识。同时，社会组织打造知名品牌意识薄弱，雷同现象居多，河南特色缺失，信息化建设滞后，对典型案例、成功经验的展示、推介较少，这些现象的出现大大制约了社会组织的进一步发展。

5. 公众参与不足，作用发挥受限

目前，河南省常住人口接近1亿人，但参与社会组织的公众不多。2009年年末全省社会组织人数为158493人，平均每千人有1.6人参与社会组织，参与率较低，其中女性43596人，接近30%。①

① 国家民间组织管理局：《2009年度分地区社会组织统计数据》，中国社会组织网，2010年3月18日；http：//www. chinanpo. gov. cn/web/listTitle. do？dictionid = 2202。

（1）整体上看，公众参与热情不高，自发、自愿性意识不强，被动式参与居多，社会组织因此缺失生机活力，不能充分发挥协调社会关系、弥补政府公共服务不足与市场失灵、促进政府职能转变和规范社会行为以及维护社会稳定等协同作用，与其在社会管理中的应有位置不相符合，多元参与的管理格局尚未确立。

（2）利益关联度低，低效性与失衡性特征较为明显。社会组织服务能力有限，利益表达回应度低，参与渠道不畅，保障机制不健全，远不能满足公众日益多元的公共需求，公众需求与现实脱节，致使吸引力不强，参与率偏低，参与者多以老人（离退休）、妇女和孩子以及志愿者等群体为主，公众缺乏对社会组织的归属感与认同感，存在参与形式化、志愿者流失等现象。

三　河南省社会组织发展趋势展望及对策

新时期，河南省在社会转型发展与中原经济区建设的进程中，面临许多发展中的问题，政府缺位、市场失范时有发生，公共需求增多与公共服务相对不足并存，大力发展社会组织由此而成为必然的选择。河南省位于中国中部，省会郑州市为全国交通枢纽，现已发展为中西部地区商贸中心城市。这为河南社会组织的发展提供了文化土壤和现实条件，尤其拓展了行业类协会、商会的发展空间。展望未来，河南社会组织面临的机遇与挑战并存。

首先，中原大地历史悠久，中原儿女一直拥有乐善好施、扶贫济困的传统美德，拥有“爱心、公心、恒心”，使他们乐于奉献、善于团结、勤于组织。

1. 河南社会组织发展依然面临着严峻挑战

长期以来，在河南，由于深受传统思想和臣服型文化及中央集权制影响，民间缺少结社传统，公民文化缺失，对社会组织的文化认同不足。

（1）由于公众结社意识淡薄，社会组织面临着先天困境，发展迟缓；全省平均每千人仅有 1.6 人参与结社活动，其中一部分还是“被动式参与”，或多或少存有“慈善业余主义”倾向。

（2）国家对社会组织价值认识不到位，不同程度地存在忽视、限制、控制结社活动，致使资源供给不足、制度建构滞后；社会组织由此缺乏成长动力与发展保障，面临合法性与自主性难题，发展空间受到限制。

（3）社会组织建设不力，政府职能不到位，管理体制滞后，法规政策缺位，

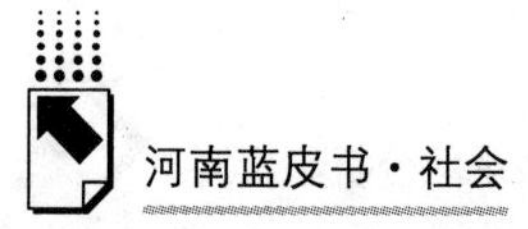

政社不分，社会组织行政色彩浓厚，独立性弱，公信力低，草根组织少。

（4）网络社团、股权捐赠等新现象不断涌现，境内外社会组织交叉现象增多等给传统带来严峻挑战，需慎重应对。因而，河南社会组织发展任重道远。

2. 加快社会组织法制改革

建设中原经济区，加快城镇化进程，要求社会建设理念先进、水平领先，社会管理、公共服务具有高端形态、全新水准。因而，加快社会组织体制改革，加大管理服务力度，充分发挥社会组织在社会管理服务中的创新、协调作用，就成为河南社会建设的客观要求。河南社会组织也将在新的战略机遇期勇于改革创新，改革双重管理模式，建立分级、分类准入制度，推进政社分开、管办分离。

（1）公益慈善、社会福利、工商经济等类别的社会组织可直接由民政部门登记管理。

（2）完善登记备案机制，简化登记程序，扶持社区社会组织，规范发展学术性社团，服务、引导“草根”组织健康发展。

（3）完善退出机制，依法查处、取缔违规违法社会组织。

（4）构建融合发展型、高规范的社会组织管理新体制，逐渐增强其“社会技术性”，获得政府、企业的重视。

（5）充分利用电子技术优势，建立社会组织数据库、数据传输及网上办公系统，改革业务流程，简化组织机构，顺畅信息流动，展示、推介公益服务成果，逐步提高社会组织现代化、专业化水平。

（6）加强与省内外、国内外社会组织的交会，日趋扩大其国际影响力，推动河南省的国际人道救助与外交事业。

3. 加大政策扶持力度

河南是全国农业大省与人口大省，人口总量与城镇人口不断膨胀，流动人口每年递增10%，老龄化加剧。截至2010年年底，全省65岁以上人口近800万，贫困人口1100多万，低收入家庭13万户，面临就业毕业生60余万①；环境破坏严重，人均资源占用量少，人口与资源环境关系紧张。这些情况引致公共服务需求旺盛，利益纠纷愈益明显，从而使社会管理和服务面临着新的挑战和更高的要求。

（1）要深化事业单位改革，建立财税支持政策，健全社会组织财务制度、

---

① 林宪斋、刘道光：《2011年河南社会形势分析与预测》，社会科学文献出版社，2011，第8页。

人事管理、职称评定、岗位培训及社会保险等政策。

（2）要推进政府购买服务，建立健全公共财政资助奖励机制，加大对社会急需的社会组织的资金倾斜力度。

（3）要建立孵化基地，提供“集约式”服务，鼓励企业积极参与公益创投。

（4）要加快培育扶持社会组织，着力规范行业协会，培育发展社区和公益慈善性民间组织及城乡基层组织、农村专业经济协会等。

（5）要健全组织网络，逐步形成与河南省经济社会发展相适应的门类齐全、布局合理、多层次、广覆盖的现代社会组织体系，实现政府和社会组织良性互动及供求相对平衡，满足河南社会的现实需求。

四　推进河南省社会组织有序发展的路向选择

近年来，河南省社会组织快速发展，已成为河南社会建设的重要力量，但是总体上尚处于初级阶段，面临诸多“发展中的问题”与“成长的烦恼”。因此，应培育新型理念、加大扶持力度、创新监管制度、提升公信力、强化党建工作，全面提升其发展水平。

1. 深化理论研究，营造发展环境

（1）深化理论研究，探讨马克思主义社会组织发展理论的当代意义，正确理解社会组织是国家与上层建筑的基础之一的认识，并用以指引实践。

（2）建构公民社会，提高公众对社会组织的认识，强化公众的独立人格、民主权利、政治参与、公共责任，增强公众参与社团的积极性与主动性，为社会组织发展营造良好的社会氛围。

在全省宣传、推广三门峡、安阳、南阳经验，发挥“群众工作日”、“争当六大员”活动、“4+2”工作法以及“草根自治”治理模式、“千村万户大调解工程”、流动调解工作法的示范引领作用，全面推进公众参与，提高参与能力。

2. 加大扶持力度，完善组织网络

（1）完善法律法规，落实优惠政策。将社会组织发展纳入全省“十二五”规划，修订完善已有法规，制定专门的社会组织法，提高立法层级，增强法律效力，推进社会组织法制化、规范化进程；完善、落实税收优惠、捐赠减免税等配套政策，强化执行力度。

（2）加大资金投入。设立专项发展基金和扶持资金，健全政府购买服务机制。

（3）抓好人才队伍建设。出台有关强化社会组织人才队伍建设的政策，完善人才引进培养、职称薪酬、保障激励、户籍及流动等政策，以建设高素质、专业化和职业化的人才队伍。

3. 创新监管制度，健全服务机制

科学合理的监管制度，是社会组织发展与成熟的必要条件。

（1）应创新监管体制，变“一元管理”为“多元监管”。建立健全社会组织登记注册、备案、退出等机制，做好境外非政府组织管理工作，防范、打击不法行为。

（2）完善评估激励机制。修订完善已有法规，强化执法力度，健全执法机构，加强监管力量，确保监督效力；完善年检制度，规范信息公开工作，健全内部治理机制；健全评估激励机制，强化外部监督，由第三方专业机构审查资质、评估绩效，形成优胜劣汰的长效激励机制；建立信誉档案，加大表彰力度。

（3）健全服务机制，完善政府主导、多方参与的公共服务运行机制。健全完善多元竞争机制，创新社会组织参与公共服务机制，实现政府合同购买服务、公益资助和税费优惠。

4. 完善自身建设，提升社会公信力

社会组织是“上情下达”与“下情上传”的重要载体，其自身能力与公信力高低直接影响其作用的发挥。

（1）推动现代社会组织制度建设。健全法人地位明确、治理结构完善、制约机制健全、管理运行规范、筹资渠道稳定的内部管理制度，减少行政化倾向，保障其自主性与独立性，实现自主发展、自主运行、自我管理、自我约束。

（2）完善制度建设。健全等级评估制度，优化内部治理，健全自我管理、自我发展、自我约束机制，增强诚信自律，强化法制意识，健全规范运作、信息公开、公平竞争、诚信执业、奖励惩戒、自律保障等机制，增强社会公信度。

（3）加强人才队伍建设，提高专业化水平。健全档案管理、职称评定、社会福利与保障等政策措施，建立内部激励与约束机制，增强归属感，形成职业化、专业化的人才队伍。

（4）培育组织文化，打造特色品牌。强化教育培训，型塑成员自主精神、自治观念、公益精神；积极参与中原经济区建设，打造服务好、能力强、影响大

的品牌服务，在实践中创新能力、拓展能力，提高公信力，增强社会认同，实现可持续发展。

5. 创新参与机制，拓展支持网络

公众是社会组织的基本细胞，公众对社会组织的信任与参与是社会组织发展的基石与动力。

（1）培育公民意识和公民社会，强化公众参与精神，加大宣传力度，着力培训公众参与精神。

（2）创新参与模式。选择公众喜闻乐见的形式，如“群众工作日”等提高参与效率；创新服务方式，采用一站式办公、网络参政等便捷的形式，畅通参与渠道，提高服务质量；以社区为平台，发动、依靠社区群众和志愿者，成立社区社会工作站，为居民融入社会组织创造条件。

（3）完善参与机制。健全社会动员与工作推进机制，抓好典型示范与经验推广工作，激发公众结社热情；健全决策参与和民主制度，完善参与网络，构建多样化的利益表达机制，畅通公众参与渠道，确保参与效力。

（4）加快信息化建设，扩大对外交流合作，加强横向交流与纵向沟通，学习借鉴深圳、上海、青岛等市成熟经验和国外先进管理理念与方法，拓展支持网络，提升河南社会组织整体水平和服务能力，以充分发挥其管理服务功能。

参考文献

孙伟林：《我国社会组织发展现状、问题与建议》，《中国党政干部论坛》2009 年第 8 期。

岳金柱、李薇：《加快推进北京社会组织发展建设的若干思考》，《社团管理研究》2011 年第 7 期。

王名、孙伟林：《社会组织管理体制：内在逻辑与发展趋势》，《中国行政管理》2011 年第 7 期。

葛道顺：《中国社会组织发展：从社会主体到国家意识——公民社会组织发展及其对意识形态构建的影响》，《江苏社会科学》2011 年第 3 期。

刘春湘、邱松伟、陈业勤：《社会组织参与社区公共服务的现实困境与策略选择》，《中州学刊》2011 年第 2 期。

B.16

河南农村教育萎缩现象分析与治理对策

崔学华*

摘　要： 当前，河南省农村教育萎缩现象严重，突出表现在教育资源大量流失、初中教育辍学现象严重、高中教育瓶颈没有缓解、职业教育重视不够、家庭教育功能弱化、学前教育发展滞后等方面。农村教育萎缩首先与农民对优质教育资源渴求有关；其次是城镇化发展的结果，是农村社会衰落在教育上的表现；最后是受到农村大学生就业状况和国家政策导向的影响。治理农村教育萎缩要多策并举，通过优化农村教育资源、建立政策导向机制、提升农村职业教育等措施予以妥善解决。

关键词： 城镇化　教育萎缩　治理对策

近年来，河南农村教育生源流失、师资老化、设施落后、辍学率增加，呈现整体萎缩的状态。这种现象的出现严重挫伤了部分农民的教育投资热情，进而带来了一系列负面问题。为了深入查找农村教育萎缩的原因特点，探讨行之有效的治理对策，2011 年 8 ~ 10 月，笔者深入河南省新乡市、信阳市、驻马店市、郑州市等市下属的部分农村中小学，对 59 名在职教师进行了问卷调查及深度访谈；同时，与部分农村进城上学的学生家长进行了访谈。据此形成这份研究报告。

一　河南农村教育萎缩的基本现状

1. 农村教育资源大量流失

调查中有 95% 的老师认为，当前农村教育资源大量流失，学校设施落后，

---

* 崔学华，河南省社科院社会发展研究所助理研究员。

师资老化，生源严重不足。

（1）由于适龄人口减少，农民工子女转移，城乡教育资源不均衡，导致多数乡村小学人数骤减，濒临倒闭。比如，新乡市某农村小学在2002年由3所村级小学合并而成，辖3个行政村，服务人口4500人。在2009年该校一年级招生时应达到50多人，但实际招生只有22人，有30多人转移到城市就读。其中一行政村适龄儿童18人，仅有1人在该校就读，而且是一名抱养儿童，没有户籍。一方面是农村学校“吃不饱”，大量校舍闲置，另一方面则是城市学校严重超员，公共教育资源不够用。新乡市几所小学的学生爆满，一所市直小学有学生6000多人，课间做操，楼梯上站的都是，每班名额都在80人以上。

（2）农村优秀教师纷纷离开，留下的师资结构严重失衡，老龄化严重。在豫北农村流行这样几句话：“教小学的是爷爷、奶奶，教初中的是叔叔、阿姨，教高中的是哥哥、姐姐”；“年轻教师是飞鸽牌，老教师是永久牌”。这类流行语充分反映了农村师资的现状。通过对新乡市某乡镇中小学的调研发现，该乡镇从2002年到2011年十年间，全乡教职工从207人减少到119人；在这期间，除正常退休31人、近两年新分配6名特岗教师外，就有63名青年教师调出，且大部分进入城市任教。目前，该乡46周岁以上教师74人，教师平均年龄48.7岁，大多数是由老民办教师转正的教师。在一些偏远山区乡镇，此类情况表现得更为突出，特别是农村小学，几乎是一名教师一个班级，语文、数学一肩挑，其他课程几乎不开设。农村教师老龄化，造成师资结构失衡，尤其是造成年轻、优秀的“体、音、美、英”教师奇缺，以致影响教学质量，对学生全面发展造成不利影响。

2. 初中教育辍学现象严重

本次调研中，一位主管教育的领导说，当今农村初中生辍学率依然很高，升入普高的学生大约为20%，升入职高的学生则不好统计，因为很多人只是参与了短训班，他们或者中途辍学，大量的学生回归社会，或外出打工，或在本地从事泥瓦匠等建筑业方面的工作，没有任何技术含量。就此，笔者专门到郑州市一所乡镇初中进行调研，对在校学生总数作了统计比较。初一学生共12班，每班约60人，约计720人；初二学生分了实验班（快班）和普通班（慢班），通过将初一学生成绩排队，筛选了3个实验班，少部分学生流失，此时共有10个班，每班约60人，合计600人；初三学生共7班，每班学生不足60人，约计400人。

统计发现，由初一升至初二时，学生辍学率平均为14%；初二升至初三时，学生辍学率为42%。2006年，东北师范大学农村教育研究所曾对包括河南在内的6省14县的17所农村初中进行调查，调查结果显示，学生平均辍学率超过40%。该研究所在对学生辍学的成因分析中发现，没有接受完义务教育的学生分三类，一是主要分布在偏僻、边远、交通不便、贫困落后的农村地区，考虑到自己无望升学，学习积极性骤减。二是农村部分留守儿童，因为隔代教育、单亲教育、寄养教育的原因，造成留守儿童很多学习问题和习惯问题，他们弃学厌学，过早辍学。[①] 三是受经济利益驱动，部分父母对孩子上不上学持无所谓态度；即便是上了高中，读了个一般的大学，毕业后的好工作仍然是“空中楼阁”，距农民家庭的期望很远。

3. 高中教育瓶颈没有缓解

高中阶段教育资源稀缺主要是国家宏观调控的结果。据统计，河南全省每年约有70万初中毕业生不能升入高中，30万高中毕业生不能升入大学，两者之比为1∶0.43；上高中比上大学还要难，这就形成了所谓高中教育的瓶颈问题。2004年，笔者调查的乡初中升学率约为18%，同年高中考大学的升学率达到55%，可见，当时制约农民子女接受高中教育的瓶颈问题就已经存在。近期的调查发现，由于各地普通高中优质教育资源的逐步扩大和职业教育的进一步加强，农村初中毕业生接受高中教育的升学率已超过30%，然而，与高中毕业生只要交钱就能读大学的80%的升学率相比，高中教育仍然没有从根本上改变其发展滞后的困境。同时应该看到，近年初中毕业生的高入学率是和家长的高额付费成正比的。优质高中教育费用比较昂贵，农民供应一个高中生平均要花费15000～20000元。所以，从另一个角度讲，近七成学生读不起高中是有理由的，高中教育似乎成了贵族教育，一般平民难以企及。

4. 职业教育重视不够

老百姓对职业教育重视不够，认可度较低。传统的思维方式和价值取向，让许多学生和家长把升入大学作为教育改变阶层身份的唯一出路。尽管每年初中毕业生升入普高困难，但多数学生仍然不愿就读农村职业学校。尤其是部分公办职业高中，体制不活，机制不新，办学专业与市场难以接轨，学生升学无望，就业

① 周全德、崔学华：《多重因素导致农村教育萎缩》，2010年6月1日《中国社会科学报》。

无门，严重影响招生数量。生源不足愈演愈烈，形成恶性循环，教师工资难以保证，教学质量每况愈下，整个学校面临生死存亡。驻马店一位职业中学的教师说，每到招生的季节都有写作的冲动，满腹的辛酸无处诉说，整个学校的老师都成了招生的工具，每人分配 5～10 个招生计划，完不成停发老师奖金和各种福利，同时面临着下岗威胁。炎热的暑假，每个老师奔走在田间地头，三番五次劝说家长送孩子来上学，有时为争夺一个招生资源，几个老师奔向同一家招生，导致职业学校的老师人际关系紧张。有时还和普通高中的招生老师撞在一起，多数情况下竞争不过普通高中老师，因为普通高中在老百姓的心中仍处于优势。有的职业学校的老师甚至自己花钱说服学生家长，完成招生任务。他们抱怨说，职业学校老师的首要任务是招生，其次才是教学，教师的人格已经扭曲。调查发现，目前农村有 1/3 的职业学校已经倒闭，有 1/3 处在生死抉择、咬紧牙关往前走的状态，只有不到 1/3 的职业学校发展势头良好。这其中，以农村民办职业学校发展相对较好。

5. 家庭教育功能弱化

调查发现，75% 的教师认为，与城市父母重视家庭教育、为孩子选择合适的特长班相比，农村家庭教育近乎缺失。调研中一位老师说，很多农村家长的文化层次过低，他们满足现状，对孩子的学习要求不高，认为只要识字就行，至于学到什么程度，则不管不问，除非孩子在学校有事，否则从不与学校联系；有些人经济收入较低，经常与人攀比，导致他们更关注家庭收入状况，却不在意孩子的教育，不愿意对孩子的教育大量投资。而且，许多农村社区缺乏积极向上的学习氛围，庸俗的娱乐活动如打牌、打麻将、赌博等现象流行，农村孩子耳染目睹，自然缺乏很高的理想和追求，学习上也就没有什么动力。

当前多数农村父母外出务工，将孩子送到寄宿制学校或所谓的学生公寓，几个月不见孩子一面，以致亲情淡化、冷漠，使大多数孩子均存在不同程度的心理障碍，让孩子的教育和监护陷入真空，而“单亲教育”、“隔代教育”、“寄养教育”、“寄宿教育”往往对此力不从心。有的留守儿童长期亲情饥渴，遇上不顺心的事情想不开，上吊、喝农药等自杀行为屡屡发生。随着网络社会的到来，农村社区和家庭缺乏信息素养教育，导致一些青少年染上网瘾，厌学、逃学现象时有发生，严重影响他们的学业和身心健康。

6. 学前教育发展滞后

近几年私立幼儿园的兴起，对学前教育发展起到了很好的补充作用。但是，纵观全省农村现状，一所幼儿园大多是由几间房子、几张桌子、一块黑板组成。其办园条件十分简陋，各类玩具几乎没有，上课内容通常是简单的识字、算题、背诵诗歌，小学化教育倾向日趋严重。一是师资严重匮乏。信阳某乡镇12所幼儿园，除6所公办学校附设学前班，其他均为私立幼儿园，在40多名教师中，正规幼师不足20人，让人最不可想象的是多所私立幼儿园教师竟是初中辍学学生在任教。二是教育行政部门管理混乱，没有统一的收费标准，教学随意性大，课堂设计混乱，室内外连智力游戏课程也没有，让孩子整日圈在教室中，对幼儿身心的健康发展极为不利。因此，很多家长都选择了城市的私立幼儿园，从而造成农村教育从幼儿就开始流失。

二　对河南农村教育萎缩现象的分析与展望

深入分析农村教育萎缩这一现象的原因、特点和未来走势，将有助于我们把握总体教育态势，合理制定决策，提高农村教育，促进城乡教育均衡协调发展。

1. 农民对优质教育资源的渴求，使农村教育萎缩现象更加严重

（1）农村教育落后的现状与农民对经济文化发展的需求之差距日益加大。调查发现，几乎所有的教师都认为农村教育萎缩与农村长期的教育落后密切相关。在现实条件下，多数农民对优质教育资源非常渴求，他们认为教育是改变孩子地位、身份的唯一途径，为此而不惜代价将子女送往异地求学。所以，教育资源的不均衡是农村教育萎缩的第一因素，而城镇化背景下的人口流动不过是其次要原因。

（2）当前农村教育投入仍然不足。一是国家下拨经费难以完全到位，地方政府财政转移支付力度不够，教育经费的“三个增长”得不到落实。二是多数县级财政只能维持教师基本工资的发放，对于改善办学条件、改造学校危房、调整教育结构和布局、增加老师福利待遇、消除高中教育瓶颈是心有余而力不足。三是现有教育投入的使用结构也不尽合理。全省现有90%教育经费投入基础建设方面，5%～10%用在了软件方面，只有1%～2%用在了师资培训与管理方面。这一不合理的经费使用结构，严重影响了农村师资力量和教育质量的提高。

所以，只要有城乡差距，只要有教育投入上的差别，只要有城乡教育不均衡，就会有大量的农村教育资源涌进城市，就会产生农村教育的严重萎缩。

2. 城镇化发展带来的农村教育萎缩，既是农村社会衰落的结果，也是其继续衰落的前奏

（1）农村教育萎缩是一种发展中产生的问题。一是由于国家计划生育政策的成功执行，使农村适龄入学的儿童总数下降；二是由于城市化进程带来的农民工转移，加上近年来国家不断完善进城务工人员子女的教育政策，催生了大量农民工子女进城上学。所以，农村教育萎缩是人口政策和城镇化发展带来的一种客观过程，是农村社会结构调整的结果。它与农村青年中精英阶层外出打工密不可分，与“空心村”的出现相辅相成，成为农村社会衰落在教育上的集中体现。

（2）农村教育萎缩也是农村社会继续衰落的前奏。河南是农村人口大省，目前城镇化水平还比较低，随着人口政策的继续实施，城镇化速度的持续快速推进，使农村适龄入学儿童会继续减少，农民工随迁子女也会继续增多。此外，随着农民经济上的富裕，对城市优质教育资源的日益了解，他们当中将有更多人不惜花钱将孩子送到私立学校或者城市学校。这种选择随之带来农村家长更多的附加投资，要么是租房、买房、陪读，要么是全家人迁到城市去打工。随着城市生源的增多，城市学校势必会扩大规模，招聘大量老师。于是，农村的优秀老师就会被逐层上调，县城的老师调到省城，乡镇的老师调到县城，村小的老师调到乡镇。其结果自然是农村基层优秀教师逐级减少，学生也随之大量流失。城市优质学校就像一个巨大的抽水机，将农村优秀的学生和教师源源不断地吸收到城市中，致使农村教育枯竭，进而对农村社会建设产生不良影响。

3. 农村大学生就业形势将使农村教育萎缩继续蔓延

在农民潜意识里，农家子弟读书的目的就是要改变自身命运，跳出农门，谋求一份好工作。而实际上，经过多年的刻苦努力，十年寒窗苦读的学子遭遇的却是“毕业即失业”的窘境。在就业困难的现实条件下，托关系、走后门求职现象比较普遍，那些顺利就业的学生大多是具有良好家庭背景且拥有一定社会资源的“关系户”。而近年来就业形势的不利，导致更多农村学生厌学辍学，早早打工。调查发现，65%以上的老师认为，农村教育萎缩与农村孩子考学难、就业形势不景气密切相关。根据有关部门对过去一年的就业形势分析，就业总体状况趋于稳定、缓和；初级劳动力市场出现招工难问题，间歇性的招工难出现常态化；

就业市场出现白蓝领阶层分割，大学生就业难度加大，农民工就业相对容易，而大学生初次就业率实际上较低；协议就业及弹性就业增加。上述状况必然促使更多农村家长对孩子的辍学持默认态度。由于新的“读书无用论”抬头使农民看不到子女读书的希望，他们将更加重视眼前的打工利益，从而导致农村教育萎缩继续蔓延。

4. 国家采取措施，使农村教育萎缩得到遏制，并趋向于一种动态平衡

随着政府对社会管理和社会建设的日益重视，以及对农村教育在政策导向上的不断倾斜，城乡教育差距将逐渐变小。《国务院关于支持河南省加快建设中原经济区的指导意见》指出：“落实好农村义务教育阶段家庭困难寄宿生生活费补助政策，扩大边远艰苦地区学校农村教师周转宿舍建设试点范围。支持教育基础薄弱县改扩建一批普通高中，办好现有乡镇中心幼儿园，加快普及学前教育和高中阶段教育。”显然，只有不断完善农村公共教育服务体系，切实解决农民群众最关心、最现实的教育问题，才能大力扭转农村教育萎缩的不良局面，为建设中原经济区注入生机和活力。例如，新郑市为了扭转城乡义务教育不均衡发展态势，按照“区域平衡、生源均分”的思路启动中学招生制度改革，实行“给初中分配名额，为高中均分生源”的招生办法。到目前为止，郑州市区和周边市县的很多优秀学生都慕名前往新郑求学，从而带来一种崭新的“农村教育膨胀”势头。实践证明：这一招生制度改革对预防农村教育萎缩、提高教育管理水平及质量、缩小城乡校际之间差距及遏制择校现象，起到了不可估量的作用。可以预期，随着河南城镇化水平的提高以及农村教育投入力度的加大，全省城乡教育差距将得到弱化，农村教育萎缩也将处于一种动态平衡。

三　治理河南农村教育萎缩的若干建议

农村教育萎缩是多种因素共同作用的结果。因此，治理河南农村教育萎缩，应多策并举且建立长效机制，实施综合治理方略。

1. 解放思想，全面优化农村教育资源

（1）坚持优先发展农村教育的理念。围绕建立城乡一体化的教育机制，在财政拨款、学校建设、教师配置等方面向农村倾斜，以推进义务教育标准化学校建设，提升教师综合素质；加大对贫困县的财政转移支付力度，建立城市支援农

村教育的工作机制，以不断缩小区域差距，全面优化农村教育资源。

（2）教育部门要因地制宜，积极挖掘整合本地资源。对生源极少的村小学应予以停办；为加强辐射和管理，每乡设一所中心小学；对人员居住较集中、交通较方便、校距较近的学校进行改扩建，使之成为有寄宿功能的规范学校；集中精力盘活农村闲置教育资源，重点发展农村学前教育和社区教育，以规范办学行为，缓解“入园难”问题。

（3）着力提升农民素质以增强农村家庭教育功能。

2. 建立政策导向机制，推进办学水平均衡

（1）完善教师定期交流制度，实现城乡优质教育资源共享。有关部门应采取让强校带弱校、城乡学校结对帮扶、实施优质教育资源倍增工程等措施，强力推进教育均衡。笔者经过调查发现，一些地方的教师支教制度，往往是将一周的课程集中在一天完成，不受农村学校任何约束，使支教制度成为走过场，起不到应有的效果。为了推动城乡教育资源平衡共享，有关部门应规定城里教师轮流到农村定期任教，并且规定其工作关系、职务晋升、年度考核等一并由农村学校管理，使之真正“沉”下去。

（2）鼓励青年教师到农村任教，以改善农村师资结构。通过调查，了解到有的家长对农村教育不信任，如“那所学校都是些老头和老太婆，我不能把孩子送到那里给毁了”，“老师连普通话都说不好，又怎能教好学生”。当今社会，老教师虽然经验丰富，但知识面却较窄，难以得到学生家长认可。只有补充新鲜血液，把充满活力、知识丰富的青年教师充实到农村基层任教，才能从根本上解决农村教师结构性矛盾。

（3）执行严格划片招生制度，规定教育经费属地管理。划片招生制度虽然是九年制义务教育阶段的基本招生形式，但是，随着国家对教育投入的不断加大，特别是随着生均经费的提高，受到利益驱动的各类学校之间各种形式的争夺生源战愈演愈烈，致使划片招生形同虚设。例如，有些城市学校、私立学校利用暑假期间，给教师下指标、下任务，驱使教师入村到户招生。此外，某市直小学学生 6000 多名，按生均 400 元/年经费，每年经费高达 260 多万元，而一所农村小学 130 多名学生，年经费仅 5 万多元，两者相比，天壤之别。因此，解决农村学校萎缩问题必须两手抓，一方面遏制生源恶意流动，另一方面确保生均经费划拨到学生户籍所在地。

(4) 加大投资力度，改善农村办学条件。农村学校受条件制约，初中“理化生”及实验课几乎不上，小学“体音美”、劳动及手工课几乎不设，计算机课形同虚设，几台破旧电脑无人触及。教师办公、住宿条件也十分简陋，几个人共居一室。加大农村教育投资力度，应将涉及师生切身利益方面的事情摆在首位，如对农村教师周转宿舍建设、学校教学设施进行定期补充和更新等。

3. 着力提升农村职业教育

要通过大力发展农村职业教育，促进农村社会健康、持续发展和统筹城乡协调发展。

(1) 应以民办职业教育作为办学方向，以市场需要作为专业导向，以企业需求作为就业指向，以全面发展重组教育资源为根本宗旨，来提高农村职业教育的教学质量，促进学生全面就业。

(2) 在推进职业教育大发展过程中，通过订单培养、校企联合来培养大批的农村技术人才，吸引大企业集团来农村投资办厂，进而实现农村技术、人力资源、资金资源的有机组合。

(3) 充分利用城乡教育资源重组，促进职业教育大发展，从根本上解决农村留守儿童教育及其出路问题，以增添新农村建设的新鲜活力。

4. 加快普及农村高中教育

《国务院关于支持河南省加快建设中原经济区的指导意见》提出：“支持教育基础薄弱县改扩建一批普通高中，加快普及学前教育和高中阶段教育。”实践证明，高中教育是更重要的基础教育，是奠定一个人世界观、价值观和方法论的关键时期，是任何人不可错过的黄金时期。因此，各级政府要把高中建设尽快纳入本地经济和社会发展总体规划，切实解决资金、土地和教师队伍建设。要加大财政投入和转移支付，促成12年义务教育政策尽快出台；鼓励发达县（市）率先实现高中教育免费，由地方财政出资保证高中阶段教育的正常运转；要结合本地实际，鼓励民间力量兴办农村高中教育，大力发展农村中等职业教育。

B.17

河南农村低保制度实施情况分析*

王奎清**

摘　要： 河南省农村低保制度建设经历了试点探索、全面推开和完善发展三个阶段。其保障对象在不断扩大，保障标准和补助水平在不断提高，有效保障了农村困难居民的基本生活。但在制度运行过程中，还存在着认识和实施理念的偏差、覆盖范围尚未达到“应保尽保”、需求差异较大、对象认定不准、资金供给不足、法制建设滞后等问题。进一步完善河南省农村低保制度，需要构建以人为本的现代理念，加大资金投入，合理确定保障标准和保障覆盖面，建立居民家庭经济收入核对系统，提高认定准确性，推进立法建设，提高依法行政水平。

关键词：“三农”　农村低保制度　现状　发展

河南省“十二五”规划明确提出：“要完善城乡最低生活保障制度，做到应保尽保，不断提高城乡低保标准，减少贫困人口。”自2006年河南省全面建立农村低保制度至今，这一制度的实施已经走过了5年的历程。研究河南省农村低保制度发展现状，梳理其中存在的问题，分析存在问题的原因，提出进一步健全和解决问题的对策，对于推进农村低保制度的健康发展和维护农村社会和谐稳定，具有重要的理论意义和现实意义。

一　河南省农村低保制度建设的发展阶段

农村低保制度起源于农村传统的社会救济制度，是国家对年人均收入低于一

* 本研究系2011年河南省政府决策研究招标课题“河南省农村低保制度实施情况调查及对策研究”（2011B909）的阶段性成果。

** 王奎清，哲学硕士，中原工学院政法学院副教授，主要从事政治理论教育及社会政策研究。

定标准的困难居民，按当地最低生活标准实行差额补助的一种社会救助制度。1994年，河南省开始进行农村低保制度试点探索，在总结试点的基础上，于2006年全面建立和实施农村居民最低生活保障制度，比2007年国务院发布的《关于在全国建立农村最低生活保障制度的通知》提前一年实现了农村居民最低社会保障制度的全省覆盖。

河南省农村低保制度建设，从1994年开始进行试点，经过2006年全面建立实施制度到今天的不断发展完善，大约经历了三个阶段。

1. 启动探索试点阶段（1994～2005年）

农村低保制度的前身是农村特困户救济制度。1994年，长葛市的董村乡作为河南省探索建立农村最低生活保障制度试点，出台了《董村乡农村社会保障暂行办法》。该方案实施后，产生了较好的社会效果。1995年，试点扩展到17个乡（镇）。1996年，为适应形势的发展，河南省将试点层次由乡（镇）转向县（市），在省内35个县（市）开展农村社会保障体系建设试点工作。2005年，河南省提出“鼓励有条件的地方探索建立农村居民最低生活保障制度”要求，在郑州、焦作、新乡、鹤壁、商丘、许昌、济源7市以及洛阳、平顶山、三门峡、南阳、濮阳、信阳的62个县（市、区）开展农村低保试点工作。

2. 全面建立制度阶段（2006～2007年）

2006年年初，河南省出台了《关于推进社会主义新农村建设的实施意见》要求：“在农村建立最低生活保障制度，将符合条件的农村贫困人员全部纳入保障范围，按每人每月不低于20元的标准实施救助。”当年4月，河南省出台了《河南省人民政府关于全面建立和实施农村居民最低生活保障制度的通知》，提出按照“低标准、广覆盖”的原则，科学、规范、准确地核定农村低保对象，将原有的特困户救助对象全部转入农村低保，实现农村特困户救助与农村低保并轨，全面建立实施农村低保制度。2007年7月，国务院出台了《关于在全国建立农村最低生活保障制度的通知》，要求全国各地将农村最低生活保障制度作为社会主义新农村的一项重要任务，实行地方人民政府负责制，按属地进行管理，年底之前在全国范围全面建立。较之于全国而言，河南省较早全面建立和实施了农村低保制度。

3. 完善发展阶段（2008年至今）

河南省在全面建立农村低保制度的基础上，在制度实施的实践中，不断完善

制度建设，完善操作程序，逐步提高低保救助标准和低保覆盖面。河南省全面建立农村低保制度以来，先后出台了《关于切实做好代发农村居民最低生活保障资金和农村五保供养资金工作的通知》（2007 年），要求全部通过银行存折或“一卡通”，实现农村低保资金社会化发放；《关于认真做好 2008 年城乡低保和农村五保供养工作的通知》（2008 年），要求加大救助力度，解决生活消费品价格上涨对低保家庭的影响；《关于进一步完善农村居民最低生活保障制度的通知》（2009 年），要求各地根据实际情况适度扩大农村低保覆盖面，全省农村低保覆盖面占农业人口的比例由 3.4% 扩大到 4.5% 左右；《关于做好农村最低生活保障制度和扶贫开发政策有效衔接扩大试点工作意见的通知》（2010 年），实现农村低保与扶贫两项制度衔接，提高农村贫困居民的反贫困水平，为农村低保制度的健康发展奠定了坚实基础。

二　河南省农村低保制度实施的运行现状分析

1. 保障对象

农村最低生活保障对象是家庭年人均纯收入低于当地最低生活保障标准的农村居民，主要是因病残、年老体弱、丧失劳动能力等原因以及生存条件恶劣造成生活常年困难的农村居民以及因艾滋病导致生活困难的家庭成员。2006～2010 年，全省的农村低保人口逐年提高，占当年全省农业总人口的比例也增长迅速（见表 1）。

表 1　2006～2010 年河南省农村低保状况

单位：万人，%

	2006 年	2007 年	2008 年	2009 年	2010 年
参保人次	200.2	256.3	270.5	364.0	369.2
占当年全省农业总人口的比例	2.6	2.9	3.3	4.5	4.7

资料来源：河南省民政厅：《河南省民政发展统计公报》，2007～2011。

2. 保障标准

农村最低生活保障标准是按照能够维持当地农村居民全年基本生活所必需的吃饭、穿衣、用水、用电等费用确定的，是综合考虑多方面因素作用的结果，体现的是一个地区经济社会发展和低保制度的标准水平，并随着当地生活必需品价格变化和人民生活水平提高适时进行调整。2007～2010 年，全省平均每人每年保障标准分别是 780 元、900 元、1080 元、1200 元，同比增长率分别是 15.4%、20%、11.1%。①

3. 补助水平

农村低保补助水平是农村低保对象实际得到的补助，是一个刚性系数，体现的是一个地区保障标准强度。保障标准的不断增长，补助水平也在相应地提高。2006～2010 年，全省年度农村低保人均补助同比增长率分别是 41%、42.4%、46.3%、12.4%、22%，分别占当年农村居民人均纯收入的 8.1%、9.8%、12.3%、12.9%、13.6%（见表 2）。②

表 2　2006～2010 年河南省农村低保补助水平

单位：元，%

	2006 年	2007 年	2008 年	2009 年	2010 年
年人均补助	264	376	550	618	754
同比增长	41	42.4	46.3	12.4	22
年度农村居民纯收入	3261	3852	4454	4807	5524
占年度农村居民人均纯收入的比重	8.1	9.8	12.3	12.9	13.6

数据来源：河南省统计局：《河南国民经济和社会发展统计公告》，2007～2011。

从 2011 年 1 月起，按照城市低保对象每人每月提高 15 元标准，对农村低保对象每人每月提高 12 元补助水平。提高标准后城乡低保对象人均月补助水平分别达到不低于 160 元和 72 元。这次调整低保标准是河南省继 2008 年以来连续第五次调整城市低保补助水平和继 2007 年以来连续第六次提高农村低保补助水平。③

4. 资金投入

足够的资金投入是农村低保制度得以有效正常运行的保障。农村最低生活保障资金的筹集以地方为主，列入财政预算，当前农村低保制度资金的主要来源是

① 河南省民政厅：《河南省民政发展统计公报》，2007～2011。

② 河南省民政厅：《河南省民政发展统计公报》，2007～2011。

③ 河南省民政厅：《河南省民政发展统计公报》，2007～2011。

中央和省级财政预算，目前尚无社会力量提供捐赠和资助。2006年以来全省每年中央和省级累计财政预算安排农村低保资金投入分别为2.01亿元（2006年中央财政没有预算安排农村低保资金）、6.3亿元、10.9亿元、23.5亿元、24亿元①，全省农村低保资金支出分别为3.7亿元、8.2亿元、14.0亿元、23.7亿元、28.0亿元。②

河南省农村低保制度自实施以来，开拓了农村扶贫的新路径，有效保障了农村困难居民基本生活水平，有力改善了全省农村的贫困现象，实现了使农村居民过上有尊严生活的目标。这就促进了社会公平公正，缩小了城乡差距，促进了城乡协调发展，推动了新农村建设。农村低保制度的实施，将对未来河南省“三农”问题的合理解决和农村经济社会的健康发展，具有深远的意义。

三　当前河南省农村低保制度实施过程中面临的困境及原因分析

1. 相当部分公众对于农村低保制度建设的认识和实施理念存在偏差

河南省城市低保制度囿于长期以来所形成城乡二元经济结构思维方式的沿袭，社会较多公众认为，与城市居民特别是“三无”人员和下岗人员等相比，农村居民拥有赖以生存的土地以及种粮补贴、扶贫开发和农村养老保险等支农惠农政策，而城市居民一旦失去工作，就意味着失去了一切的经济来源，认为应该强化城市低保制度而不应该强调农村低保制度。农村低保制度的保障对象，在实际操作上仍然是以农村贫困户等传统救济对象为主体，而不是所有低于当地最低保障线的困难居民。这种偏差强化了农村低保制度的“施恩论”色彩，而不将其视为国家和政府的责任以及公民应当享受的法律权利。这在一定程度上影响了农村低保制度的健康发展。

2. 农村低保制度的覆盖范围与“应保尽保”的政策目标有一定距离

居民最低生活保障制度的政策旨意是实现对符合条件的困难居民“应保尽保”。河南省农村低保制度虽然在2006年实现全省全面建立和实施，但目前农村

① 河南省民政厅：《河南省民政发展统计公报》，2007~2011。

② 河南省统计局《河南省国民经济和社会发展统计公报》，2006~2010。

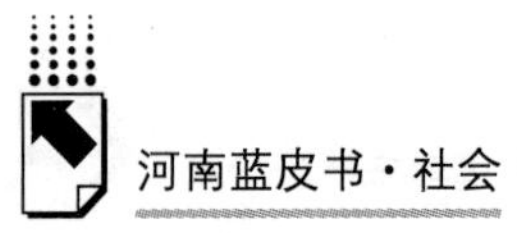

低保制度所惠及的范围依然较窄，并没有达到“应保尽保”。

（1）在保障对象方面，河南省农村低保对象基本上仍然是传统的农村贫困救济对象，相当一部分农村困难居民及其边缘群体得不到应有的保障，没有实现低保制度所提出的“应保尽保”，造成低保需求和供给之间的矛盾。

（2）在保障覆盖率方面，农村低保制度覆盖率不仅低于城市低保，而且远低于全国平均农村低保制度覆盖率。2010 年 12 月份，全省农村低保对象覆盖面占年末全省农业人口的比例不到 4.5%①，而同期河南省城市低保对象占年末全省城市总人口的 6.2%②，全国平均农村低保对象占全国农业人口的 7.8%。由此可以看出，河南省农村低保制度覆盖范围较窄小，相当一部分农村困难居民未能被纳入低保范围之内，基本生活得不到应有的保证。

3. 农村低保水平与居民基本生活刚性需求存在差异

农村低保制度建立时是按照“低标准、广覆盖”的原则起步的，经过 5 年的发展，农村低保水平仍然较低，对农村贫困人员来说，仅仅是杯水车薪，不能从根本上解决农民的基本生活。

（1）在保障标准和水平方面，农村远远低于城市。2010 年第四季度，全省农村低保平均标准为每人每月 82 元，平均补差为每人每月 64 元，而全省城市低保平均标准为每人每月 202 元，城市低保平均补差为每人每月 152 元。③

（2）农村低保的保障水平在农村居民生活消费支出中的比例较低，2010 年全省农村居民人均生活消费支出为 3682.21 元，农村低保的水平仅为其的 20.9%；而同期城市低保的保障水平为城市居民人均生活消费支出的 22.3%。

（3）区域之间的保障水平差异较大。由于各地经济状况不同，经济条件较好地方的低保标准远远高于经济条件较差的地方，如郑州市所属的农村地区的农村低保标准为每人每月 300 元，④ 而黄淮地区的农村低保标准仅为每人每月 60 元，形成了农村低保对象的“同命不同价”现象，明显有悖于救助制度的公平

① 河南省民政厅：《关于进一步完善农村居民最低生活保障制度的通知》要求各地根据实际情况适度扩大农村低保覆盖面，全省农村低保覆盖面占农业人口的比例由现在的 3.4% 扩大到 4.5% 左右。

② 河南省统计局：《河南省国民经济和社会发展统计公报》，2010。

③ 民政部：《2010 年第四季度保障标准》，国家民政部网站。

④ 民政部：《2010 年第四季度保障标准》，国家民政部网站。

与平等的基本价值观。

4. 农村低保对象认定困难，保障对象中存在着诸多不合规、不合法现象

确定低保对象是农村低保制度的基础环节，核实家庭收入则是确定低保对象的关键条件。与城市低保对象确定相比，农村居民收入在界定上存在一定困难。一方面农民收入难以货币化。粮食等农产品收入是农村居民收入主体，在农产品转化为货币进行结算时，存在较大的随意性。同时，很多农产品是自产自销，很难进行界定。另一方面农民收入的不稳定性。农产品受自然因素的影响较大，而且具有较强的季节性，农民外出务工就业的临时性以及隐性收入等，造成农民收入存在较大的不稳定性，界定实际收入困难重重等，以及农民其他经济收入的不可预期性，使农民收入状况难以准确评定。在实际运作过程中大部分农村低保申请和批准，由乡村干部指定，这就不可避免地会造成“应保未保”、“人情保”、“关系保”、“轮流坐庄”及官员“寻租”、资金挪用等不公平、不规范、不合法现象。2011 年 7 月，河南省纪检、监察、民政、财政、审计五部门开展农村低保政策执行情况专项检查工作，对是否存在拆户保、合户保、人情保现象，是否做到民主评议、张榜公示，三榜公示材料是否具体齐全，保障资金是否足额发放、及时拨付以及“一卡通”是否社会化发放，地方配套资金是否到位，低保档案、资金发放台账是否健全，投诉受理渠道是否畅通之类问题进行检查，在自查自纠阶段，仅沈丘县、泌阳县、舞阳县、鄢陵县、许昌县五县就取消了 4.35 万户不符合规定的“低保户”。①

5. 有限的农村低保资金制约着制度的健康运行

资金是农村低保制度建设和实施最重要的物质基础，同时资金的筹集以及真正的落实到位也成为最大、最核心、最困扰农村低保制度的难题。一般而言，经济状况越落后的地区，贫困人口和低保对象往往越多，低保资金的筹集压力就越大。与城市低保资金筹集相比，近年来，中央和省级政府不断加大财政补贴力度，但是对市、县财政筹集农村低保资金没有硬性规定，致使个别地方农村低保资金筹集存在列而不支、列而少支、甚至不列不支等现象。相对于低保对象人均筹资水平而言，2009 年和 2010 年，全省省级及以上筹集城市低保资金人均分别

---

① 曹树林：《河南五部门联查农村假低保 4.35 万人被取消资格》，2011 年 9 月 6 日第 9 版《人民日报》。

为170元和172元，而同期省级及以上筹集农村低保资金人均分别为69元和65元，仅为城市筹集低保资金水平的一半。农村低保资金相对短缺，导致一些地方制定农村低保标准时存在“因钱定人”、“以钱定保”等一定的随意性，农村资金发放不及时，低保工作进展迟缓等，严重影响农村低保制度的持续性和稳定性。

6. 农村低保法制建设滞后使得农村低保工作处于无法可依的状态

目前，农村低保制度建设尚未出台相应的法律、法规等，河南省农村低保制度建设和实施所依照的是《国务院关于在全国建立农村最低生活保障制度的通知》和《河南省人民政府关于全面建立和实施农村居民最低生活保障制度的通知》，即使与1999年国务院《城市居民最低生活保障条例》和2002年《河南省〈城市居民最低生活保障条例〉实施办法》相比，农村低保制度法制建设的层次也十分滞后。由于农村低保工作的主要依据是政策，因而在实际工作中形成不同地区形式多样、难以统一的农村低保制度政策安排，缺乏权威性和法制化的统一制度规范，整体上仍然停留在行政指导和政策规范的范畴。由此导致了农村低保工作的粗放化，造成在申请资格审查、确定保障对象、执行保障标准、发放保障资金等方面的违规现象层出不穷。由于没有在立法上保障广大农民作为国家公民应当享有的受保障权利，造成受助人、执行机关、仲裁机构和司法机关等无法根据现行的法律法规对农村低保争议进行仲裁或判决，农村低保尚处于无正式法律可依的状态。

四　健全和完善河南省农村低保制度建设的对策建议

1. 构建“以人为本”的农村低保制度的现代理念

受传统的社会救济观念的影响，社会上颇多的人倾向于认为，农村贫困的原因具有个体性，个人应对其贫困负主要责任，而较少人认为贫困是社会制度和社会结构的产物，保障公民基本生存权的低保制度是政府和社会的应尽之责，从而偏离了农村低保制度的本质意义。走出认识误区，构建以人为本的农村低保的现代价值理念。要实现从“恩赐意识”向“权利观念”转变，农村低保制度不是政府和社会的施恩制度，而是公民应当享受的基本法律权利；要实现从“身份意识”向“居民观念”转变，低保制度不分城乡和户籍等身份，它是政府为贫

困居民提供的一种必需的、基本的公共服务制度。另外，要实现从“福利意识”向“保障观念”转变，即农村低保制度不是社会福利制度，而是保障困难居民基本生活的保障救助制度。

2. 加大资金投入，合理确定城乡一体的低保标准及保障覆盖面

在当前金融危机和居民生活必需品价格上涨较快的影响下，困难居民的生活更加艰难。提高低保的保障标准，扩大低保覆盖范围，是以实际行动关注和改善民生的一个有效举措。从扩大农村低保覆盖范围的现实可行性上看，河南省农村低保扩大保障范围有着较大的空间。目前，河南省农村低保人数占全省农村总人口4.5%、占全省城乡总人口3.7%的现状，远远低于全国农村低保人数占全国农业总人口7.8%和全国城乡低保人数占全国总人口5.6%的水平。这就意味着，提高河南省农村低保人数和覆盖面还有一定的空间，推进城乡一体的低保标准和保障覆盖面，将符合条件的农村贫困居民全部纳入低保制度保障之中，真正实现农村低保的“应保尽保”，让公共财政惠及每一位困难群众。从财政承受能力来看，2010年全国农村低保支出为423.0亿元，只占同年全年财政收入83102亿元的0.51%、全年财政支出89874亿元的0.47%，[①] 而西方国家在20世纪90年代用于社会救助的资金约为国民收入的1%～2%。在国家经济实力大幅提高的条件下，各级财政提高农村低保投入规模完全不构成“财政负担”，再辅之以社会化的筹资机制，提高农村低保人数和保障标准，保障更多的农村贫困居民基本生活，使实行城乡一体的低保标准和保障覆盖面具有现实可行性。

3. 建立独立、有效的居民家庭经济收入核对系统

居民家庭收入核对系统是指将与居民家庭成员经济收入有关的税务、房地产、社会保险、公积金、车辆、工商、金融等公共部门中信息资源进行整合，建立核对专线，在取得个人同意、保护个人隐私的前提下，对申请家庭经济收入核对者的各项收入信息进行比对、汇总，以掌握其实际情况，然后按照收入与相应的社会保障政策的差距给予是否进入政策范围以及享受保障政策的水平等，这可以比较好地支持公共政策在最大范围内科学准确地的实施。目前，这一系统已经

① 民政部：《民政事业统计季报（2010年4季度）》，国家民政部网站；财政部：《2010年全国公共财政收入基本情况》、《2010年国公共财政支出基本情况》，国家财政部网站，2011年8月3日。

在一些城市低保管理工作中试点运行。在农村低保对象资格认定中，推行这种成熟的经验，建立农村居民家庭经济收入核对系统，不仅可以在技术手段上提高农村低保工作效率，而且有助于维护农村低保制度的科学性、严肃性、公平性，实现农村低保规范化操作和科学化管理。

4. 推进农村低保制度立法建设，提高依法行政水平

依法行政是依法治国基本方略的重要组成部分，是现代民主政府运作的基本要求。立法先行是社会政治制度建立的共同经验。目前，农村低保制度的政策与当前农村低保制度建设快速发展的需求极不协调，不能适应社会保障制度快速发展和依法治国的现实需要。要有效发挥农村低保制度的作用，亟须加强立法建设，实现从政策层面向法律层面的转变，以期为农村低保工作开展提供充分的法律支持。从社会政策发展的理论逻辑上看，作为人类进步的文明成果，政策和法律都是人类理性的结晶，与政策相比，法律具有权威性和长效性。成熟的政策应该上升为法律，使其具有长期性、稳定性，实现农村低保制度从当前的政策层面向法律层次的转变，是政策发展的必然。从农村低保制度发展的思想观念上看，随着转型社会的民主政治发展，公民的民主意识和法治意识普遍加强，其维护自身合法权益的意识亦随之增强。从农村低保制度政策发展的现实要求上看，依法治国是现代民主政治政府运作方式的基本特征，实现从政策层面向法律层次的转变，则是依法治国基本方略的必然要求。

B.18

河南省新生代农民工权益保障问题分析

李红见*

摘　要： 随着新生代农民工逐渐成为河南省城市建设和产业发展的主力军，其权益保障问题日益成为社会各界普遍关注的热点问题。本文在调研的基础上，通过深入了解河南省新生代农民工生活状况、价值诉求等方面的变化与发展，总结、剖析他们在权益保障方面存在的问题，并且提出了在当前形势下促进他们权益保障实现的对策和建议。

关键词： 新生代农民工　权益保障　劳动力转移　职业技能培训

一　引言

在2009年中央经济工作会议上，胡锦涛总书记的报告首次提到新生代农民工问题。2010年，中央1号文件明确提出："采取有针对性的措施，着力解决新生代农民工问题"，由此把解决新生代农民工问题提到了重要议事日程。在此形势下，河南省积极采取各项措施，使农民工转移就业工作得以不断推进。目前，河南省农村劳动力转移就业规模、增长速度和职业技能培训工作均居全国前列。2011年上半年，河南共开展各类农村劳动力职业技能培训38万人，新增转移就业92万人，全省农村劳动力转移就业总量超过2450万人。①

从河南省人口增长的历程来看，新生代农民工出生时正处于生育高峰期，群体总量比较大，目前已经成为农民工的绝对主体。抽样调查显示，河南农民工群

* 李红见，河南省劳动科学研究所高级经济师。

① 河南省人力资源和社会保障厅上半年工作总结，2011。

体中19~35岁的已占69%。其中“80后”、“90后”新生代农民工达到1500万人，超过60%。[①] 预期随着第一代农民工日益老龄化，新生代农民工所占的比例将会越来越大。整体来看，目前新生代农民工已经成为河南省城市建设、产业发展的主力军，是全省经济社会发展的中坚力量。但是与城镇化、工业化、农业现代化不断推进的良好态势相比，河南省新生代农民工面临的就业难、居住难、求学难、维权难等问题却日渐凸显。这些问题不仅阻碍新生代农民工群体的自身发展，也会给河南产业转型、新型城市化发展、中原经济区建设乃至整个社会的稳定，带来不利影响。基于此，近期我们就河南省新生代农民工权益保障问题进行了专题调研，并对调研结果进行整理与归纳，最终形成这份研究报告。

二　新生代农民工群体的主要特征

新生代农民工主要是指出生于20世纪80~90年代，20世纪末至21世纪初进入城市的农村劳动力群体。与上一代农民工相比，由于其所处的经济、社会、文化环境的不同，新生代农民工表现出以下非常鲜明的时代特征。

1. 对农村与城市的认同感、归宿感出现了分化，具有强烈的“融城”渴望

新生代农民工对乡村的认同感淡化，归属感不强。他们中大多数人很早就开始进城务工，既没有参与农村劳动的意愿，也没有实际参与劳动的经历，更没有父辈们那种对乡村、对土地强烈的依赖感和归宿感。他们渴望融入城市，过城市人的生活，而且这种渴望会随着自身在城市务工时间和生活经历的增多变得越来越强烈。对他们来说，除非在城市确实无法生存，否则是根本不可能回乡重新务农。调查显示：在新生代农民工中，有45.8%的人认为自己和当地城市居民没有差别，这比上一代农民工对此点认识的21.8%要高出24个百分点；74.4%的人希望将来居住在城市，其中，45.8%的人希望居住在目前工作的城市，28.6%的人希望居住在家乡附近的中小城市，仅有7.2%和8.4%的人希望居住在乡镇和农村老家。[②]

① 河南省人力资源和社会保障厅农民工工作处调查报告，2011。

② 河南省“新时代农民工问题研究”课题组抽样调查数据，以下凡“调查显示……”中的数据，均与此相同。

2. 外出务工的目的发生转变，更加注重自身的成长与发展

影响上一代农民工外出务工的因素比较单一，就是为了挣钱以改善家庭生活状况。而新生代农民工由于具备一定的文化知识和职业技能，思维意识也比较开阔，他们外出务工动机发生了根本性转变。数据显示，在新生代农民工中，中专及以上文化程度占11.6%，所占比重较30岁以上外出务工人员高9.9个百分点；44.4%的新生代农民工曾经受过各种培训，较30岁以上外出务工人员高9个百分点。由于新生代农民工仅仅是把进城务工当做改变自身命运的一个跳板，更加注重的是自身的成长与发展，因此，他们在求职的过程中更加注重招工单位是否能够提供教育培训的机会和未来的发展空间。

3. 价值取向更趋多元化，追求公正、平等的意识比较突出

由于受自身文化水平的限制和社会环境的影响，上一代农民工思想意识比较保守，自身的诉求比较简单，对恶劣的生活和工作环境耐受性较强。而新生代农民工的成长阶段正处于一个充满变革的时代，在这个阶段，河南省经济、社会急剧发展和变化，社会经济结构调整不断加快，电视、网络、移动通信等信息产业高速发展，信息共享趋向全球化，各种新思潮、新观念不断涌现且相互影响。这些因素决定了新生代农民工的价值取向必然更趋多元化。他们开始关注国际、国内形势的变化，关心涉及自身利益的各种方针政策的出台与调整。他们的思维意识更加开放、活跃，开始追求公正、平等的机会和权益，自觉的维权意识开始出现。

4. 艰苦朴素的生活意识淡化，更加注重个人生活质量的提高

在新生代农民工成长的阶段，河南省农业生产技术已经大为改进，农村居民生活已经有了很大的改善。新生代农民工的生产、生活条件和交往环境与第一代农民工相比发生了很大的变化，已经基本上没有老一代农民工对艰苦生活的体验。同时，在市场经济的蓬勃发展对这一代人的意识形态、生活方式、消费习惯产生很大冲击的情况下，他们不再愿意像父辈们那样节俭度日，其艰苦朴素的生活意识明显淡化，以至开始追求个人生活质量的提高。调查显示，占80%～90%的上一代农民工是把自己的收入全部带回家，他们的消费支出主要用于家庭开支或者农业再生产，很少用于个人的生活消费。而占60%～70%的新生代农民工则是把自己收入的全部或者绝大部分用于个人的吃、穿、住、用、行，很少寄回农村老家。

5. 克服困难的毅力弱化，心理承受能力明显降低

在新生代农民工中有相当一部分是独生子女。与上一代人相比，他们的依赖性较强，独立处理问题的能力不强，再加上长期的“留守”经历，使他们对外部环境格外敏感、缺少安全感。因此，在遇到挫折和困难的时候，他们缺乏独自应对的信心和勇气，抗击逆境的能力明显不足。由于受部分地区政策限制和现实的工作、生活环境的挤压，这种情况的恶化会进一步加剧。当发现无论自己多么努力都很难实现自己的梦想和自己想要的生活时，他们的心理承受能力就会在高期望的理想和残酷的现实双重冲击下，变得异常脆弱。

三　新生代农民工权益保障中存在的主要问题

农民工权益是一个比较宽泛的概念。为体现当前河南经济社会发展的真实状况，适应新生代农民工群体自身权益诉求不断变化与发展的新要求，在调研和论证的基础上，我们选取了一些比较有代表性的、新生代农民工需求最为迫切的一些权益进行阐述。

1. 经济权益受侵害现象比较突出

就目前来看，新生代农民工经济权益得不到保障主要是指劳动就业权益不平等以及由此带来的利益差别与侵害。

（1）就业竞争中处于弱势地位。由于长期以来受二元劳动力市场的制度性限制，新生代农民工获得政府相关部门、公办职业中介提供的就业信息相对有限，求职渠道比较窄，转移流动存在一定的自发性、盲目性。调查显示：有56.3%的新生代农民工依靠老乡和亲戚朋友的推荐介绍转移就业，有8.6%的人是自己通过路边市场、网上搜寻、各类媒体广告等了解到招工信息等得以转移就业，有14.6%的人是通过企业招聘转移就业。通过中介机构、政府输出、招聘会等形式进入企业的仅占15.5%。就业途径的非规范性必然导致就业选择的有限性，使绝大多数农民工只能承担劳动条件最差、劳动负荷最重而且城市人不愿意干的脏、累、险等“低微”工作，如建筑业、制造业、住宿和餐饮服务业、居民服务及其他服务业、批发和零售业等。

（2）基本的劳动保障权益受侵害严重。

第一，农民工劳动关系不稳定。其主要表现为劳动合同签订情况尚有待改

善，如短期合同占比较高、少量合同中存在一些“霸王条款”等。据有关方面对农民工合同签订情况的调查显示：固定期限合同占21.8%，无固定期限合同占14.5%，临时合同占9.1%。在已签合同中，有54.6%的农民工不清楚合同内容。

第二，同工不同酬、拖欠工资的现象依然存在。2010年的抽样调查显示：在北京打工的河南新生代农民工中，月收入低于2000元的占56%，这种工资水平与北京城镇人均月收入水平相差甚远。据调查，在以农民工为主要劳动对象的中小企业中，每月按时发薪的企业不到50%。

第三，新生代农民工的劳动保护权利得不到保障。一项针对新生代农民工工作环境和安全措施情况的调查显示：受访人员在劳动时有比较好的防护和安全措施的不到20%。

第四，休息权难以得到享受。调查发现，新生代农民工每天工作在8小时以上的占67.5%；有78.9%的人员加过班，其中经常加班的人员占38.9%；61.8%的人员不享受法定假日。

2. 政治权益难以保证

由于受现实户籍制度和实际工作状况的制约，河南省新生代农民工的政治权益有时也会受到忽视。他们在城市政治资源分配中几乎没有话语权，未能充分享受法律规定的民主政治权益。其具体表现为：选举权与被选举权难以实现。由于许多地区选民和人大代表的名额是根据当地户籍人口确定，因此，没有本地户籍的农民工便不能参加当地选举，而他们返乡参加选举又会付出很大的成本。这就致使新生代农民工无法行使自己的选举权和被选举权，造成其政治自由重重受阻。新生代农民工整体文化水平相对不高，通过书面途径表达意见和愿望的能力不足，其享有言论、出版自由的权利受到很大限制。此外，他们参与社会管理的权利难以实现。受制于经济地位和社会地位，新生代农民工很难实现参与社会管理的权利，即使在用工单位也很难行使民主权利。

3. 公共服务权益受到限制

现行的城市公共服务体系在设计时都是立足于当前城乡分割的“二元体制”。受此影响，多数新生代农民工的公共服务权益得不到足够的保障。

第一，基本居住权益难以得到保障。调查显示，他们中有29.2%的人居住在集体宿舍里，有20.1%的人居住在缺乏厨卫设施的房间里，有7.9%的人居住在工作地点，有6.5%的人居住在临时搭建的工棚里，还有12.5%的人住在城郊的住所。近几年，随着城市化的快速扩张，城市人口急剧膨胀，农民工的居住环境更加恶化。

第二，平等享受社会保障的需求难以得到满足。调查显示，目前新生代农民工中，享有基本养老、基本医疗、失业保险的比例分别为21.3%、34.8%和8.5%，新生代农民工基本上没有享受城市最低生活保障的权利；子女教育受到限制。由于户口原因，新生代农民工随迁子女在公办小学就读的比例较低，尚有一定比例的学龄儿童无法顺利入学。

4. 文化权益保障不足

与老一代农民工相比，新生代农民工整体文化素质较高、视野较为开阔、对城市现代文明接触较多，因此，他们对文化、精神生活的诉求相对强烈。然而，在现有条件下，城市在公共文化服务体系建设规划、经费保障和资源配置时并没有充分考虑新生代农民工的实际文化需求，部分城市的公共、公益性文化机构和设施对新生代农民工的开放度还不够，城市社区文化尚不能很好地把新生代农民工纳入进来，新生代农民工文化权益保障相对不足。调查显示，多数新生代农民工在工作之余是以看电视、上网、听歌、看小说、闲逛等方式度过闲暇时光。

四　导致新生代农民工权益保障问题的原因分析

1. 城乡分割的二元管理体制

户籍制度作为一项涉及全体人民切身利益和基本权利的制度，在现实生活中显得极其重要。从20世纪80年代开始，虽然河南省户籍改革一直在进行，但却没能跟上市场经济改革的步伐，没有遵循市场经济条件下人口流动的规律。长期以来，户籍制度把户口分为农业户口和非农业户口，人也相应地被分为城市人和农村人，而与户口紧密联系的是一系列福利制度。随着河南省农村经济体制改革和产业结构调整，新生代农民工逐渐成为全省产业工人中的重要组成部分。这种城乡分割二元管理体制已经越来越不能适应现实的需要，日益成为阻碍人口流动、拉大城乡差距、影响城乡社会和谐发展的重要因素。可以说，只要这种城乡分割的二元管理体制存在，农民工权益保障就不可能实现。

2. 有关法律法规不健全、不完善

社会主义市场经济是法制经济，农民工权益保障必须有法可依。在现行有效的法律法规中，还没有一部关于农民工权益保障的规定。在具体法律适用时，也有许多理论上可行但实际上却难以操作的地方。例如，按照我国《选举法》，选民登记的主要依据是户籍，这对于大量外出务工的农民工来说，无论是在户籍所在地参选，还是在现居住地参选或是委托他人投票，实际操作起来都比较困难；再如，现行的劳动纠纷仲裁时效短、诉讼环节多，导致农民工维权成本高；此外，法律援助与相关部门的协调配合机制尚不健全，执法力度有待加强；等等。

3. 农民工维权组织缺失与保障乏力

按照治理理论的观点，拥有代表自己利益的组织对一个社会阶层而言至关重要。农民工权益之所以易受侵害，其中一个重要因素就是维权组织缺失或不作为。从政府方面看，一些城市为了满足本地居民的就业需要，出台地方保护政策，为农民工自由流动就业设置障碍。与此相关，一些地方政府为了追求 GDP 增长，对农民工正当的维权行为采取搁置、敷衍的处理方式，以牺牲农民工利益的方式吸引厂商投资。对于省政府已经制定的农民工政策，很多地方政府往往只愿意选择那些有利于地方经济发展的政策，而对没有短期赢利效应的政策并不积极地贯彻执行。从社会组织方面看，在现实生活中新生代农民工往往会自发形成诸如老乡会、联谊会之类的社会团体。这些组织虽然在维护农民工权益方面做了一些努力，但由于这些组织的非正规性，它们与政府、司法部门没有工作联系，往往很难达到为农民工维权的目的。

4. 农民工自身维权意识与能力的缺失

在现实社会环境中，农民工弱势地位是长期形成的，因为城市居民已经形成了对城乡劳动力权益差别现状予以认可的固有意识。长期的城乡二元管理制度以及附加在这种制度本身的就业准入及福利差别，就是一种对农村劳动力的排斥。在这种制度的长期影响下，城市居民已经形成了城乡差别存在合理化的固有意识。农民工群体在一定程度上也容易具有这种弱势地位的自身定位。因此，当自身权益受到侵害时，他们往往容易妥协、接受，缺少维权的意识。此外，由于文化素质低、收入微薄，农民工缺少维权的能力。文化素质较低的农民工只能从事像建筑、加工制造、家政服务等收入较低的工作。在一定程度上说，收入水平、维权成本、维权的便利性也决定着农民工维权的能力和意愿。在当前农民工较低的收入水平和高昂的维权成本、烦琐的维权程序下，农民工维权能力和自觉性自然就会受到很大的限制。

五　加强河南新生代农民工权益保障工作的对策和建议

在当前形势下，解决好新生代农民工权益保障问题既是促进新生代农民工实现自身发展的一项民生工程，也是推动河南产业转型、发展方式转变，乃至推进中原经济区建设、实现中原崛起的重大战略举措。为此，政府、新生代农民工群体以及社会各界，应当从以下方面进行不懈努力。

1. 建立和完善有利于新生代农民工权益保障的相关制度

（1）进一步深化户籍制度改革。户籍改革应全面进行。户籍改革并不是单纯的人口登记改革，它与医疗、社保、教育保障、政治保障等多方面因素相互联系。打破户籍限制，应尽快剥离依附于户口的各种利益和功能，保障新生代农民工能够实现与城市居民一样的合法权益。以促进城乡统筹发展为根本目标，河南要勇于进行户籍改革方面的创新性探索。就此而论，有关部门应在实践中不断总结、完善和提高，以逐步形成一套更加科学、合理的户籍管理体系。

（2）逐步建立、健全统一开放的劳动力市场体系。按照公平竞争的原则合理配置人力资源，打破就业的城乡壁垒和地区壁垒，逐步建立城乡统一开放的劳动力市场，充分发挥城乡统一市场在劳动力资源配置中的基础性作用。要尽快建立有权威和信誉良好的统一的劳动力供需信息的搜寻系统及其管理制度；取消对农村劳动力进入城镇就业的不合理限制；打破身份界限，统一用工待遇。

（3）以工伤保险为重点，建立适合新生代农民工特点的分类分层的社会保障制度。在现阶段建立新生代农民工社会保障制度，必须根据新生代农民工的保障需求与现实可能，分层分类，逐步推进。分层就是区分农民工的不同群体，实行不同的社会保障办法。分类就是根据实际需要，依法将务工农民全部纳入工伤保险范围，探索适合务工农民特点的大病医疗保障和养老保险办法。也就是说，应先建立和完善农民工最急需的工伤保险，然后再逐步推进包括医疗、失业、养老保险在内的农民工社会保障制度。同时，根据河南省经济社会的发展情况和农民工社会保障制度的运行成熟程度，再与城市居民社会保障制度进行衔接，最终建立城乡一体化社会保障制度。

（4）以监督和规范劳资关系为抓手，建立全方位的农民工合法权益维护制度。用工单位是农民工的劳动场所，如果劳资关系融洽，就能较好地避免侵犯农民工合法权益的行为发生。为此，要加强劳动合同管理，规范劳动用工制度；建立解决拖欠和克扣农民工工资问题的有效机制；改善农民工的劳动安全卫生条件，遏制工伤事故和职业危害。

（5）以增强农民工的整体素质为目标，建立多层次、多类别的农村职业和技能培训制度。有关部门应采取相应措施，加强农民工转移前的就业培训与就业中的技能培训，以切实提高农民工的自身素质。农民就业转移前的培训要注重文化技能、科技技能、经营管理技能和公共道德技能的培训；在就业中的培训要更加注重实用性，并且要基于市场的需要、以就业为导向来开展。

2. 新生代农民工群体应当积极转变观念，不断提高自身综合素质

新生代农民工权益保障能否实现，其关键还在于自身努力。因此，新生代农民工首先要积极转变观念，勇于正视自身的不足，敢于突破传统意识的束缚，开阔自己的思路，逐步培养自己的创业意识、市场参与和竞争意识、团队合作及创新精神。同时，他们要利用各种途径加强学习，不断提高自身的文化、技能素质和城市适应能力。

第一，要通过书本、网络、参加自学考试、夜校等形式掌握必要的文化理论知识，并将其运用于生产实践以提高自己的操作能力。

第二，要利用河南省大力推进针对农民工群体的“阳光工程”、“雨露计划”的大好时机，积极参与，努力提高自身的技能素质。

第三，要不断学习现行的法律法规和道德准则，学会现代城市和现代文明的运行准则，了解城市居民的生活与沟通方式，改变自身的一些生活陋习，增强自身的城市生活适应能力。

3. 社会各界要为新生代农民工权益保障创造良好的舆论环境

目前，新生代农民工已经成为河南省产业工人的主体，是推动全省经济建设和社会发展的重要力量。社会各界要顺应社会发展的趋势，克服对新生代农民工的偏见和歧视，给予其更多的关爱和理解。

（1）新闻媒体应该积极发挥自身的舆论导向作用。对新生代农民工勤奋、淳朴和吃苦耐劳的传统美德多做宣传，对新生代农民工出现的见义勇为、艰苦创业的正面典型多做报道，引导城市居民客观认识和评价新生代农民工对城市发展

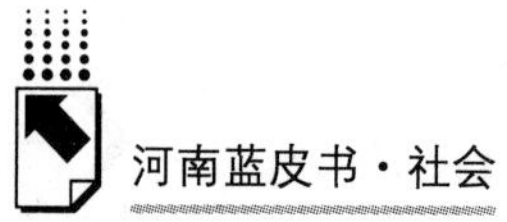

所作的巨大贡献，并且引导城市居民消除对新生代农民工的误解，从心理上真正接受新生代农民工。

（2）城市社区要积极发挥自身的社会融合功能，促进新生代农民工与城市居民的沟通与交流。社区要根据新生代农民工自身的知识结构、生活方式，组织灵活、多样，适合其参与的文化娱乐活动和主题教育活动，以增强新生代农民工对城市生活的认同感和归属感。

（2）城市居民也要转变固有意识，平等对待、积极接纳新生代农民工，给予新生代农民工以更多的关爱和理解，帮助其尽快融入城市生活。

行业报告

B.19

河南省人口发展现状与展望

——基于第六次全国人口普查数据的分析

冯庆林*

摘　要： 人口问题始终是制约河南经济社会全面、协调、可持续发展的重大问题。文章通过对河南省第六次全国人口普查主要数据进行分析，发现河南人口在数量、规模、结构、素质等方面呈现出六大变化趋势，并面临六大人口突出问题。在此基础上对统筹解决河南人口问题进行展望，即通过继续稳定低生育水平、提高人口出生素质、综合治理出生人口性别比、加快推进新型城镇化、大力加强以改善民生为重点的社会建设、微调生育政策、提高家庭发展能力七个方面来促进河南人口与经济、社会、资源、环境的协调可持续发展。

关键词： 河南人口　现状　展望

* 冯庆林，硕士，河南省社会科学院社会发展研究所助理研究员，主要研究人口社会学。

人口问题始终是制约河南经济社会全面、协调、可持续发展的重大问题。在从2000年第五次全国人口普查到2010年第六次全国人口普查（简称“六普”）的10年内，作为全国第一户籍人口大省，河南在人口数量、规模、结构、素质等方面均发生了显著的变化，其中既存在有利于统筹解决人口问题的积极因素，同时又面临着许多前所未有的突出问题。在新时期，通过对河南省第六次人口普查主要数据进行系统分析，不仅有利于把握当前复杂的人口形势，全面做好人口工作，而且有利于为中原经济区建设营造良好的人口环境。

一　当前河南省人口发展现状

通过对河南省第六次人口普查主要数据进行分析，当前河南人口发展呈现出如下变化趋势。

1. 人口总量依然是全国第一

早在2010年7月，河南省总人口就已经突破1亿大关，成为全国第一个人口过亿的省份。然而，就常住人口来说，河南增速较缓，据第六次人口普查数据显示，河南省常住人口为94023567人，与第五次全国人口普查时的92558060人相比，10年间共增加1465507人，增长1.58%。年平均增长率仅为0.16%。至此，河南省常住人口数量从全国第一位下降到第三位，低于广东和山东（见图1）。尽管如此，但由于常住人口中不包括长期在省外学习、生活、工作的外出人口，考虑到河南省作为人口流出大省的因素，如果加上流出人口，河南人口已超过1个亿，仍然是全国人口最多的省份。

2. 家庭户规模日趋小型化

随着人口生育水平的下降，河南省每个家庭所拥有的子女数量越来越少；与此同时，随着经济的发展和生活水平的提高，人们的居住条件日益改善，加之家庭观念和生活方式的变化，促使家庭户数量、规模结构不断发生变化。第六次全国人口普查数据显示，河南省常住人口中共有家庭户2593万户，比2000年第五次全国人口普查时的2479万户增加4.6%。平均每个家庭户的人口为3.47人，高于全国3.10人的水平，比2000年第五次全国人口普查时的3.7人减少0.23人，全省家庭户规模日趋小型化（见图2）。

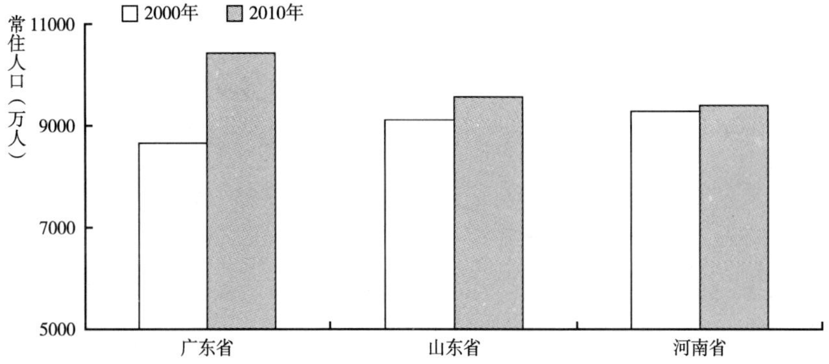

图1　第六次全国人口普查常住人口排前三位的省份变化

资料来源：第五次、第六次全国人口普查主要数据公报。

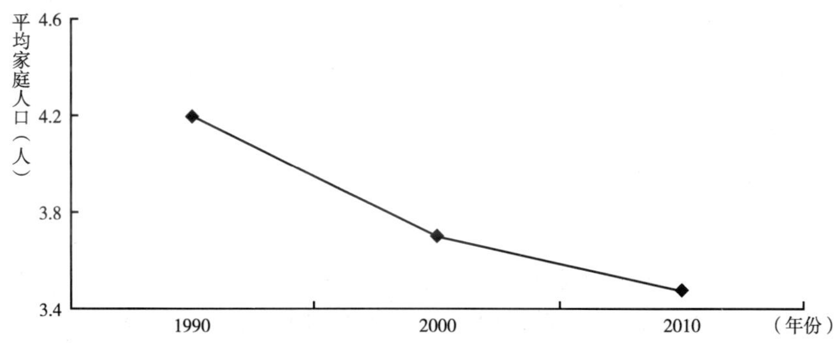

图2　河南省历次人口普查平均家庭户人口变化趋势

资料来源：河南省统计局：《河南统计年鉴（2011）》，中国统计出版社，2011。

3. 劳动力供给依然充足

按照男16～59岁、女16～54岁来计算，第六次人口普查数据显示，河南省劳动年龄人口为5818.9万人，占全省常住人口比重的61.88%，所占比重很大。但从历次全国人口普查数据来看，河南省劳动年龄人口所占比重的增长速度正在逐步放缓（见图3），劳动力供应总量将很快达到峰值。

4. 老龄化进程明显加快

第六次人口普查数据显示，在河南省常住人口中，0～14岁人口占21.00%；65岁及以上人口占8.36%。同2000年第五次全国人口普查相比，0～14岁人口的比重下降4.94个百分点，65岁及以上人口的比重上升1.4个百分点。这一降

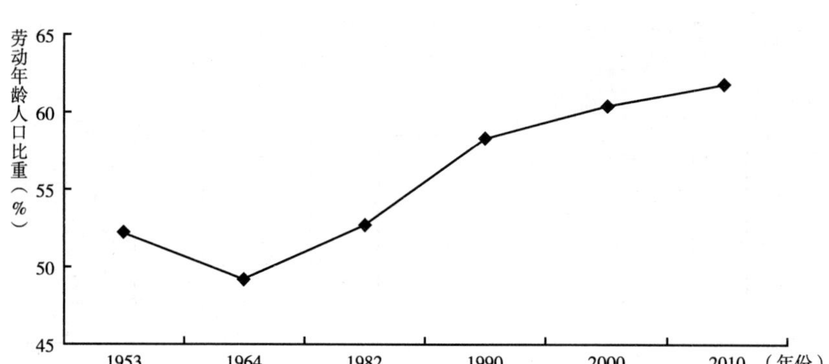

图 3　河南省历次人口普查劳动年龄人口占常住人口比重

资料来源：河南省统计局：《河南统计年鉴（2011）》，中国统计出版社，2011。

一升反映出河南省人口年龄结构在 10 年间发生了较大变化。其中少儿人口下降反映出全省人口生育率持续保持了较低水平。老龄人口上升反映出河南省人口老龄化进程逐步加快。按照国际惯例，65 岁及以上人口占总人口比例达到 7%，就进入老龄化社会，目前河南已超过 7% 的“红线”，显示已经进入老龄化社会。

5. 人口素质显著提高

第六次全国人口普查与第五次全国人口普查相比，河南省每 10 万人中具有大学文化程度的由 2674 人上升为 6398 人；具有高中文化程度的由 10031 人上升为 13212 人；具有初中文化程度的由 39392 人上升为 42460 人；具有小学文化程度的由 33196 人下降为 24108 人。文盲率（15 岁及以上不识字的人口占常住人口的比重）为 4.25%，比第五次人口普查的 5.87% 下降 1.62 个百分点。各种受教育程度人口和文盲率的变化，反映出 10 年来河南省加大教育投资，普及九年制义务教育、发展高等教育以及扫除青壮年文盲等措施取得积极成效，使全省人口素质显著提高（见图 4）。

6. 各地区人口分布变化显著

在从 2000 年到 2010 年的 10 年中，河南省各地区人口分布变化显著（见表 1）。从表 1 可以看出，按常住人口分，第六次人口普查排在前六位的是南阳市、周口市、郑州市、商丘市、驻马店市和洛阳市，分别占全省的 10.92%、9.72%、9.17%、7.83%、7.69% 和 6.97%。2000 年第五次人口普查排在前六位的是周口市、南阳市、商丘市、驻马店市、郑州市和信阳市。各地市常住人口

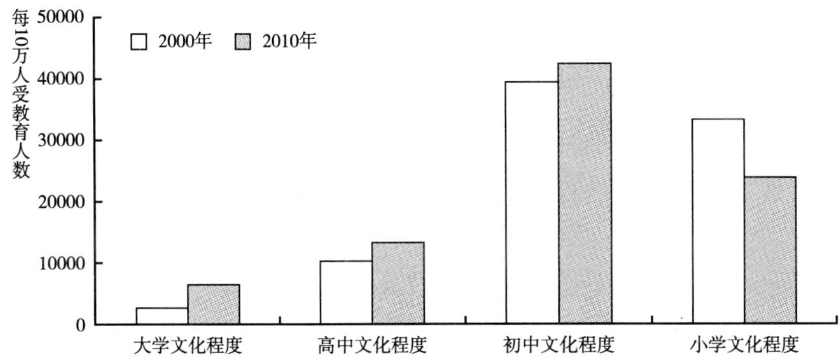

图4　河南省两次人口普查中各种受教育程度人数变化

资料来源：第五次、第六次全国人口普查主要数据公报。

占全省人口比重增幅最大的是郑州市，10年时间增加1.87个百分点，周口市常住人口占全省人口比重下降幅度最大，达到1.16个百分点。与2000年常住人口相比，全省各地市大部分都有所增加，只有周口市、信阳市、商丘市、驻马店市常住人口出现下降。其中增长幅度最大的是省会郑州市，10年时间增加196万余人，增幅29.55%，充分显示了省会城市对外来人口的吸引力，其次是漯河市和鹤壁市，增幅分别达到12.57%和11.93%。此外，表1显示，南阳市成为河南省第一个常住人口过千万的大市，但其人口在全省的比重10年来仅增加0.42个百分点。

表1　第六次全国人口普查河南省各地区人口分布变化

单位：人，%

地　区	2010年常住人口	与2000年相比增减量		占全省人口比重		
		增减人数	增减比重	2000年	2010年	比重变化
郑州市	8626505	1967505	29.55	7.30	9.17	1.87
开封市	4676159	96159	2.10	5.02	4.97	-0.05
洛阳市	6549486	321821	5.17	6.83	6.97	0.14
平顶山市	4904367	106367	2.22	5.26	5.22	-0.04
安阳市	5172834	11728	0.23	5.66	5.50	-0.16
鹤壁市	1569100	167200	11.93	1.53	1.67	0.14
新乡市	5707801	299801	5.54	5.93	6.07	0.14
焦作市	3539860	251044	7.63	3.61	3.76	0.15
濮阳市	3598494	139794	4.04	3.79	3.83	0.04
许昌市	4307199	189199	4.59	4.52	4.58	0.06
漯河市	2544103	284103	12.57	2.48	2.71	0.23

续表

地　　区	2010 年常住人口	与 2000 年相比增减量		占全省人口比重		
		增减人数	增减比重	2000 年	2010 年	比重变化
三门峡市	2233872	57749	2.65	2.39	2.38	-0.01
南 阳 市	10263006	543006	5.60	10.50	10.92	0.42
商 丘 市	7362472	-390528	-5.04	8.50	7.83	-0.67
信 阳 市	6108683	-417317	-6.39	7.16	6.50	-0.66
周 口 市	8953172	-787828 *	-8.09	10.68	9.52	-1.16
驻马店市	7230744	-223256	-3.00	8.17	7.69	-0.48
济 源 市	675710	49210	7.85	0.69	0.72	0.03

资料来源：河南省统计局：《河南省 2010 年第六次全国人口普查主要数据公报》，2011 年 5 月 8 日《河南日报》。

二　当前河南省人口发展面临的突出问题及挑战

通过对河南省第六次人口普查数据进行分析，同样也暴露出全省目前仍然存在着一些突出的人口问题。

1. 控制人口过快增长依然面临挑战

第六次全国人口普查数据显示，河南省常住人口数量从全国第一位下降到第三位，与第五次全国人口普查相比，10 年间共增加 1465507 人，累计增长 1.58%。然而，我们不能被数据显示的表象所迷惑。如果按照户籍人口来计算，2000 年底河南省总人口为 9488 万人，2010 年底总人口为 10017 万人①，10 年时间共增加 529 万人，增长 5.58%，略低于全国 10 年时间增长 5.84% 的水平。目前，虽然河南省已经进入低生育水平时期，但是人口多、底子薄、人均资源相对不足的基本省情并没有得到根本改变。由于人口基数大，跨越时间长，加上伴随“80 后”一代人进入生育期而来的“第四次人口出生高峰”，这就加剧了全省人口形势的严峻性，使得控制人口过快增长、稳定低生育水平的任务更加繁重。

2. 家庭户规模持续小型化带来巨大挑战

第六次人口普查数据显示，河南省家庭户规模正在逐渐趋向小型化、核心

① 河南省统计局：《河南统计年鉴（2011）》，中国统计出版社，2011；其中 2010 年数据是由 2009 年底总人口数加上 2010 年自然增加人口数而得。

化，除核心家庭外，其他非核心化的小家庭类型，如空巢家庭、丁克家庭、单身家庭、单亲家庭等，正在构成当前全省城乡家庭结构的重要内容。家庭户规模下降是生育水平下降和社会、经济、文化等多种因素共同影响的结果，也是社会进步和发展的必然趋势。家庭结构、规模及其人际关系方面的变化不仅影响着人们的行为，同时也影响着整个社会生活，给我们社会的健康发展带来了巨大的挑战。

（1）家庭结构的变迁对传统养老模式提出了挑战。一方面人口老龄化进程不断加快，使需要赡养的老年人口不断增加；另一方面生育率持续走低，供养老年人口的子女人数日益减少，导致传统的家庭养老功能逐渐趋于弱化。

（2）家庭结构的变迁对独生子女教育提出了挑战。面对越来越多的两代三口之家的核心家庭，孩子的教育问题日益成为困扰父母的头等大事。最后，家庭户规模的持续小型化对居民住房需求提出挑战。以年轻人为主体的一代二人家庭及两代三人核心家庭群体，以追求自由、宽松的生活方式为目标，这在客观上造成住房市场需求旺盛。鉴于家庭户数增长以及家庭户规模小型化的趋势，必然会对河南省社会经济发展状况以及城乡居民的生产生活带来深远的影响，全省各级地方政府，对此必须要有充分认识和正确把握。

3. 稳定人口性别结构依然面临较大压力

河南省第六次人口普查数据显示，全省常住人口中，男性人口占50.51%；女性人口占49.49%。总人口性别比（以女性为100，男性对女性的比例）由2000年第五次全国人口普查的106.58下降为102.06。考虑到河南是人口流出大省，出去打工的大多是男性（性别比约是130），再加上全省常住人口中的女性老龄人口比重也偏高，这两个原因都拉低了全省总人口性别比的数值，因此全省总人口性别比的数值实际上并不低。此外，由于总人口性别比受到出生人口性别比、死亡人口性别比、分年龄人口性别比，以及目前人口年龄结构等多重因素的影响，因而，全省常住人口性别比的统计数据并不能掩盖全省出生人口性别比依然偏高的既成事实。从20世纪80年代开始，河南的出生人口性别比逐步升高，2000年第五次人口普查时达到118.46,[①] 是全国出生性别比较高的5个省份之一。经过近些年全省上下坚持不懈的努力，河南出生人口性别比升高势头已得到初步遏制，但其仍然在较大程度上偏离正常值（正常值范围为103~107）。第六次人口普

① 河南省人口与计划生育委员会：《2005河南省人口与计划生育常用数据手册》。

查数据显示，河南省的出生人口性别比为118[①]，0～4岁儿童的性别比依然高达125.2[②]，这表明全省综合治理出生人口性别比偏高工作依然任重而道远。

4. 老龄事业发展滞后于老龄化进程

根据河南省公布的第六次人口普查数据显示，在全省9402万人常住人口中，60岁及以上人口比例为12.72%，65岁及以上人口比例为8.36%，比10年前上升1.4个百分点，人口老龄化进程逐步加快。然而，当前河南省在应对人口老龄化的思想、物质、制度等各方面的准备严重滞后，远未能跟上老龄化进程的步伐。截至“十一五”期末，河南省兴办日间照料中心、托老站（点）等220所，全省各类养老服务机构发展到3605家、238741张床位，农村“五保”老人集中供养率达43%；[③] 此外，河南省的老年人社会保障制度和医疗保障体系也进一步得到了加强，但与日趋增加的老年人口数量及其需求还不成比例。人口迅速老龄化与市场经济和社会转型所带来的一系列变化交织在一起，使得未来河南省社会经济面临的挑战不仅是经济意义上的，更是社会意义上的多方面挑战。如何建立起公平、合理、有效的制度安排和社会应对机制，加快推进基本公共服务体系建设，才是破解全省老龄危机的根源所在。

5. 人口城乡结构巨变容易引发社会问题

第六次人口普查数据显示，当前河南省的城镇化率只有38.80%[④]，比全国平均水平50.32%低11.52个百分点。与2000年相比，河南城镇化年均增长率高于全国平均水平（见表2），说明近10年来河南省城镇化发展速度明显高于全国平均水平，随着经济社会的发展，将进一步呈加快之势。然而，城镇化过程并不是简单地将农民变市民的过程，它牵涉到经济社会的方方面面。诚然，我们无法忽视城镇化对河南经济社会发展带来的积极作用，但是我们同样也不能回避城镇化所导致的诸多社会问题，例如，城乡差距不断扩大，农村社会逐渐衰落，生态环境每况愈下，资源耗竭难以为继，以及失地农民的社会保障等问题。如果不能妥善破解这些难题，选择更合适的城镇化发展模式和路径，将会严重制约河南省

---

① 李贵刚：《河南人口生育率持续走低，新生婴儿性别比仍居高》，中国新闻网，2011年5月6日。http://www.chinanews.com/gn/2011/05-06/3023429.shtml。

② 河南省统计局：《河南统计年鉴（2011）》，中国统计出版社，2011。

③ 河南省老龄办：《河南省老龄事业发展“十二五”规划》，2011年10月。

④ 河南省统计局：《河南统计年鉴（2011）》，中国统计出版社，2011。

的现代化建设和社会和谐发展。当然，这同时也是对中原经济区“三化”协调发展提出的一个重大挑战。

表 2　河南省与全国城镇化率比较

单位：%

	2000 年	2010 年	年均增长率
河　南	23.20	38.80	1.56
全　国	36.09	50.32	1.42

资料来源：河南省统计局：《河南统计年鉴（2011）》，中国统计出版社，2011；全国数据来自第五次、第六次全国人口普查主要数据公报。

6. 人口文化素质低制约河南经济社会发展

第六次人口普查数据显示（见图 5、表 3），河南省每 10 万人中具有高中以上文化程度的人数明显低于全国平均水平，比全国平均水平少 3352 人。尤其是大学受教育程度人数的增幅明显低于全国的增长水平，这一方面说明虽然近 10 年来河南大力发展高等教育，但与全国平均水平相比仍有差距，另一方面也说明河南对高素质人才的吸引力低于全国平均水平。初中文化程度人数高于全国平均水平，但增幅没有全国水平高，结合高中以上文化程度人数低于全国水平这一事实，说明河南省在高中阶段的教育水平需要提升。河南省文盲率（15 岁及以上不识字的人口占常住人口的比重）为 4.25%，略高于全国 4.08% 的水平。由此可以看出，人口文化素质整体不高依然是制约河南经济社会发展的瓶颈。

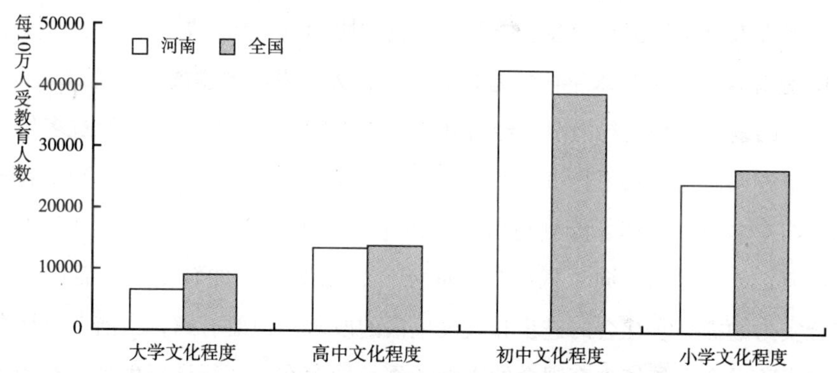

图 5　河南与全国每 10 万人接受各种教育程度人数比较

资料来源：全国和河南第六次人口普查主要数据公报。

表3　两次人口普查河南与全国每10万人接受各种受教育程度人数比较

单位：人，%

文化程度	河南			全国		
	2000年	2010年	增减比例	2000年	2010年	增减比例
大学文化程度	2674	6398	139.3	3611	8930	147.3
高中文化程度	10031	13212	31.7	11146	14032	25.9
初中文化程度	39392	42460	7.8	33961	38788	14.2
小学文化程度	33196	24108	-27.4	35701	26779	-25.0

资料来源：全国和河南第六次人口普查主要数据公报。

三　河南省人口发展态势分析与展望

当前，河南省人口发展面临前所未有的复杂局面。人口总量全国第一的基本省情没有改变，人口总量继续惯性增长，家庭的保障功能日益弱化，人口素质有待进一步提高，出生人口性别比偏高、人口老龄化加速等结构性问题日益凸显，流动人口规模庞大。与此同时，随着经济发展方式转变、城镇化进程加快、中原经济区战略规划对人口发展提出了更高的要求，人口发展对经济社会发展的影响更为深刻和广泛。为此，我们要统筹人口自身数量、素质、结构、分布的关系，促进人口长期均衡发展；统筹人口与经济、社会、资源、环境的关系，建设人口均衡型、资源节约型、环境友好型社会，坚定不移地走中国特色解决人口问题的道路，促进人口与经济、社会、资源、环境的协调可持续发展。

1. 继续稳定低生育水平依然是未来河南省人口发展的主旋律

人口问题仍然是制约河南省经济和社会发展的一个关键问题。经过多年的努力，河南省人口与计划生育事业取得了显著的成就，人口过快增长得到了有效的控制，妇女总和生育率下降到更替水平以下，实现了人口再生产类型由“高出生、低死亡、高增长”向“低出生、低死亡、低增长”的转变，从而促进了全省综合实力的提高、社会的进步和人民生活的改善。但要看到，当前全省社会保障机制尚不健全，传统生育观念的影响还将长期存在，实行计划生育仍有相当的难度。如果稍加放松，低生育水平面临反弹的现实风险，从而会使人口与经济、社会、资源、环境之间的矛盾更加尖锐，以致影响全省经济社会发展的大局。因

此，坚持和完善现行生育政策，切实稳定低生育水平，依然是河南未来人口发展的现实选择。

2. 提高人口素质的任务更加紧迫

在当今科学技术快速发展的今天，一个国家或地区社会财富的创造、综合竞争力的提高、资源的开发和利用、环境的保护等状况如何，已不再取决于其人口数量，而是取决于其人口质量。第六次人口普查数据显示，当前河南人口的文化素质与全国平均水平相比存在不小的差距。河南是人口大省，但不是人力资源强省，如何把巨大的人口压力转化为人力资源优势，是摆在我们面前的一项亟待解决的重要任务，它关系到中原经济区建设的人才支撑和智力保证。省委、省政府已经制定了《河南省中长期教育改革和发展规划纲要（2010～2020年）》，将大力发展教育事业摆在了优先发展的战略地位，相信不久的将来，河南的教育事业将会有很大的改观。

3. 综合治理出生人口性别比工作任重道远

出生性别比偏高是一个涉及经济背景、政治决策、文化传统、生活习俗、性别结构和性别关系等多方面因素的综合性社会问题。它有可能带来男性婚配困难、性犯罪增多、人口再生产障碍、妇女社会边缘化程度加重等严重阻碍经济社会协调、可持续发展的负面效应。近年来，河南省在综合治理出生性别比偏高方面虽然取得了显著成效，但是，第六次人口普查数据显示，全省出生性别比呈现出回升苗头。因此，综合治理出生人口性别比工作时刻不能放松，务必抓紧抓好。胡锦涛总书记在中共中央政治局第二十八次集中学习时曾讲到，综合治理出生人口性别比问题，必须切实促进社会性别平等，深入开展“关爱女孩行动”，广泛宣传男女平等、少生优生等文明婚育观念，保障妇女合法权益，加强未成年人保护，制定有利于女孩健康成长和妇女发展的经济社会政策，推动妇女儿童事业全面发展。对此，全省各级党委政府及职能部门应当认真学习领会，坚决贯彻落实。

4. 新型城镇化将引领河南“三化”协调发展

第六次人口普查数据显示，河南省城镇化率比全国平均水平低11.52%，大量农村剩余劳动力滞留在农村，影响了农业规模化水平的提高，制约了产业结构的升级，已成为经济社会发展中一个焦点问题。目前，河南省正在积极探索以新型城镇化引领“三化”协调发展的新路子。以新型城镇化为引领，提高城镇承载能力，积极承接产业转移，创造更多的就业岗位，拓宽农村人口转移渠道；让更多的农村居民转化为城镇居民，为农业规模化、现代化发展打开空间；促进产业、人口向城镇加速集聚，为加快工业化创造条件。预计到“十二五”末期，河南城镇化率将达到48%，上千万农民将转化为城镇人口。这种从乡土社会向城市社会的巨大转变，将为中原经济区建设提供无限的生机和活力。

5. 以改善民生为重点的社会建设将成为统筹解决人口问题的关键

人口问题从某种程度上说实际就是重大的民生问题，统筹解决人口问题就是要解决与老百姓密切相关的民生问题。当前，河南省在民生建设方面的“历史欠账”较多，“上学难”、“就业难”、“养老难”、“看病难”、“购房难”等呼声不绝于耳，全省在教育科技、医疗卫生、劳动就业、社会保障、养老服务等社会事业方面发展相对滞后，尤其是在老龄人口、失地农民、下岗职工等弱势群体的社会保障方面投入不足。大力加强以改善民生为重点社会建设，完善社会保障和基本公共服务体系，是统筹解决河南人口问题的关键所在。

6. 人口年龄结构巨变将倒逼生育政策微调

人口年龄结构是一定时点、一定地区各年龄组人口在全体人口中的比重。在和平年代，人口年龄结构的变化主要受到生育政策调整的影响。人口年龄结构的变化不仅影响人口的再生产过程，而且对经济社会生活的影响也极其巨大。目前，中国的人口年龄结构变化主要表现在人口的“少子化”、劳动年龄人口减少以及人口老龄化三个方面。对经济社会生活的负面影响，一方面体现在劳动年龄人口的抚养系数升高，抚养负担加重；另一方面体现在劳动年龄人口减少，人口红利期即将结束，从而影响中国经济的持续增长。第六次人口普查数据显示，目前河南省的人口年龄结构状况是，在全省常住人口中，0～14岁人口占全体人口比重与2000年第五次人口普查相比虽然并未低于20%的“少子化”标准，但距离“少子化”已经不远；劳动年龄人口比重虽有所上升，但总量即将见顶；65岁及以上人口的比重上升1.4个百分点，老龄化的进程正在逐步加快。鉴于河南省人口年龄结构的现状，河南省应未雨绸缪，提前做好应对准备。建议在继续坚持计划生育基本国策的前提下，把握适当时机微调生育政策，即允许夫妻双方均为独生子女的可以生育第二个子女。在实施“双独”夫妇可以生两个孩子政策的同时，取消生育间隔，并辅之以“奖励与制约并重”的公共政策，确保全省

的低生育水平持续稳定。①

7. 提高家庭发展能力将受到重视

家庭是人们赖以生存和发展的社会基本单位，也是最为活跃、最能释放功能、最有希望的社会细胞。提高家庭发展能力，是人口与经济社会全面协调可持续发展的基础，是保障和改善民生的需要。只有提高家庭发展能力，我们的社会才能稳健发展，长治久安。第六次人口普查数据显示，当前河南省家庭户规模逐渐趋向小型化，传统的家庭保障功能正逐步弱化。为此，需要我们站在全局的、多视角的高度，审视和关注家庭发展，从提高家庭发展能力入手，带动社会所有家庭的发展。发挥统筹协调职能，制定和落实有利于家庭发展的惠民政策。构建综合管理格局，建立和完善有利于家庭发展的工作体系。探索建立人口和家庭发展中心，加强家庭发展支持体系建设。特别是加大对单亲、留守、零就业、孤残、特困等家庭的支持和针对性帮扶。在城乡社区设立家庭服务机构，对空巢老人、留守儿童、病残者以及其他需要帮助的人群提供服务。

① 河南省社会科学院课题组：《关于河南省实施“夫妻双方均为独生子女可以生育第二个子女”政策的分析及建议》，2010 年 12 月 30 日。

B.20

河南省流动人口管理现状与预测

杨旭东*

摘　要： 河南省流动人口数量多、规模大的状况没有发生基本改变，但随着产业转移、公共服务的均等化以及各项管理制度的逐步完善，流动人口回流省内的趋势明显。目前在流动人口管理中存在的主要问题是管控思想严重，服务意识淡薄，管理制度不完善，配套措施跟不上。河南未来流动人口的规模更大，附带的随迁子女和老人的社会管理问题凸显，亟须更好落实管理政策，创新管理机制。

关键词： 农民工回流　公共服务均等化　服务意识　管理创新

国务院在《关于支持河南省加快中原经济区的指导意见》（简称《指导意见》）中明确指出："探索建立人口均衡发展的政策和服务体系。改革和调整户口迁移政策，创新流动人口管理机制。"河南省是人口大省，同时也是劳动力输出大省，如何做好对流动人口的社会管理，创新流动人口的管理机制，事关河南省经济社会发展稳定的大局，关系到河南省"三化"协调发展目标的实现。《指导意见》对河南的定位是把河南打造成一个中西部地区经济社会协调发展的典范，因此，做好和创新流动人口的社会管理对于整个中原经济区建设乃至对中西部劳务输出省份都具有重要的示范意义。

一　河南省流动人口及其管理现状

流动人口基本上是以农民工为主体，有专家认为流动人口是除了市民、农民

* 杨旭东，博士，河南省社会科学院社会发展研究所。

之外的第三大人口群体。这一群体，由于其流动性强，再加上体制、机制的制约，在管理上有诸多问题难以突破。要破解这些难题，首先需要及时准确地掌握流动人口的基本情况。

（一）河南省流动人口现状

1. 农民工回流趋势明显，省内转移就业近半

根据河南省人力资源和社会保障厅提供的信息显示：截至2010年底，河南省农村劳动力转移就业总量已达2363万人，新增105万人。2363万人中有近一半农民工实现了省内就业，达1142万人，比2009年增加了123万人。河南省统计局的数据也证明了中部地区劳动力转移的增速高于东部地区，2010年跨域转移到中部地区的劳动力比2009年增长8.8%；转移到东部和西部地区的分别为5.3%和7.4%。[①] 随着河南省近年来承接沿海产业转移和招商引资力度的不断加大，区域经济发展加快，就业岗位增多，工资待遇虽不及东南沿海地区，但是处于上升阶段。2011年10月1日后执行的最低工资标准（郑州1080元）与广东（广州1300元）、上海（1280元）等地的差距进一步缩小，且与CPI涨幅直接挂钩。因此，一部分农村劳动力更倾向于就近就地转移就业。随着河南省经济社会发展势头进一步上升，投资创业环境不断改善，另有一部分农民工回乡创业，各级政府落实优惠政策、扶持农民工回乡创业。2010年全省人力资源社会保障系统共为返乡农民工发放小额担保贷款20.6亿元，共扶持4.8万名农民工实现创业，据不完全统计，目前全省回乡创业的农民工已达66万多人，创办企业15.3万多个，年产值600多亿元，带动280多万农村劳动力就地就近就业。从上述几个数据可以看出，河南省内吸纳劳动力就业的能力正在不断增强，劳动力回流省内的趋势明显。

2. 新生代农民工规模增大，“80”后农民工成为主力

从整体上看，流动人口集中在20~40岁之间，他们是家庭、社会的主力，承担了更多的社会责任。国家人口和计划生育委员会最新发布的《中国流动人

① 河南省统计局地调队农产量与农村住户处：《河南省农村劳动力转移呈现出“九多”态势》，河南统计网·专题分析，2011年5月17日；http：//www.ha.stats.gov.cn/hntj/tjfw/tjfx/qsfx/ztfx/webinfo/2011/05/1305019086019196.htm。

口发展报告2011》中指出，2011年的流动大军，“80后”正逐步成为主角，“新生代农民工规模不断增加，已占农民工整体的47.0%。他们受教育水平明显提高，平均受教育年限达9.8年；不断向制造业集中，46.3%的新生代农民工是产业工人，比老一代农民工高出10多个百分点”。河南省的情况大致与此一致，根据河南省统计局发布的数据，20世纪80年代后出生的流动人口明显多于其他年龄段。“2010年全省农村转移劳动力中，21～30岁的80后人数最多，占转移劳动力总人数的36.3%，31～40岁70后占21.8%，排第二位；41～50岁的60后占21%，排第三位。其他年龄段的占20.9%。”由于从20世纪80年代开始，中国实施严格的计划生育政策，独生子女比例较大，因此，新生代农民工规模增长的同时，也伴随着劳动力结构性短缺和老龄化时代的提早到来，劳动力供应不足问题日益突出。

3. 融入城市的愿望更加强烈，超过半数不愿回乡

随着新生代农民工成为流动人口的主体，解决流动人口的城镇化问题日益紧迫。由于农业机械化程度不断提高，使流动人口的主体大多数人长期脱离农业生产，而且农业生产本身难以吸纳众多的劳动力，因此，他们大多数时间作为流动人口群体漂泊生活在城市的边缘地带。再加上城乡二元结构的长期制约，流动人口虽长期生活在城市，却始终难以融入城市。然而，随着流动人口子女的出生以及流动人口自身对城市生活的适应，这一群体融入城市的愿望日趋强烈。根据国家人口和计划生育委员会公布的《中国流动人口发展报告2011》显示，近八成新生代农民工不打算回户籍所在地，愿意回去的六成多农民工也希望在县（市、区）就业。目前正赶上“80后”农民工的生育高峰期，在城市与农村的选择上更多基于对新出生子女的未来考虑，近七成农民工希望进入大城市，目的就是为子女享有与城市人口同样的教育资源。目前来看，子女教育是流动人口融入城市的最大动力，这对城市教育资源的分配提出了极大的挑战。

（二）河南省流动人口管理的特点

1. 政府着力塑造河南流动人口的良好形象

从2004年至今，历届省委、省政府利用每年的全国“两会”召开之际，看望在京的务工人员，这对于流动人口的管理具有示范意义。通过举办“河南农民工风采展”、“人大代表、政协委员与农民工子女面对面”等活动，既体现了

省委、省政府对河南流动人口管理工作的重视，也向全社会宣传了河南人“普普通通、踏踏实实、不畏艰险、侠肝义胆”的形象，为河南流动人口增加就业机会，更好地融入当地社会，缓解流动人口负面形象的压力具有重要意义。毫无疑问，最近几年“河南人”正面形象的塑造得益于河南省大张旗鼓的宣传，这对于整个省内外河南流动人口的正常就业、升迁，化解流动人口与当地社会的矛盾等方面起到了积极改善的作用。

2. 积极推动对流动人口公共服务的均等和及管理的制度化

推进流动人口计划生育等公共服务均等化是2011年国家人口和计划生育委员会、人力资源和社会保障部、中央社会管理综合治理委员会等部委联合出台的一项创新流动人口管理的重要举措。其中，河南省郑州市和安阳市为国家级试点城市。河南省结合自身的实际情况，又确定了济源市、洛阳市西工区、平顶山市新华区、新乡市红旗区、焦作市山阳区、南阳市镇平县为省级试点单位。除了这些试点单位以外，各地也都认真贯彻落实“全省流动人口计划生育‘一盘棋’暨基本公共服务均等化试点推进会”精神，为公共服务均等化的全面推广做好前期准备工作。河南省吸纳流动人口的主要城市为郑州，目前全市外来流动人口已经达到300多万人，为了尽快让流动人口融入城市，配合公共服务均等化试点工作，郑州市制定了《郑州市流动人口基本公共服务均等化实施方案》。按照这一方案制定的目标，2011年流动人口基本公共服务均等化覆盖率将达到60%以上；到2012年，流动人口基本公共服务均等化覆盖率达到80%以上，流动人口计划生育基本公共服务均等化覆盖率达到100%。同时，还下发了《关于加强和创新流动人口服务管理工作的意见》，拟对流动人口实行居住证“一证通”管理模式，通过居住证制度，推进“以证管人”；通过严格出租房屋管理，推进“以房管人”；通过强化用工单位管理，推进“以业管人”。这些举措将进一步增加对流动人口管理的覆盖面，从制度层面着力解决流动人口长期被视为“二等公民”，在城市生活却无法享受城市中医疗、教育、社会保障、计划生育等方面的待遇，将流动人口同常住人口和户籍人口同等对待，在公共服务的诸多方面向外来流动人口开放，为流动人口的城市化、市民化提供制度上的支持。从全省的情况分析，各地在实践中不断完善均等化服务机制，丰富服务内容，加大服务保障的投入力度，流动人口的基本权利得到了保障，促进了流动人口与城市之间的融合，产生了良好的社会效果。

3. 人口输出地对流动人口的管理更加主动

过去对于流动人口的管理主要是由流动人口的输入地来贯彻实施，如今已经转向流动人口输出地也积极主动地参与到流动人口的管理当中。河南是农业大省，农业在流动人口心目中的地位仍然相当重要，因此，每年的“三夏”期间是流动人口集中返乡的重要时段。面对新的流动人口管理形势，各地基层政府主动出击，利用“三夏”时机为返乡流动人口提供各项便民服务，宣传国家的最新政策，解决他们在输出地所遇到的各种问题。同时，为没有返乡的留守家庭提供帮扶，解除流动人口的后顾之忧。通过这些举措，让流动人口充分感受到家乡政府的政策关怀，能够做到“放心走出去，欢喜回家来”。

4. 人口输出地对流动人口的管理更加精细化

从政策层面看，已经推出越来越多的人性化政策措施来解决流动人口进城之后的各种问题。在流动人口输入地公共服务均等化的同时，输出地对流动人口的管理也在力争做到精细化，由原来的以计划生育管理为主，以经济处罚为主要手段，逐渐向提供职业培训、招聘信息、法律咨询和维权服务以及关怀留守老人和儿童等方面迈进。可以说，流动人口的社会管理正在从一种粗放型的管理向全面化、精细化服务转变。

二　河南省流动人口本身及其管理中存在的问题

2011 年年初，胡锦涛总书记首次提出要加强和创新社会管理，并就当前重点抓好的工作提出了 8 条意见，其中明确指出“进一步加强和完善流动人口和特殊人群管理和服务”。由此可见，在社会管理工作中，流动人口管理是一项重要内容。

（一）流动人口本身存在的问题

就河南流动人口本身存在的一些问题来说，也为社会管理带来了一定的难度，其主要表现在以下几个方面。

1. 流动人口整体素质不高，受教育程度低

根据国家人口与计划生育委员会公布的《中国流动人口发展报告 2011》中显示，河南流动人口群体的受教育程度依然较低，以初中毕业为主。

2. 技能型流动人口所占比重小，就业竞争力弱

从河南的情况看，从事建筑业、低端服务业甚至无稳定职业这样一类对职业技能要求不高的群体占流动人口的比重较大，目前主要依靠卖体力为生，以后的就业出路将成为一个大问题。

3. 婚育年龄较早带来诸多社会问题

由于正值青春年少，青年流动人口进入城市后，很多时候家庭对其监管无效，未婚先孕、早婚早育现象比较普遍。这些问题带来的后遗症尚有待观察，但是缺乏家庭责任感、缺少社会磨炼的“80后”、“90后”群体家庭不稳定、离婚率高乃至超生之类现象已经在农村地区显现。

（二）在流动人口管理方面存在的问题

结合以上河南省流动人口本身的实际情况，我们认为，当前河南省在流动人口管理上还存在以下一些问题。

1. 在管理理念上，以管为主，服务意识淡薄

创新流动人口管理机制首要的是转变对流动人口的管理理念。长期以来，城市管理的相关部门把流动人口视为城市生活里的“老大难”问题，特别是对流动摊贩之类没有固定职业、固定经营场所的流动人口，管理方式简单粗暴，以管控为主，天天上演“猫捉老鼠”的游戏，执法粗暴的新闻经常见诸媒体。其根本原因在于管理理念上始终将流动人口作为城市社会正常运行的对立面，视流动人口为城市的不稳定因素，而没有将其纳入城市的服务管理体系当中。经过多年的累积和探索，各级政府对流动人口的认识正在发生转变，逐渐认识到流动人口也是城市的主人，城市的建设已经离不开流动人口的参与，从过去一味管控向全面服务转变。在实际的社会管理工作中，我们看到，“服务”理念仍然非常淡薄，缺乏长远眼光和长效措施，“管控”理念没能从根本上彻底转变。

2. 在管理措施上虽明确城乡并举，但流动人口的输入地与输出地却表现出“一头硬一头软”

对流动人口的管理应该双管齐下，城乡并举。目前，大城市对流动人口管理的总体措施比较得力，但人口输出地的政府对流动人口的管理配套措施还不到位，整体表现为“一头硬一头软”力度不平衡的局面。一直以来，流动人口的管理都是以劳动力的输入地为主。改革开放以来，流动人口的无序移动给城市社会安全稳定运行带来了很多问题，城市管理者在经过一段时期的摸索之后，逐渐接纳外来流动人口，积累了经验，形成了一些管理模式，在政策措施上也在不断跟进。从城市管理者的角度看，对流动人口的管理还处在不断改进和完善的过程中。尤其是大中城市，吸纳流动人口数量多，对城市社会生活影响较大，所采取的管理措施相对来说比较有力、扎实、过硬，注意及时调整政策措施，以应对流动人口带来的各种社会问题。与此相对的是，人口输出地政府长期以输出劳动力为主要任务，对输出人口的管理重视不够，甚至疏于管理。随着农村人口流动常态化，常常出现对流动人口的“真空”管理状态。在这一方面，流动人口众多的上海早在2008年就开始探索流动人口源头互动管理新机制，而且最早与河南、贵州、重庆、浙江等省份签订了流动人口双向服务管理协议书，但是直到近两年，人口输出源头河南省各地才陆续采取措施，据河南省人口和计划生育委员会提供的信息：河南省各人口输出地政府也不断采取措施，利用春节、“三夏”生产等时机加强与外出流动人员的联系，但这些举措多流于形式，难以落实，对流动人口真正的输出地广大农村而言，由于他们长期离开户籍所在地，输出地基本上对流动者本身难以实现有效管理；对于输入地城市而言，流动人口众多，且居住场所时常发生变化，很多管理措施难以做到全面覆盖，对社会管理带来一定的难度。

3. 在管理内容上仍以传统内容为主，创新性明显不足

最近几年，为适应流动人口管理的新形势，河南省出台了不少新举措，特别是郑州市作为河南省吸纳流动人口最多的城市，流动人口已达300万，在申请购买汽车、办理机动车牌照、办理机动车驾驶证和子女就近入学，缴纳养老统筹金、社会保障金等许多方面给予外来流动人口同等待遇。但在实际管理中，很多配套措施跟不上，难以贯彻执行，基本上仍以计划生育与户籍管理等内容为主，对于解决流动人口新问题的创新性举措不足，对广大流动人口亟须解决的户口迁移、子女受教育、入院看病以及缺乏精神文化生活等问题尚没有有效的应对措施。比如，外来人口子女的入学问题，由于优质教育资源有限，短时间内难以满足外来人口的需求。尽管各级政府已经制定了相应的政策，但在具体实施过程中，由于各职能部门之间关系没有理顺，受制于城乡二元体制，很多政策落实起来难度很大。

三　对河南省流动人口发展及管理趋势的预测

目前，流动人口已经成为联结城乡的纽带，流动人口问题也成为各级政府难以排斥和无法回避的问题。随着中部经济的不断发展和崛起，在未来几年之内，很多原来东南沿海面临的问题将随着产业的转移而转移，在流动人口问题上也会如此。因此，如何有效借鉴东部经验，避免重走东部发展的老路将是我们下一步迫切要思考的问题。根据目前河南省经济社会发展形势，预计河南省未来流动人口发展将呈现以下趋势。

1. 流动人口数量将会进一步增加，其管理任务也将更为繁重

根据河南省商务厅在2011年河南省承接产业和技术转移合作交流洽谈会上透露的消息：104家世界500强企业、136家国内500强企业参与此次洽谈会，签约项目的总投资金额达到3018亿元，177个产业集聚区将落地，占项目总数的54%；投资总额1714亿元，占总额的56.8%。这意味着，随着沿海产业结构的升级转型，对劳动力依赖程度逐步降低，劳动密集型产业开始由沿海向中西部地区转移。河南已经成为劳动密集型产业和技术承接转移的聚集地，因此，河南等中部省份将成为新一轮流动人口的重要吸收地，除了本省回流的流动人口之外，可能还将吸纳更多的外省流动人口，未来流动人口数量增加，规模增大将成为必然趋势，这将造成河南省流动人口管理的任务更重，难度更大。

2. 流动人口的子女和老人将成为未来流动人口管理的突出问题

随着流动人口在城市工作、生活的稳定，有不少流动人口家庭已经开始出现两代甚至三代同在一个城市生活的状况，流动人口生活也由“候鸟栖息式”变成了长期定居式。对于城市而言，一方面要为流动人口提供劳动就业、社会保障、医疗保险等方面的公共资源；另一方面还要进一步承担流动人口家属的问题，公共资源的分配问题更加突出。

（1）对随迁流动人口子女，最主要的是提供教育和医疗资源。教育资源短缺尤为明显，郑州市启动了优质教育资源倍增工程，以最大限度满足流动人口子女受教育问题，但从目前情况看，短期内流动人口子女入学难的问题仍将突出。除了入学难的问题，流动人口子女的犯罪问题也日益显现，流动人口对子女的监管、教育严重缺失，随迁子女生活环境不稳定，难以融入城市，没有归属感，留守子女同样缺乏亲情，受教育时间短，法制观念淡薄，上述因素导致部分随迁子女和留守子女成为了“问题少年”，走向犯罪道路，犯罪活动频发。北京市海淀区人民检察院公布的一组数据显示，2007 年检察院受理的未成年人刑事案件中，外地籍未成年犯罪嫌疑人共 171 人，占总人数的 75%，比上年 68% 的比例又有所上升。目前河南还没有这方面的数据统计，但河南省内外流动人口随迁和留守子女众多，这一问题应该及早引起省内相关部门的重视。

（2）随迁老人问题也逐渐成为流动人口管理工作中的一个新问题。据《河南商报》的调查，由于人口流动性太大，民政厅、老龄委以及治安管理部门都没有随迁老人的相关数据，他们不从事经济活动，主要为子女照看孩子而流入城市。受生活习惯的影响，再加上子女忙于工作，无暇陪伴老人，随迁老人活动范围小，同样无法融入城市，往返于城市和乡村之间，生活寂寞，无法安心养老。随迁老人成为“回也回不去，留也留不下”的新流动人群，在老龄化社会已经提前到来的时代，他们的养老问题也将日益严重。

3. 流动人口分布过于集中将使有序引导的难度更大

河南省的流动人口问题很大程度上就是郑州市的流动人口问题。根据目前的城市发展战略，省会城市都在向超大型、国际化都市类型发展，城市规模不断增大。郑州市也不断在向周边地区扩展，随着城市化进程加快，将有更多农村人口纳入到城市发展规划中来，郑州市的城市定位、产业布局和未来发展还需要吸纳更多外来人口，而其他省内城市吸纳流动人口的能力相对较弱。在这种背景下，流动人口将更多地集中于郑州市。流动人口过分集中，将会进一步加大城市公共资源的供需矛盾，难以对流动人口进行有序引导，合理分流。

B.21

河南省污染减排研究报告

樊万选*

摘　要：2011 年是“十二五”的开局之年，也是中原经济区建设的起步之年。随着国内生产总值、城镇化率、能源消费总量的增加，全省主要污染物新增量将持续大幅增加；而河南省资源禀赋差、经济增长方式粗放、资源型产业比重高等问题难以在短期内根本解决，传统意义上的污染型行业依然在增加。如何破解经济发展与环境保护的难题，就是要找准污染减排结合点，坚持走一条不以牺牲生态和环境为代价的“三化”协调、科学发展路子，搞好污染减排，为河南振兴、中原崛起提供强有力的环境支撑。

关键词：开局之年　污染减排　“三化”协调　环境支撑

2011 年，在河南省委、省政府的正确领导和国家环保部门的大力支持下，河南全省各级环保部门坚持以科学发展观为指导，以改善环境质量为目标，以污染减排为主线，以解决危害群众健康、影响可持续发展的突出环境问题为重点，充分发挥环境保护在调整产业结构、转变发展方式中的重要作用，努力做到在发展中保护、在保护中发展，推动了全省经济社会科学发展。2011 年是“十二五”的开局之年，也是中原经济区建设的起步之年。坚持走一条不以牺牲生态和环境为代价的“三化”协调、科学发展路子，进一步搞好环境保护、污染减排，对于完成“十二五”全省环保目标任务具有重要意义。

---

* 樊万选，河南省社会科学院工业经济研究所副所长、研究员；研究方向，生态经济与可持续发展。

一　“十二五”开局之年河南环境保护和污染减排面临的形势

从国家层面来看，改革开放30多年来，中国经济快速增长，各项建设取得巨大成就，但也付出了不小的资源和环境代价，部分地区资源环境承载能力接近极限，环境问题已成为广大群众反映强烈、影响科学发展的突出问题。从河南省情来看，2011年10月，国务院发布了《关于支持河南省加快建设中原经济区的指导意见》，中原经济区建设被纳入国家“十二五”规划和主体功能区划，上升到国家战略层面，提出探索不以牺牲农业和粮食、生态和环境为代价的“三化”协调科学发展路子。这既是中原经济区建设的基本途径，也是其鲜明的特点，更是结合河南实际，落实科学发展主题和加快转变经济发展方式主线的体现。“十二五”期间，河南将处在工业化、城镇化和农业现代化加速发展时期，但是，随着国内生产总值、城镇化率、能源消费总量的增加，农村经济社会的发展，全省主要污染物新增量将持续大幅增加；同时，全省化学需氧量（COD）、氨氮总体已无环境容量，大气环境虽总体尚有容量，但部分区域超载严重。当前，经济快速发展产生的巨大资源需求和全省污染物排放量大、环境容量不足的矛盾，已经成为中原崛起的“瓶颈”制约。针对这种情况，如何服从、服务于中原经济区建设大局，如何为河南振兴、中原崛起提供强有力的环境支撑，是各级政府决策部门和研究咨询部门需要深入思考和解决的问题。

在全省各地热论中原经济区建设，各项事业蓬勃发展的新形势下，就全省环境保护和污染减排来讲，工作难度是比较大的。一方面各地都在追求GDP增速，积极推动对外开放、招商引资、承接产业转移等工作，污染物排放量大幅增加，给环境保护带来更大压力；个别地方为了加快项目建设，甚至出现“行政干预”现象，影响了环保法律法规制度的实施和环保作用的发挥。另一方面随着人民群众的环境意识越来越强、环境诉求越来越多，对环境质量改善的期待越来越高。

面对当前的环境形势，如何破解经济发展与环境保护的难题，就是要找准结合点。目前，这个结合点就是污染减排。当前及今后一段时期，就是要把污染减排作为破解发展与保护这个难题的突破口。只有加强污染减排，形成倒逼机制，才能加速落后工业产能淘汰，促使企业提升技术水平，严格控制新上高耗能、高

排放项目，推动经济结构战略性调整和优化升级。只有加强污染减排，降低污染负荷，才能有效改善城乡环境质量，减少环境风险，保障粮食等农产品质量安全，推动资源节约型、环境友好型社会构建。

二　影响河南环境总体质量的各因子综合状况

根据河南省环境监测中心提供的监测数据资料，[①] 2011 年 9 月，全省省辖市地表水责任目标断面水质化学需氧量（COD）或高锰酸盐指数达标率为 100%，氨氮达标率为 98.8%；城市环境空气质量优、良天数百分比为 99.3%；饮用水源地取水水质达标率为 100%；省辖淮河流域 10 个出省境断面水质化学需氧量（COD）或高锰酸盐指数达标率为 100%，氨氮达标率为 100%。2011 年前三季度，全省省辖市地表水责任目标断面水质化学需氧量（COD）或高锰酸盐指数累计达标率为 95.9%，氨氮累计达标率为 93.9%；城市环境空气质量优、良天数累计百分比为 91.6%；饮用水源地取水水质累计达标率为 100%；省辖淮河流域 10 个出省境断面水质化学需氧量（COD）或高锰酸盐指数累计达标率为 99.5%，氨氮累计达标率为 89.7%。

1. 地表水环境质量状况

（1）9 月达标情况。

COD 达标率：全省省辖市地表水责任目标断面水质 COD 或高锰酸盐指数达标率为 100%。郑州、开封、洛阳、平顶山、安阳、鹤壁、新乡、焦作、濮阳、许昌、漯河、三门峡、南阳、商丘、信阳、周口、驻马店、济源均为 100%。

氨氮达标率：全省省辖市地表水责任目标断面水质氨氮达标率为 98.8%。其中，郑州、洛阳、平顶山、安阳、鹤壁、新乡、焦作、濮阳、许昌、漯河、三门峡、南阳、商丘、信阳、周口、驻马店为 100%，济源在 90% 以上，开封在 80% 以上。

与 2010 年同期相比，在全省省辖市地表水责任目标断面水质目标 COD 或高锰酸盐指数、氨氮浓度平均值分别比 2010 年下调了 3.9%、20.9% 的基础上，全省省辖市地表水责任目标断面水质 COD 或高锰酸盐指数达标率上升 3.5 个百分点，氨氮达标率上升 0.5 个百分点（见表 1）。

---

① 本文数据均取自河南省环境监测中心月度报表。

表1　2011年9月河南省辖市地表水责任目标断面水质达标率及对比

城市	9月达标率		上月				2010年同期				1~9月累计					
			达标率		比较（百分点）		达标率		比较（百分点）		2011年累计达标率		2010年累计达标率		比较（百分点）	
			COD	氨氮	COD	氨氮	COD	氨氮	COD	氨氮	COD	氨氮	COD	氨氮	COD	氨氮
郑州	100	100	100	100	0	0	75.0	81.3	25.0	18.7	72.4	80.1	71.8	75.0	0.6	5.1
开封	100	87.5	100	100	0	-12.5	100	100	0	-12.5	88.5	79.5	96.2	82.9	-7.7	-3.4
洛阳	100	100	100	100	0	0	100	100	0	0	100	97.4	100	100	0.0	-2.6
平顶山	100	100	100	100	0	0	100	100	0	0	100	99.1	98.3	88.9	1.7	10.2
安阳	100	100	100	100	0	0	100	100	0	0	100	98.1	99.4	100	0.6	-1.9
鹤壁	100	100	100	100	0	0	100	100	0	0	100	99.1	100	100	0	-0.9
新乡	100	100	100	100	0	0	100	100	0	0	100	99.0	100	100	0	-1.0
焦作	100	100	93.8	100	6.2	0	100	100	0	0	93.6	93.6	98.7	100	-5.1	-6.4
濮阳	100	100	100	100	0	0	91.7	100	8.3	0	96.6	94.0	89.7	90.6	6.9	3.4
许昌	100	100	100	100	0	0	75	100	25.0	0	88.5	84.6	52.6	100	35.9	-15.4
漯河	100	100	100	90	0	10.0	95	100	5.0	0	95.9	93.3	88.7	89.2	7.2	4.1
三门峡	100	100	100	100	0	0	100	100	0	0	94.9	96.2	98.7	98.7	-3.8	-2.5
南阳	100	100	100	100	0	0	100	100	0	0	98.7	100	98.7	93.6	0	6.4
商丘	100	100	100	100	0	0	100	100	0	0	100	99.5	99.0	99.0	1.0	0.5
信阳	100	100	100	100	0	0	100	100	0	0	100	100	100	100	0	0
周口	100	100	100	100	0	0	100	87.5	0	12.5	99.1	80.8	98.3	78.2	0.8	2.6
驻马店	100	100	100	100	0	0	100	100	0	0	100	100	100	100	0	0
济源	100	91.7	100	100	0	-8.3	100	100	0	-8.3	97.4	95.7	94	90.6	3.4	5.1
全省平均	100	98.8	99.7	99.4	0.3	-0.6	96.5	98.3	3.5	0.5	95.9	93.9	93.6	93.7	2.3	0.2

注：1. 城市平均达标率是指统计时段内城市所辖监测断面达标率的算术平均值。计算公式为：达标率（%）$=\frac{\sum 断面达标率}{全市目标断面数}$

2. 断面达标率是指统计时间段内断面达标次数占总监测次数的百分比。计算公式为：断面达标率（%）$=\frac{断面达标次数}{总监测次数}\times 100\%$

资料来源：河南省环境监测中心：《河南省环境保护厅通报2011年9月份各省辖市环境质量情况》，《中州环境》2011年第9期。

（2）2011 年前三季度累计达标情况。

COD 或高锰酸盐指数累计达标率：全省省辖市地表水责任目标断面水质 COD 或高锰酸盐指数累计达标率为 95.9%。其中洛阳、平顶山、安阳、鹤壁、新乡、商丘、信阳、驻马店为 100%，周口、南阳、济源、濮阳、漯河、三门峡、焦作在 90% 以上，开封、许昌在 80% 以上，郑州在 70% 以上。

氨氮累计达标率：全省省辖市地表水责任目标断面水质氨氮累计达标率为 93.9%。其中，南阳、信阳、驻马店为 100%，商丘、平顶山、鹤壁、新乡、安阳、洛阳、三门峡、济源、濮阳、焦作、漯河在 90% 以上，许昌、周口、郑州在 80% 以上，开封在 70% 以上。

与 2010 年同期相比，全省省辖市地表水责任目标断面水质 COD、氨氮累计达标率分别上升 2.3 个和 0.2 个百分点。

（3）2011 年前三季度浓度平均值。

与上年同期相比，全省可比的 59 个地表水责任目标断面水质 COD 或高锰酸盐指数浓度平均值上升 0.6%，氨氮浓度平均值下降 14.0%。

2. 城市环境空气质量状况

（1）2011 年 9 月达标情况。

全省省辖城市环境空气质量优、良天数百分比为 99.3%。其中，开封、平顶山、安阳、鹤壁、新乡、焦作、濮阳、许昌、漯河、三门峡、南阳、商丘、信阳、周口为 100%，郑州、洛阳、驻马店、济源在 90% 以上。

与 2010 年同期相比，全省城市环境空气质量优、良天数百分比上升 4.3 个百分点（见表 2）。

（2）前三季度累计达标情况。

全省省辖城市环境空气质量累计优、良天数百分比为 91.6%。其中，信阳、驻马店、南阳、新乡、商丘、鹤壁、漯河、开封、三门峡、平顶山、周口、许昌在 90% 以上，濮阳、郑州、安阳、济源、焦作、洛阳在 80% 以上。

与 2010 年同期相比，全省城市环境空气质量累计优、良天数百分比下降 0.1 个百分点。

3. 城市集中式饮用水源地水质状况

（1）9 月达标情况。

按照地表水饮用水源地 28 项、地下水饮用水源地 23 项因子进行评价，全省

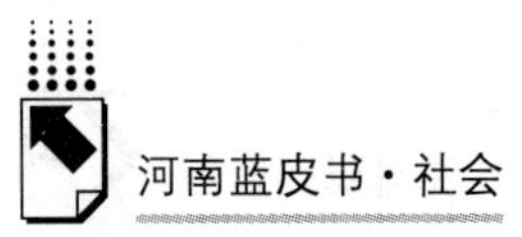

表2　2011年9月河南省辖城市环境空气质量优、良天数对比

城　市	9月达标率	上月		2010年同期		1~9月累计达标率			1~9月累计达标天数		
		达标率	比较（百分点）	达标率	比较（百分点）	2011年	2010年	比较（百分点）	2011年	2010年	比较（天）
郑　州	96.7	100	-3.3	90.0	6.7	89.4	88.6	0.7	244	242	2
开　封	100	100	0	96.7	3.3	92.3	94.9	-2.6	252	259	-7
洛　阳	96.7	93.6	3.1	76.7	20.0	86.5	87.5	-1.0	236	239	-3
平顶山	100	100	0	100	0	91.6	89.4	2.2	250	244	6
安　阳	100	96.8	3.2	86.7	13.3	89.0	88.3	0.7	243	241	2
鹤　壁	100	100	0	96.7	3.3	93.4	92.7	0.7	255	253	2
新　乡	100	100	0	100	0	93.8	93.4	0.4	256	255	1
焦　作	100	90.3	9.7	96.7	3.3	87.2	88.6	-1.5	238	242	-4
濮　阳	100	96.8	3.2	96.7	3.3	89.7	92.7	-2.9	245	253	-8
许　昌	100	100	0	100	0	91.2	91.9	-0.7	249	251	-2
漯　河	100	100	0	86.7	13.3	93.0	93.4	-0.4	254	255	-1
三门峡	100	100	0	96.7	3.3	92.3	91.2	1.1	252	249	3
南　阳	100	100	0	96.7	3.3	94.1	92.7	1.5	257	253	4
商　丘	100	100	0	96.7	3.3	93.8	93.8	0	256	256	0
信　阳	100	100	0	100	0	96.3	98.5	-2.2	263	269	-6
周　口	100	96.8	3.2	93.3	6.7	91.6	94.5	-2.9	250	258	-8
驻马店	96.7	100	-3.3	100	-3.3	94.5	90.5	4.0	258	247	11
济　源	96.7	96.8	-0.1	100	-3.3	88.3	88.6	-0.4	241	242	-1
全省平均	99.3	98.4	0.9	95.0	4.3	91.6	91.7	-0.1			

注：城市环境空气质量日达标率是指统计时间段内达到优、良天数占总天数的百分比。计算公式为：$达标率(\%)=\frac{城市达标天数}{总天数}\times 100\%$

资料来源：河南省环境监测中心：《河南省环境保护厅通报2011年9月份各省辖市环境质量情况》，《中州环境》2011年第9期。

饮用水源地取水水质达标率为100%。18个省辖市饮用水源地取水水质均达标。

与2010年同期相比，各省辖市饮用水源地取水水质达标率继续保持100%（见表3）。

（2）前三季度累计达标情况。

与2010年同期相比，各省辖市饮用水源地取水水质累计达标率继续保持100%。

表 3　2011 年 9 月河南省城市集中式饮用水源地取水水质达标率及对比

单位：%

城　市	9 月达标率	上月		2010 年同期		1～9 月累计		
		达标率	比较（百分点）	达标率	比较（百分点）	2011 年累计达标率	2010 年累计达标率	比较（百分点）
郑　州	100	100	0	100	0	100	100	0
开　封	100	100	0	100	0	100	100	0
洛　阳	100	100	0	100	0	100	100	0
平顶山	100	100	0	100	0	100	100	0
安　阳	100	100	0	100	0	100	100	0
鹤　壁	100	100	0	100	0	100	100	0
新　乡	100	100	0	100	0	100	100	0
焦　作	100	100	0	100	0	100	100	0
济　源	100	100	0	100	0	100	100	0
濮　阳	100	100	0	100	0	100	100	0
许　昌	100	100	0	100	0	100	100	0
漯　河	100	100	0	100	0	100	100	0
三门峡	100	100	0	100	0	100	100	0
南　阳	100	100	0	100	0	100	100	0
商　丘	100	100	0	100	0	100	100	0
信　阳	100	100	0	100	0	100	100	0
周　口	100	100	0	100	0	100	100	0
驻马店	100	100	0	100	0	100	100	0
全省平均	100	100	0	100	0	100	100	0

注：取水达标率是指统计时间段内城市饮用水源地达标取水量占总取水量的百分比。计算公式：取水达标率（%）$= \frac{\text{全市饮用水源地达标取水量}}{\text{全市饮用水源地总取水量}} \times 100\%$

资料来源：河南省环境监测中心，《河南省环境保护厅通报 2011 年 9 月份各省辖市环境质量情况》，《中州环境》2011 年第 9 期。

4. 省辖淮河流域出省境断面水质状况

（1）9 月达标情况。

省辖淮河流域出省境断面水质 COD 或高锰酸盐指数达标率为 100%，氨氮达标率为 100%。

与 2010 年同期相比，省辖淮河流域出省境断面水质 COD 或高锰酸盐指数达标率持平，氨氮达标率上升 7.5 个百分点（见表 4）。

表 4　2011 年 9 月河南省辖淮河流域出省境断面水质达标率及对比

单位：%

河流名称	控制断面名称	考核断面名称	与上月比较				与 2010 年同期比较				1～9 月累计达标率比较							
			9 月份达标率		上月达标率		比较（百分点）		去年同期达标率		比较（百分点）		2011 年累计达标率		2010 年累计达标率		比较（百分点）	
			COD	氨氮	COD	氨氮	COD	氨氮	COD	氨氮	COD	氨氮	COD	氨氮	COD	氨氮	COD	氨氮
淮河干流	淮滨水文站	淮滨水文站	100	100	100	100	0	0	100	100	0	0	100	100	100	100	0	0
洪　　河	新蔡班台	河南驻马店班台	100	100	100	100	0	0	100	100	0	0	100	100	100	100	0	0
颍　　河	沈丘纸店	安徽界首七渡口	100	100	100	100	0	0	100	100	0	0	100	35.9	100	56.4	0	-20.5
涡　　河	鹿邑付桥	河南周口鹿邑付桥闸	100	100	100	100	0	0	100	100	0	0	100	100	100	100	0	0
沱　　河	永城张桥	安徽淮北小王桥	100	100	100	100	0	0	100	100	0	0	100	97.4	94.9	76.9	5.1	20.5
浍　　河	永城黄口	永城黄口	100	100	100	100	0	0	100	100	0	0	100	100	100	100	0	0
包　　河	永城马桥	永城马桥	100	100	100	100	0	0	100	100	0	0	100	100	100	100	0	0
大 沙 河	包公庙	包公庙	100	100	100	100	0	0	100	100	0	0	100	100	100	100	0	0
泉　　河	沈丘李坟	沈丘李坟	100	100	100	100	0	0	100	25.0	0	75	94.9	69.2	100	46.2	-5.1	23.0
惠 济 河	鹿邑东孙营闸	鹿邑东孙营闸	100	100	100	100	0	0	100	100	0	0	100	94.9	100	89.7	0	5.2
全省平均			100	100	100	100	0	0	100	92.5	0	7.5	99.5	89.7	99.5	86.9	0	2.8

注：永城黄口、永城马桥、包公庙、鹿邑东孙营闸 4 个断面考核指标为 COD 和氨氮，其他 6 个断面考核指标为高锰酸盐指数和氨氮。

资料来源：河南省环境监测中心，《河南省环境保护厅通报 2011 年 9 月份各省辖市环境质量情况》，《中州环境》2011 年第 9 期。

（2）前三季度累计达标情况。

省辖淮河流域出省境断面水质 COD 或高锰酸盐指数累计达标率为 99.5%，氨氮累计达标率为 89.7%。

与 2010 年同期相比，省辖淮河流域出省境断面水质 COD 或高锰酸盐指数累计达标率持平，氨氮累计达标率上升 2.8 个百分点。

三　加强污染减排，推动资源节约型、环境友好型社会建设

1. 强抓措施落实，乐见减排实效

2011 年以来，河南省政府以污染减排为突破口，推进中原经济区建设。全省各级党委、政府继续坚持“政府主导、各部门齐抓共管、企业主办、全社会共同参与”等行之有效的做法，采取各种措施，推动各项工作开展。

（1）大力推动工程减排。全省共审计污水处理厂 11 座，总建设规模 42.6 万吨/日。截至 10 月，全省投入运营的污水处理厂共计 147 座，建成规模 648.55 万吨/日。1～10 月，全省城市污水处理厂累计处理水量 16.22 亿立方米，基本实现稳定运行。全省已有 11 台装机容量 668 万千瓦燃煤机组建成脱硝设施，并安装了在线监测装置，实现了与省环保厅联网。

（2）强力推进结构减排。截至 10 月份，全省共关闭不符合产业政策、废水不达标企业 242 家，关闭小火电机组 13 台共 239.2 万千瓦，关闭其他不符合产业政策、废气排放不达标企业 42 家，有效削减了污染物排放量，促进了全省产业结构调整和优化升级。

（3）监督管理减排。河南省环保厅下发了《关于做好 2011 年度重点企业清洁生产工作的通知》，共筛选确定了 85 家清洁生产审核重点企业。据统计，2011 年上半年，全省各级环境监察机构在各项执法检查中，共出动人员 21 万人次，检查企业 11 万多家次，查处纠正环境违法行为 3790 起，立案查处环境违法案件 1550 件。

2. 明确方向任务，搞好污染减排

中原经济区建设已拉开序幕，坚持走不以牺牲生态和环境为代价的“三化”协调、科学发展路子，环境保护、污染减排面临的任务十分艰巨。应围绕生态环

保中心任务，进一步做好污染减排工作。

（1）算清污染减排账，为污染减排工作开展打好基础。首先要认认真真地算清账。这其中，要算清全省污染物排放的存量账，算清工业化、城镇化进程加快发展带来的新增账，算清各项减排措施的潜力账，算清完成总量控制指标的对策措施账，更重要的是要算清通过深化污染减排、提升产业层次、优化经济发展的大账。不仅省级有关部门要算清这些账，各市、县也要一笔一笔算清楚，一五一十地算到行业、算到企业、算到项目，并及时向当地党委、政府进行汇报，分解任务，提出建议，有针对性地加大工作力度，深挖减排潜力，完善政策措施，确保完成“十二五”和今年减排目标任务。

（2）严格环境评价管理，从源头减少污染物排放量。作为环境管理工作重要组成部分的环境影响评价，是从源头控制污染和生态破坏，推动经济结构调整和发展方式转变最有效、最直接的手段。各级政府、环保部门应用好这一手段，进一步加大工作力度，严格环境准入制度，在坚决控制“两高一资”、低水平重复建设项目盲目扩张的同时，通过“上大关小”、等量置换、减量置换等方式，为重大项目和14个重点行业、新兴产业发展腾出环境容量和发展空间，支持中原经济区建设。另外，省委、省政府把建好180个产业集聚区，作为促进全省“三化”协调发展，构建“三大体系”的战略举措。随着土地、资金、项目的大量集中，产业集聚区在成为新的经济增长极的同时，也容易成为污染物排放的刚性集中增加区域，对此必须引起高度关注。各级政府、环保部门应既积极服务产业集聚区发展，又要将产业集聚区作为独立的、重点的环境管理单元，全面加强环境管理。要建立健全集聚区环保管理机制，积极推动环境友好型示范产业集聚区创建，加快推进为集聚区配套的污水处理、集中供热等环保基础设施建设，促进产业集聚区健康发展。

（3）加大环境监管力度，保障污染减排措施落实。环境执法监管是环保部门的重要职责，是管理减排的重要内容，也是保障各项减排措施全面落实的有力保障。2011年以来，各级环保部门履行监管职责，加大执法力度，组织开展重点污染源、污染减排工程等专项执法检查，有力地震慑了环境违法行为，提高了环境污染治理设施的运行效率，促进了污染减排工作的开展。环境执法与经济社会发展并不矛盾，加强环境执法，有利于维护群众的环境权益，有利于增强企业的社会责任意识和守法意识，有利于创造稳定的发展环境。各级政府、环保部门

应保持环境执法的高压态势，认真履责，硬起手腕，敢于执法，严于执法，不断提高环境执法的执行力和公信力。环境监管要特别注意两个问题：一是要高度重视并继续加强重金属污染防治工作，切实站在对人民、对社会负责的态度，严格落实国家的有关要求，绝不能让灵宝志成金铅股份有限公司污染环境、危害群众健康的类似事件再次发生。二是要加强应急信息报告，为事件处置争取主动，最大限度地减少污染危害，维护社会稳定。

（4）深化农村环境保护，拓宽污染减排渠道。河南是个农业大省、粮食生产大省，农村环保工作关系着6000多万农村人口的切身利益，关系着粮食生产核心区的粮食质量，也关系着中原经济区建设大局。当前，河南农村环境问题较为突出，农业源污染物排放量较大。加强农村环境保护工作，应是解决农村民生问题、拓宽污染减排渠道、改善农村人居环境的必然要求，也是今后全省生态环保工作的发展方向和“十二五”需要关注的工作重点，各级政府、环保部门应把此项工作提上重要议事日程，“一把手”亲自过问、亲自抓，抓出成效。2011年，河南省被国家列为农村环境连片综合整治示范省，国家和地方三年投入18个亿，是河南农村环保工作的一个重大机遇。7月6日，张大卫副省长专门听取农村环境连片综合整治工作进展情况汇报，要求各级环保部门高度重视整治工作中可能存在的不落实、走形式、低标准、太分散、缺配套、难持续等问题，深入调查研究，全面掌握情况，加强督导检查，确保项目按期建成并正常运行，3年后成效要明显、资金要安全，经得起“回头看”。按照张大卫副省长的指示，省直相关部门和各地环保部门领导班子都应进行抓点示范，定期查看进度，推动项目建设。另外，在项目建设和设施运行方面，各地要结合实际，积极探索适合当地的适用技术和管理模式，确保整治效果。省环保部门在这方面也应深入开展调研，对于普遍性的问题及时研究解决，抓好典型向面上推广。

（5）完善环境自动监控系统，为污染减排工作提供技术支撑。环境监测是环保部门履行法定职责的重要基础，是及时了解环境状况变化的“耳目”，而环境自动监控系统的建成启用，是环境管理走向“科学化、规范化、信息化”管理的一次重大飞跃，也将为全省污染减排工作提供有力的技术支撑。建设“覆盖全省、功能完备、技术先进、全国一流”的环境检测系统，是落实国家污染减排目标任务、保障环境安全的重点环保工程。应进一步完善制度和技术规范，明确环境监控等相关部门的职责和任务，规范值班、调度、数据采集传输、数据审核、信息流转、基站巡查、超标预警、违法查处等工作程序，着力提高系统运行管理效能。高效应用监控数据，要以自动监控数据为主要依据，判断、查处排污单位环境违法行为，并将自动监控数据应用于排污量核定和排污费征收等工作，为重点污染源监控数据的管理应用提供制度保障；加强对排污单位和运行服务单位的管理，明确界定监控基站的运行管理责任，严厉查处监控数据弄虚作假等环境违法行为，保障监控质量和监控数据的准确性。各级环保部门应以强化系统管理和提升监控数据使用效能为突破口，研究办法，加强管理，把这个系统管好用好，充分发挥效能，全面提高全省环境监测和环境监管新水平。

B.22

河南省优质教育资源倍增工程研究报告

——以郑州市为例

刘道兴　李怀玉*

摘　要： 自郑州市政府从2011年1月在全市范围内实施了优质教育资源倍增工程以来，满足了人民群众对优质教育资源的需求，实现了区域内教育均衡、优质发展的战略要求，提升了郑州市教育的整体实力，为打造中原经济区核心增长极奠定坚实的基础。

关键词： 优质教育资源倍增　教育投入　展望与思考

一　问题的提出

近年来，随着城市化进程加快，农村人口向城镇迁移和进城务工人员增多，城市义务教育需要接收的学生越来越多，随着农村学生向城镇流动，城市学校承受的压力也越来越大。城乡教育发展不均衡现象日趋严重。城内学校班级容量严重超编、农村学校班额严重偏少，有的甚至成了“空心校”，城乡学校形成两极分化格局；城内学校涌入大量优秀教师，农村学校新教师、优秀教师得不到补给，城乡师资力量差异、教学质量差距越来越大；城乡学校班额矛盾突出，一些新城镇居民的子女不能就近入学并享受不到与本地学生同等的待遇；等等。针对这些情况，2011年1月份，郑州市政府强力实施“优质教育资源倍增工程”。实施不到一年，已初见成效。优质教育资源倍增工程是郑州市的首创性工作，为全省乃至全国城市教育的发展积累了有益的经验。

---

* 刘道兴，河南省社会科学院副院长、研究员；李怀玉，硕士，河南省社会科学院社会发展研究所副研究员。

二　郑州市实施“优质教育资源倍增工程”的做法和成效

近年来，随着郑州经济社会的快速发展，郑州教育特别是基础教育已经具备较为良好的发展基础。但同时也有突出的“短板”，主要表现为郑州市教育供给特别是优质资源供给严重不足所带来的“择校热”和“大班额”等问题。为满足人民群众对优质教育资源的强烈渴求，郑州市委、市政府审时度势，启动并实施郑州市优质资源倍增工程，旨在通过多渠道、深层次的建设行动，充分发挥优质名校的辐射带动作用，全面提升教育的整体实力和品质，最大限度地满足人民群众对优质教育资源的渴求。

（一）实施优质教育资源倍增工程的做法

面对越来越突出的上学难问题，郑州市委、市政府认识到，问题的关键在于优质教育资源短缺，必须下大力气增加城市优质教育资源供给。解决孩子们的上学难问题，考验着政府加快城市化进程的决心，考验着政府关注民生、促进社会和谐的决心。2011 年 1 月 4 日，郑州市下发了《郑州市人民政府关于优质教育资源倍增工程的实施意见》。自此，郑州市“优质教育资源倍增工程”全面启动。这项工程由市委、市政府直接抓，总体目标是，利用两年时间集中攻坚，到 2012 年，市区优质小学招生学位由 6900 个增至 13900 个，优质初中招生学位由 3600 个增至 7200 个，优质高中招生学位由 5000 个增至 9600 个。具体措施主要有 6 项。

1. 优质学校扩建挖潜

对有一定发展空间的优质学校，市政府通过改扩建和内部挖潜，进一步扩大招生规模，扩大优质教育资源增量。扩建郑州一中及分校、郑州外语学校及分校，两年内增加招生学位 1000 个；扩建郑州二中、郑州十六中、郑州三十一中等 3 所学校高中部，两年内增加招生学位 2000 个；扩建郑州外语中学，两年内增加招生学位 200 个；扩建郑州二中、郑州四十四中 2 所学校初中部，两年内增加招生学位 300 个；并要求市内各区也要对辖区内优质小学进行改扩建和内部挖潜，每区不少于 2 所，两年内增加优质学位 1000 个以上。

2. 资源整合和联合办学

对部分优质学校与相对薄弱学校进行资源整合和实质性联合办学，进一步扩大优质教育资源。郑州二中与郑州十三中、郑州七中与郑州七十一中、郑州八中与郑州二十三中、郑州五十七中与郑州二十二中进行资源整合，两年内增加高质量初中招生学位1900个；郑州外语中学与2所民办学校形成联合办学体，两年内增加高质量初中招生学位900个。并要求市内各区各选择2～3所优质小学与相对薄弱小学进行实质性联合办学，两年内增加高质量招生学位2000个以上。

3. 优质学校跨区域发展

通过学校布局调整、初高中分设，或新建、购置等途径增加新校区，实现优质学校一校多区办学，促进优质学校均衡合理布局，切实扩大优质教育资源。实施郑州一〇六中学初高中分设，高中部外迁，两年内初中增加招生学位300个、高中增加招生学位400个；实施郑州一〇一中学外迁新建，两年内增加高中招生学位200个。并要求市内各区也要积极创造条件，采取多种途径，各选择2～3所优质小学增设新校区，两年内增加招生学位2000个以上。

4. 优质学校托管薄弱学校

通过优质学校托管相对薄弱学校的办法，充分利用相对薄弱学校的校舍资源，实现优质教育资源增量。郑州一中、郑州十一中托管3所郊区高中，两年内增加招生学位1000个；郑州外语中学托管1所新区初中，增加招生学位700个。市内各区也要各选择不少于2所市区优质小学托管相对薄弱小学，两年内增加招生学位2000个以上。

5. 确保资源倍增后的教育质量

由市、区教育行政部门研究优质学校资源扩大后的管理制度建设，创新学校实质性联合办学的内部治理结构，理顺决策、执行、监督等各个环节，提高优质学校管理水平。建立了“校聘”、“局聘”、“市聘”三级教师储备机制，为选聘优秀教师服务倍增项目学校教学开辟新渠道，新进的优秀教师提前一年到优质学校跟班实习，第二年任教担课，为实现优质教育资源倍增工程“增量不降质”的目标提供了优质师资的储备保障；采取“以师带徒”、“学校自训”、“系统培训”、“课题引领”、“专家指导”、“外出进修”的方式，对倍增项目学校教师进行分类别、分层次、有针对性的培训。同时，要求各学校也要加强现代学校制度建设，培育新型校园文化生态，加强优质资源倍增过程中的教学质量管理，实现内涵质量与资源规模同步提升，保障优质学校资源的可持续增长。

6. 大规模扩大教育规划用地

“人民群众对教育的需求已由‘上学难、上学贵’的问题转化为对优质教育的需求。实现优质教育资源倍增是人民所需，是发展所迫。”郑州市委书记连维良调研后提出，郑州要实施“优质教育资源倍增工程”，必须从长远教育规划用地入手解决根本问题。2011 年 8 月 26 日，郑州市十三届人大常委会第十三次会议，审议通过了《2009～2020 年普通中小学教育用地控制性详细规划》，规划总共控制出 450 平方公里范围内的 637 块教育用地。新增 1 万多亩教育用地，相当于新中国成立后 60 年来郑州市区中小学校面积的总和。按正常发展速度，可以基本满足郑州市未来 10 年市区中小学建设用地的需求。新出台的这份教育用地规划中，每块教育用地都有“橙线”保护，任何项目和单位不得随意变更侵占。三年内郑州将新建、改扩建中小学 66 所，使市区中小学平均班额达到国家规定的小学 45 人、初中 50 人的标准，杜绝出现 60 人以上的大班额现象。

为了落实上述措施，郑州市建立了严格的责任制，每个项目都有具体部门和专人负责，并且定期在全市通报工作进度，同时在《郑州日报》公布。同时推出了经费、教学质量、基建项目目标管理、干部、师资、扶持民办学校发展、奖惩、舆论引导、督察九项保障机制。

（二）实施优质教育资源倍增工程显示的初步成效

优质教育资源倍增工程是郑州市持续推进的民生实事之一，其主要任务是增加优质学位，满足群众上好学校的迫切愿望，最终实现教育的高位均衡、高质公平。自 2011 年 1 月实施此项工程以来，郑州市以市区省级示范性高中和办学条件好、教学质量高、社会认可的热点学校为依托，采取“扩建挖潜、一校多区、强校托管、联合办学”四种模式推进，经过 9 个月努力，目前共落实新生优质学位 15500 个，超出年度目标 1500 个。其中，高中学位 2750 个，初中学位 6000 个，小学学位 6750 个。

2011 年郑州市高中招生工作数据显示，市区省、市级示范性高中招生人数达 13076 人，已占普通高中录取人数的 57.6%，比 2010 年增加了 3 个百分点。市区普通高中比 2010 年增招的 1450 人也都在条件较好的普通高中就读。一批初中和小学通过资源重组和优质学校成功管理经验的输入，规模效益得到提升。如

郑州23中、郑州71中、郑州83中、交通路小学、回民一小、南关小学、金桥小学等已成为老百姓心目中新的名牌学校。

郑州市在市区义务教育阶段学校范围内成立了13个学区，覆盖了城区84所中小学校；先后成立了7个集团学校，覆盖了33个校区或分校。通过优质教育资源倍增工程相关项目的实施，推动了学区内和集团内所有学校教学质量和办学水平的提升，12所学校建成初就进入高位优质发展轨道；11所郊区学校有效实现跨越式发展。

三　城市优质教育资源严重短缺是全省普遍现象

改革开放以来，随着城市扩大、人口增加，河南省县以上城市新建了不少中小学，教育事业有了较快发展。近年来，城市人口增长进入加速期，特别是国家出台城市学校必须无条件接受农民工子女入学的政策，农村生源转入城市学校形成潮水之势，城市学校学位不足、教师不足、空间不足等问题集中显现出来，城市优质教育资源短缺成为全省普遍现象。这些问题主要表现在6个方面。

1. 义务教育基础仍然薄弱

近几年我国城乡义务教育实现了完全免费，这是值得载入中国教育史册的重大事件。但由于多年来对义务教育投入特别是农村义务教育投入严重不足，是我国义务教育领域存在的不容忽视问题。这些问题，一是农村学校办学质量差；二是城市学校伴随城镇化加快引起严重的大班额问题；三是城乡普遍存在义务教育不均衡问题。在广大贫困地区，尽管农村义务教育办学主体经历了由村负责、到乡负责，再到县负责几次调整，但学校基本建设投资严重不足的问题始终没有得到很好解决，农村学校质量差成为全国熟知的问题。由于支付教师工资困难，农村学校教师严重不足，新课改以后有许多课程在农村学校开不齐全。这既降低了农村义务教育的水平，又加大了城乡义务教育的差距。尤其需要强调的是，随着城市人口快速增长，城市中小学校过度拥挤，大班额教学现象十分普遍，使素质教育难以得到保证。义务教育停止收费以后，学校没有任何收入和积累，学校自身无力改变这种状况。尤其是近两年国家明确了农民工子女受教育由输入地学校无条件接收的政策，使这种现象更加严重。如果各级政府不从根本制度上解决义务教育基本建设投入问题，有可能使义务教育阶段上好学校难的问题更加突出，城市义务教育质量也难以保证。

2. 城市基础教育发展落后于人口扩张

在河南省许多地级市和县城，小学4000人、初中6000人的学校随处可见，有的学校可达到六七十个班，各班学生少则七八十人，多则上百人，班级容量超标一倍还要多。随着人数、班数剧增，学校功能用房被大量挤占，学生人均活动场地大幅度减少，有的学校学生在课间做体操时连胳膊也伸展不开。尽管如此，仍然满足不了从农村转移到城市入学的学生接受教育的需求。

3. 优质教育资源短缺，严重影响义务教育质量

城市面对大量涌入的新来学生，显然没有做好准备。河南省多个地级城市的中小学校场地过分狭窄，已经严重影响到学生的健康成长。“许多原本具有优势的城市学校，现在已经变得没有优势了，老师要带着扩音器讲课；一人搬不动作业本，每科要设两到三名课代表”，一位老师一脸无奈地说，由于班级容量过大，教室后排学生听讲存在困难，课堂纪律也无法保证。再加上老师的精力有限，课堂提问难以开展，批改每一个学生的作业难兑现，教学质量和学校管理质量都难以保证，素质教育更谈不上。一部分学生家长怕影响孩子学业，竞相送孩子参加课外辅导班。虽然各地教育部门对此明令禁止，但目前城市社会课外辅导班越来越红火，变相加重了家长和学生负担，使国家义务教育的政策大打折扣。

4. 新建学校少，导致教育资源分布不均

按规定，城市学前教育和义务教育应本着“就近方便入学”的原则，学校的位置和规模应根据该区域居住人口规模和合理服务半径配建。可是，随着城市建设的快速推进，学校建设严重缺位。由于经济效益的驱使，很多房地产商不考虑建校。根据规定，每5000人区域要预留一所6个班的规模幼儿园建设用地；每1万人区域要预留一所小学；每两万人区域要预留一所中学。近些年各地基本上都没有落实这些规定。由于一方面城市规划管理不到位，另一方面一些开发商采取“分期开发”等方法，规避学校建设，从而导致新建城区和商品化居民小区普遍缺少学校，造成城市教育资源严重分布不均。

5. 优质教育资源远远不能满足人民群众的需要

随着老百姓对子女教育期望值的增高，对优质教育的需求日益旺盛。就业市场对高学历和名牌学校文凭的导向，进一步激发了广大群众对优质教育资源的追求。一些发达城市，相对于人口急剧增长教育发展缓慢，质量高一点的幼儿园、

小学、初中、高中太少，导致择校矛盾突出，引起教育乱收费屡禁不止，并带来教育腐败和非均衡发展等一些深层次问题。在一些经济发达的城市，凡是质量较高一点的幼儿园、小学、初中、高中都出现了严重超大班额现象。每年幼儿园入学时，从首都北京到省会城市、县级城市，都出现了老百姓为孩子上幼儿园整夜排队现象，各类学校收择校费已成为国内人所公知的现象。而高校扩招以后也普遍出现大班上课现象，100 多人上大课，甚至 200 ~ 300 人上公共课已经习以为常，根本无法保证教育质量。

6. 基本教育教学条件得不到保证，影响教育质量

基本教育教学条件，一是教师队伍建设问题，二是学校校园校舍建设问题。现在这两大问题在一些地方都比较突出。就教师队伍来说，一些地方长期控制教师编制不让增加，主要是害怕吃财政饭人数增长。笔者在调研中获知，高等院校教师队伍的编制还是 1996 年核定的，现在招生规模和在校大学生总量已经比当时翻了两三番，编制一直未动。而中小学教师编制大多是 2001 年核定的，不少城市学校学生的规模也翻了一番多，但教师规模不让增加，导致一方面许多大学生、研究生找不到工作，另一方面各级各类学校教师人手十分紧张，甚至出现年轻女教师生孩子需要计划排队的现象。教师队伍紧张的背后实质上也是一个对教育投入的问题，是财政能不能对新增教师发工资的问题。

从学校建设角度看，我国农村校舍危房问题一直十分突出，由于农村学校基本建设经费长期投入不足，建设的校舍大多质量低劣，危房不断，形成恶性循环。目前，农村中小学建校债务负担沉重。在 20 世纪 90 年代末期，为了实现普及九年义务教育目标，不少农村地区自费“达标”举债进行学校建设，使农村中小学背上巨大的建校债务。从 2007 年开始，国家财政开始分批解决农村义务教育欠账和负债问题，这一问题有可能在近几年内得到解决。在城市化进程加快、城市学校出现快速增加之后，一些地方城市规划跟不上，出现了人口稠密区连建设幼儿园、建设中小学用地也找不到的现象。通过对上述现象及其发展过程的回顾和分析，可以清楚认识当前河南教育事业面临的基本状况和困难。

出现上述问题虽然原因很多，但归根结底是政府在发展城市义务教育方面投入不足，不适应城市化进程加快的需要。如果不尽快解决这些问题，很有可能会耽误一代人的受教育问题，素质教育、提高人才质量等都将很难落到实处。从社会和谐和关注民生角度看，如果长期解决不了这方面的问题，也会引起群众对社会和政府不满意。

四　加快推进“优质教育资源倍增工程”的思路与展望

郑州市“优质教育资源倍增工程”实施不到一年，初步成效已显现出来，2011 年秋季入学全市城市中小学学位明显增加，入学紧张局面已有较大缓解。表明实施这一“工程”的思路正确、措施得力、符合实际、顺应民心。尽快在全省实施“城市优质教育资源倍增工程”，改变全省城市中小学普遍存在的“大班额”现象。

1. 加大财政教育投入，确保实现法定增长

为确保 2012 年实现国家财政性教育经费支出占国内生产总值比例达到 4% 的目标，河南各级政府要按照《国务院关于进一步加大财政教育投入的意见》要求，坚持教育优先考虑、优先发展、优先保障的原则，要进一步优化财政支出结构，教育增长要高于一般财政支出，要把教育支出作为财政支出的重点领域予以优先保障。按照中央要求，河南省 2012 年财政预算内教育经费占财政支出的 16% ~17%。

2. 为城市教育投入扩大创造良好环境和条件

目前城市学校建设一方面缺少资金，一方面缺少用地空间。要下决心调整财政支出结构，采用省、市、县（区）财政各拿一定比例的办法，把新建中小学、幼儿园纳入每年“十件实事”，筹措充足建校资金，支持优质教育资源扩大规模，要对学校用地提供特殊支持。严格落实房地产项目配套建设学校和缴纳学校建设资金有关规定要求。凡是房地产开发小区，规模较大的都要按政策划出一定比例建设幼儿园和小学，政府在城市规划方面要提前为学校用地预留空间，对已经建成的居民区，要采用“腾笼换鸟”的办法，通过高中、技校、高校搬迁集中，把原来的教育用地用于中小学、幼儿园，便于市民子弟就近入学。实施市区职业学校外迁工程，通过土地置换优化教育资源配置。

3. 采取综合措施，扶持薄弱学校发展

要全力推进优质学校帮带薄弱学校，快速扩大优质教育资源规模。要研究出

台相关政策措施，扶持薄弱学校的提高发展。建立科学机制，大力加强名教师、名校长队伍建设。要把学校之间的帮带作为扩大优质教育资源的重点工作，通过改善薄弱学校办学条件和促进教师交流、校长交流，以及学校合并托管等办法，使质量较差的学校迅速改变面貌，让人民群众满意，减少择校和乱收费现象。

4. 切实规范教师选聘考录机制，构建一个充满活力的优质教师发展体系

现在一些地方班额大、分不开班的另一个原因就是教师太少，教师编制控制太紧。要在全省范围内大规模扩大城市教师编制，增加优秀年轻教师数量。各级财政增收部分，要拿出一定比例用于扩大公共教育事业用人编制增加。可以通过全省统一考试等办法，吸引优秀的大学生、研究生进入教师队伍，达到既增加教师数量，扩大优质教育资源，又解决大学生就业难、促进社会和谐等多重目标。

5. 充分利用民办教育的良好机制，大力发展学前教育

要坚持学前教育的公益性，在学前教育领域要建立政府主导、社会参与，公办与民办并举的办园体制。为更有效普及学前教育，要采取有效手段，可以通过政府购买服务等方式，扶持民办教育发展，切实改变学前教育资源不足的现状，让政府的有限投入产生更大效益。

6. 加大对教育督察和以法治教力度

必须对各级政府扩大优质教育资源的工作情况展开强力督查，把超过国家标准增加班额作为违纪行为，对当地政府进行督查。对大班额现象严重的地方和学校，要在全省通报。通过 2 ~ 3 年努力，实现全省优质教育资源跨越式增加，彻底消除中小学大班额现象。

7. 抓紧出台鼓励教师在农村长期和阶段性任教的政策措施

城乡教育的差别，本质是教师水平的差别。如何让农村学校留住优秀教师，优秀教师愿意到农村学校任教，教育部门及相关领导，都应当从实际出发，思考、研究和解决不断优化教师队伍的制度、政策、策略、资源、路径和方法问题。要努力缩小城乡教育差距，不断提高农村教师素质。一要完善师范生免费教育，进一步明确政策导向，重点为农村学校培养大批骨干教师，支持到农村学校任教免费师范毕业生的专业成长和长远发展。二要加大农村中小学教师培训力度，“国家培训计划”和“省培训计划”经费主要用于农村教师培训，特别要加强音乐、体育、美术等紧缺薄弱学科教师的培训。三要健全农村教师正常补充机制，在完善“特岗计划”的同时，采取多种措施，为农村学校补充大批高校毕业生。四要建立教师定期轮岗交流制度，推动县域内义务教育学校教师、校长定期轮岗交流。五要鼓励各地建立健全城镇教师支援农村教育制度，并将其作为职称、职务晋升的重要依据，抓好师范生到农村学校实习支教和农村教师置换脱产培训。六要完善教师准入退出制度，严格按照编制正常补充合格的新教师，在试点基础上逐步推进教师资格考试改革和定期注册制度，健全农村教师正常退出机制，解决既超编又缺人的突出矛盾。七要完善激励机制。在部分地区开展中小学教师职称改革试点，将中小学教师的最高职称从副高级和中级提高到正高级。这是对广大中小学教师价值的承认，是鼓励更多高学历、高素质人才从事中小学教育的重要举措。

B.23

河南省慈善组织发展现状与展望

张明锁　罗玉华　杜远征*

摘　要： 最近，部分慈善组织暴露出来的一些问题，引发了社会各界对慈善组织的再度审视。本报告通过对河南省慈善组织发展现状的调查和分析发现，目前全省慈善组织在取得一定成就的基础上也暴露出一些问题，如公信力发展状况不容乐观、信息披露难以满足公众需求、基层慈善网点偏少、慈善组织缺乏行业内沟通等。为此，本报告提出通过继续加大慈善组织信息披露力度、加强慈善组织内部管理和内务监督机制建设、完善慈善组织的外部监督机制等六个方面措施的实行，来促进河南省慈善组织的健康发展。

关键词： 慈善组织　公信力　信息披露　展望

2011 年 6 月 21 日，新浪微博上一个名叫“郭美美 baby”的网友颇受关注，这个自称“住大别墅，开玛莎拉蒂”的 20 岁女孩，其认证身份居然是“中国红十字会商业总经理”①，由此引发很多网友对中国红十字会的非议。自 6 月下旬“郭美美事件”发生后，全国 7 月社会捐款数和 6 月份相比降幅超过 50%，慈善组织 6～8 月接收的捐赠数额降幅更是达到 86.6%②。紧随其后，“河南宋基会”慈善迷雾、“中非希望工程”事件等再度引起网友对我国公益慈善组织的质疑。这些事件的发生加深了公众的慈善忧虑，影响了公众参与慈善事业的热情，同

* 张明锁，郑州大学公共管理学院教授、博士生导师；罗玉华、杜远征，郑州大学公共管理学院研究生。

① 百度百科，“微博炫富事件”，http：//baike. baidu. com/view/5963871. htm? subLemmaId = 6032522&fromenter = % B9% F9% C3% C0% C3% C0% CA% C2% BC% FE&redirected = alading。

② 百度百科，“微博炫富事件”，http：//baike. baidu. com/view/5963871. htm? subLemmaId = 6032522&fromenter = % B9% F9% C3% C0% C3% C0% CA% C2% BC% FE&redirected = alading。

时，也引起了政府的重视和学术界的关注。在这种大背景之下，为了解河南省慈善组织发展现状，进一步推动全省慈善事业健康发展，郑州大学应用社会学研究所及时组织课题组，就河南省慈善组织发展现状展开调查。调查主要采用深入访谈和发放问卷的方式。在2011年，课题组对河南省慈善总会等多家慈善组织进行了深入的访谈，从2011年10月1~16日，依据分层抽样的方法，按照河南省各地市经济发展水平、人口分布选取省会城市郑州和开封、三门峡、安阳等10个地级市实施问卷调查。调查共发放问卷500份，回收有效问卷493份。现将调查情况及若干建议报告如下。

一 河南省慈善组织发展现状

慈善组织是发展慈善事业、弘扬团结互助精神、促进社会和谐、增强民族凝聚力的重要平台和支撑，数量充足、运作规范、社会公信力高的慈善组织是慈善事业健康发展的重要保证。在过去的一年，河南省在慈善组织建设方面取得了巨大成就，具体包括以下几个方面。

1. 法律法规逐步完善

为规范社会组织评估工作，自2011年3月1日起，民政部出台的《社会组织评估管理办法》开始施行。河南省民政厅在注重社会组织培育发展的基础上，进一步强化社会组织的监督管理工作，严格规范社会组织年检工作，使得慈善组织不断向着规范化、制度化、科学化的方向发展。2011年10月25日，河南省民政厅正式发布并实施《河南省慈善捐助信息公开办法》，这无疑为为河南省慈善组织信息公开建设提供了政策依据。

2. 慈善事业得到了高层领导的重视和大力支持

省委书记、省人大常委会主任卢展工对慈善事业给予大力支持。在他的倡导下，慈善已成为河南企业家的风尚，中原大地形成了以慈善为荣的良好社会氛围。在其大力支持下，河南省的慈善公益屡次“井喷”，善款屡创新高，各地市陆续兴起慈善之风，其中成效最为显著的是荥阳市的“全民慈善”。在“慈善无处不在”理念的引导下，荥阳市成为全国第一个也是唯一获中华慈善奖的城市。民政部副部长窦玉沛称赞“‘荥阳慈善城市名副其实’，‘全民慈善’做得很到位，有实质性的进展，有实际性的支撑平台，有实实在在的效果”。

3. 慈善组织数量不断增多

随着经济的发展，人民文化素质的提高，慈善组织的发展得到了越来越多的重视和关注。在全国慈善组织快速发展壮大的今天，河南省的慈善组织数量在迅速增加，截至2011年5月底，河南省民间组织管理局共注册慈善性质的基金会59家。慈善组织数量迅速增多，品质显著提高，为河南省慈善事业的发展提供了更为广阔的平台。

4. 慈善组织信息公开力度进一步加大

信息公开度对慈善组织的发展至关重要，它是取得社会信任的基石。河南省在贯彻落实国家方针政策的基础上，广泛听取社会呼声，进一步加大了慈善组织信息的公开度。河南省慈善总会率先在全国实现了慈善组织信息公开，将每一笔善款、每一处花费都公之于众，并主动邀请外部人士来监督爱心项目，力求慈善事业沐浴在阳光下。

5. 慈善组织内外部监督机制进一步完善

严格高效的内外部监督机制，是慈善事业健康持续发展的重要保障。郑州慈善总会率先成立监事会，广泛吸收人大代表、政协委员、捐赠者、受助代表、纪检、监察、审计等部门人员意见，监督慈善的募捐、救助、工作运行，监督项目的实施、评估、反馈，形成内部监督、社会监督、媒体监督三位一体的监督机制。

在取得成绩的同时，河南省慈善组织也存在一些问题，如河南省目前还没有成立慈善行业协会、慈善组织的内外部监督机制还需要进一步完善等。

二　河南省慈善组织在发展过程中存在的问题与不足

1. 慈善组织公信力状况不容乐观，资金募集能力弱

公信力是慈善组织的生命，慈善组织担任着善款筹集者和管理者的重要角色，其公信力的高低直接影响着人们对慈善事业和慈善项目的支持力度。在调查中，我们就当前的慈善热议话题“郭美美事件”，对公众的慈善意愿进行调查。

（1）“了解了‘郭美美事件’后，您还愿意参与慈善活动吗?”从被调查者的回答来看，只有17.3%的人选择愿意继续参与慈善活动；29.9%的人直接选择了不愿意；另外还有52.8%的人选择不知道、视情况而定这样含糊的答案。

由此可见，慈善行业发生的一系列事件对人们的慈善行为产生了很大的负面影响，慈善组织的社会公信力受到民众的质疑。

（2）当被问及“若您想参加或组织捐款，您最担心的问题是什么?”时，高达53.9%的人担心款项被贪污、挪用；29.5%的人担心捐赠后没有音讯，不知道被捐赠者是否得到善款；14.2%的人担心款项用途和自己的本意相违背；另有2.4%的人担心管理成本太高，造成资源浪费。由此看来，公众对善款是否被贪污、挪用以及捐赠后没有音讯非常担忧，慈善事业作为一种社会公益事业，社会公众对其善款使用状况有知情权，然而慈善组织在得到善款后却没有及时披露相关信息，加之最近一些慈善负面新闻的报道，公众难免会有此种担忧，而这种担忧直接影响到了慈善组织资金募集能力。

究其原因，河南省的慈善事业起步较晚，目前尚处于初期发展阶段，也是组织性质、组织行为尚未成熟的时期。具体说来，首先是相关法律法规不健全。从国家层面来说，慈善法尚未出台，现有的法律法规存在着操作性不强、难以执行等问题，而河南省也缺乏相关的法规政策对慈善组织进行约束，这就在一定程度上为某些慈善组织的不正当运作提供了空间，对慈善事业的发展产生了消极影响。其次，慈善组织内部管理不规范。慈善组织内部决策权往往集中在少数或单个人手中，人事管理混乱，且缺乏应急管理机制，对负面事件无法做出及时有效的回应，也在一定程度上破坏了组织公信力。再次，外部监督机制不健全，缺乏专业的第三方评估和监督机制，广大民众因缺少对慈善组织进行监督的法律依据而无从监督，新闻媒体等对慈善组织的监督也处于一种不力的状态。

2. 慈善组织信息披露程度难以满足公众需求

“慈善事业要有玻璃做的口袋”①，公开透明是慈善组织的立身之本。调查结果显示，75.5%的人在捐赠后从未收到过捐赠发票，还有21.8%的人表示捐赠后很少收到发票。当被问及“是否知道捐赠的款物如何使用”时，更是有82.1%的人选择了不知道。另有高达98.6%的人表示捐赠后没有或者很少收到慈善组织的信息反馈。这些最基本的信息捐赠者都无从得到，可见慈善组织的信息披露机制确实很不健全。

---

① 郭立场：《慈善事业必须玻璃做的口袋》，人民网·观点；http：//opinion. people. com. cn/GB/15091342. html。

目前，一方面关于信息披露的法制规范还不健全，上级主管部门也缺乏相应的强制措施，慈善组织在信息披露方面无章可循且对信息披露不够重视，本着“多一事不如少一事”的消极态度，对民众所渴望获得的信息不予披露；另一方面慈善组织信息披露能力不足，必须承认，信息披露是要付出相应成本代价的。许多慈善组织由于受到人力、物力、财力等限制，不得不只披露一些简单的、基本的信息，有的甚至完全不披露。

3. 基层慈善网点偏少，群众捐款不方便

方便快捷的基层捐款平台，灵活畅通的基层捐款渠道，对慈善事业的发展至关重要。在对河南省基层慈善网点的建设状况进行调查时发现，慈善工作联络站（慈善工作办公室）在乡、镇、社区的建设还处在初步发展阶段，从被调查者的回答中得知，13.4%的人明确知道在自己的生活辖区内有这样的基层慈善网点，有38.0%的人回答在他们周围还没有捐赠网点，近一半的被访者表示对此不了解，可见，基层慈善网点的建设和宣传在河南省还未被居民了解。

目前，社会公众捐款大多通过向慈善机构指定的账户或地址汇款，在大型募捐活动现场捐赠等方式进行。基层的慈善捐款平台较少，网点分布不均，在社区、街道、高校等群众集聚的地方缺乏正规慈善网点，给群众的捐款带来极大的不便，常会产生想要捐款捐物但无处可捐，或是因联系慈善机构过程烦琐而放弃捐赠等现象，这将会影响群众的捐款积极性，阻碍河南省慈善事业的健康发展。

4. 慈善项目设计缺乏创新，项目宣传力度不够

目前，河南省的慈善救助对象仍停留在老、弱、孤、寡、残等传统意义上的困难人群，扶助范围有限，捐助者可选择的余地很小。由于宣传力度不够，许多人并不能很好地了解河南省各慈善救助项目，这就在一定程度上降低了慈善事业的效力效果。

在对“你最熟悉的慈善项目”的调查上，我们特意选取了一家在河南省内具有影响力的慈善组织，然而，根据调查结果显示，对其任何一个慈善项目表示熟悉的公众人数都不超过被调查总人数的25%，而表示对这些项目都不熟悉的人数占总人数的41.2%。民众对慈善项目不了解，甚至闻所未闻，捐赠就无从谈起。由此可见，慈善组织的项目设计缺乏创新，号召力不足，同时在宣传上还有很大的提升空间。

5. 慈善组织各自为政，行业沟通较少

河南省慈善组织小、散、弱的问题比较突出。目前省内慈善组织种类较多，发展状况不一，大都规模较小，加之还未有类似行业协会的权威组织统一制定行业规范，促进组织合作，监督组织运营，因此还存在着各自为政、缺乏沟通的状态。根据调查发现，各家慈善组织仅从自身出发，各自开展慈善活动，这就极容易造成重复捐助、漏助、项目设置重复甚至慈善组织间恶性竞争等许多问题，从而影响慈善事业整体效应的发挥。

三 对河南省慈善组织发展的展望

总体而言，在已有成就的基础上，今后河南省将继续以科学发展观为指导，坚持“党委领导、政府推动、民间运作、行业发展、法律规范、全民参与”的发展方针，依据党中央“发展慈善事业”的精神及《中国慈善事业发展指导纲要（2011~2015）》中有关慈善组织的总体规划，大力促进河南省慈善组织建设。同时，严格执行《社会团体登记管理条例》、《社会组织评估管理办法》、《公益慈善捐助信息披露指引》等相关法律法规，加强慈善组织建设，促进慈善事业发展。在全社会共同努力下，河南省慈善组织一定会呈现出全民参与、公开透明、管理规范、运行有序的局面。具体来说，全省今后的慈善工作主要包括以下几个方面的内容。

1. 继续加大慈善组织信息披露力度

慈善组织通过接受社会捐赠或以税收优惠等形式获得公益资产，从事公益活动，有向社会公众披露其内部管理、款项用途、组织运作等信息的责任。而且信息披露能够提高慈善组织的透明度，有助于慈善组织与社会公众建立良好的信任关系，是慈善组织提升其公信力的重要途径。在今后一段时期，应大力提高慈善组织的信息披露力度，促进慈善组织公开透明。

（1）河南省内各慈善组织应严格按照民政部即将出台的《公益慈善捐助信息披露指引》、河南省民政厅出台的《河南省慈善捐助信息公开办法》等文件中的要求，向社会公众披露其组织的相关信息。各慈善组织首先要认真学习这些文件精神，提高其信息披露意识，增强对信息披露的重视程度。

（2）要做好信息披露的准备工作。按照相关文件的要求，做好组织内部信

息披露规章制度的制定、信息披露平台的构建、信息披露专业人才的筛选等相关工作，以便信息披露工作的顺利展开。

（3）在今后的工作中要详细记录并及时公布募捐活动信息、接收捐赠信息、捐赠款物使用信息等相关信息。

在做好上述工作的基础上，慈善组织还应意识到，保证社会公众能够方便快捷的获取披露信息也是十分重要和必要的。因此在披露方式上，应选择有一定社会影响力的媒介，利用其广泛的覆盖面使大众能够及时准确的了解到慈善组织所披露的各项信息，并积极拓展信息披露渠道，合理利用多种媒介，保障信息披露工作顺利进行。

2. 进一步加强慈善组织内部管理和内务监督机制建设

加强慈善组织内部管理和内务监督机制建设，提升慈善组织公信力，将会对河南省慈善事业的发展起到更大的推动作用。

（1）加强慈善组织的内部管理。公益善款是慈善组织得以发展的"血液"，也是群众最为关注的焦点所在，因而加强慈善组织的内部管理，最重要的是对公益善款的管理。慈善组织要制定详尽具体的资金管理运营办法，将募捐、救助、投资相分离，同时建立健全慈善资金监督和反馈机制。除此之外，加强对慈善组织工作人员行为规范的管理、加强对慈善流程操作的管理、加强对慈善资金投资增值的管理等一系列内部管理措施，也将对慈善事业的良性发展产生巨大的作用。

（2）加强慈善组织内务监督机制建设。一般而言，慈善组织的内务监督机制主要来源于慈善组织的监事会，因而应在慈善组织内部加强监事会的建设，使其独立于慈善组织理事会之外，不被理事会所束缚和制约。另外监事会成员应从社会广泛吸纳，保证监事会行使权力时能够做到公平公正，从而发挥其应有的作用。

3. 进一步完善慈善组织的外部监督机制

完善的外部监督机制是慈善组织规范发展的催化剂，就目前河南省慈善组织的发展状况而言，应从多角度、全方位去完善外部监督机制。

（1）政府的监督仍是慈善组织外部监督的重要方式。一方面政府应建立专门的慈善组织监管机构，如监督委员会等，实施对慈善组织的统一监管和指导；另一方面监管委员会要严格贯彻自 2011 年 3 月 1 日起施行的《社会组织评估管理办法》，设立评估委员会和复核委员会；其组织成员要从研究机构、社会组织、会计师事务所、律师事务所等具有合法资质、公信度好的中立第三方中挑选。委员会定期对慈善机构进行资质、财务状况、信用等级评估并予以公布，使各慈善机构对捐款的使用去向保持高度透明。另外，充分发挥税务机关、审计机关的监督作用，通过对慈善组织的账目、年度报告、财务及经营状况的审查，防止挪用善款的现象发生。

（2）充分发挥新闻媒体的监督作用。新闻具有时效性强、洞察力敏锐的特点，新闻媒体应该及时跟踪报道慈善组织的相关信息，尤其是对慈善组织财务信息、资金募集信息等进行报道，从而发挥其监督作用。

（3）发挥社会公众的监督力量。通过成立专门的社会监督小组，对慈善组织各个环节进行监督。其中监督小组成员可包括普通市民、捐赠者、受益者、审计人员等，监督小组有权参与慈善组织的各项活动。

4. 进一步提高基层慈善网点覆盖率

根据调查发现，河南省基层蕴藏着巨大的捐赠潜能，由于缺乏便捷的捐赠渠道而未能得到有效的发挥。目前，河南省一些地市已认识到这种状况，出台了关于建立健全基层慈善组织的相关文件，并着手慈善网点的建设，如周口市的项城市，截至2011年8月30日，已建立项城市慈善总会1个，乡镇（办事处）、市直慈善分会24个，慈善工作联络站1485个，设立慈善工作联络员4000多名，初步形成了覆盖全市的慈善组织网络。基层慈善组织网络的建设对于慈善事业的发展具有重要意义，因此，在全省范围内，要进一步完善基层慈善组织网点建设，方便基层群众的慈善活动。

（1）可在有条件的社区、街道办事处、乡镇办事处，设立慈善工作联络站或慈善工作办公室，从而建立健市、县、乡基层慈善组织网络，形成上下联动募善款、施救助、抓宣传的机制，使慈善组织成为民间社会捐赠、社会救助的主要渠道。

（2）可广泛设立慈善捐助点，采用灵活多样的方式来保障捐款渠道的畅通。在超市、餐馆等地设立“便民捐款箱”，在社区、高校等地设立“固定捐款点”，指定专人负责，专人监督，使群众可以随时随地奉献爱心，顺利捐款捐物，从而逐渐形成“便利参与慈善，全民参与慈善”的良好社会风尚。

5. 积极创新慈善项目的设计并加强宣传

慈善项目是慈善事业发展的支点，一个好的项目要可持续、可发展，就要通过专业的项目管理逐渐在公众心中形成品牌，才能募集到源源不断的善款，因此，慈善项目的设计就显得尤为重要。

（1）项目设计要有可行性。由于河南省人口较多，需要救助的范围也较广，在项目的设计中就需要进行综合考虑，一方面要考虑需要救助人群的特征、捐赠者的兴趣，另一方面需要考虑组织自身现有的资源和优势以便进行优先选择、合理分配资源。

（2）项目设计要有逻辑性。从项目背景、问题分析到项目具体活动、项目目标、效果的论述都要具有一定的逻辑性。

（3）项目设计要有创新性。缺乏创新的慈善项目，无法激发人们的参与热情。慈善组织在项目设计时，可通过网络等方式向社会公众征求意见，一方面可以为项目的设计增加创意，另一方面让社会公众参与到慈善项目设计中将会增加项目的社会认同度。

（4）要通过各种途径加强项目宣传，使慈善项目的理念、价值得到公众的认可。充分发挥报纸杂志、网络媒体、电视媒体等传媒的宣传作用，扩大慈善项目的影响力，从而提高人们参与的积极性要充分利用好社区居委会、基层慈善工作站或办公室等宣传平台，如通过展板、宣传栏等简便易行的方式使大众易于获取慈善项目的信息，方便大众捐款。

6. 积极促进河南省慈善行业协会的成立

慈善行业协会的成立，是河南省慈善事业日趋成熟的体现。这个“风向标”的建立，将带领慈善业阔步前进；通过成立河南省慈善行业协会，可以将省内不同类型不同地区的慈善组织进行规范和整合，促进各组织之间的和谐合作，取长补短，共同发展，有效弥补因各组织之间沟通协调不当而引起的重复捐助及遗漏捐助等慈善缺陷。慈善行业协会的成立，实质上是加大了对慈善组织的管理与监督，对慈善事业的发展提出了更高的标准和要求，使河南省慈善业的发展更加透明化，规范化。

关于行业协会的成立可以借鉴首都慈善公益组织联合会的经验，在省委、省政府的大力支持下，由河南省内几家慈善组织联合发起，然后逐步增加其会员数量，发挥其联结政府、慈善组织、社会三方的桥梁和纽带作用。行业协会通过为慈善组织搭建联合募捐平台、自律管理平台、组织协调平台、咨询培训平台、制度建设平台、社会监督平台等各种平台来促进慈善组织的全面发展。慈善行业协会还可以定期举办行业发展经验交流研讨会，邀请知名专家、学者、政府人员、社会人士等就该领域某一问题进行深入交流，以促进组织自身及整个行业的发展。

成立河南省慈善行业协会，无疑会增加公众对河南省慈善事业的认可度和支持度，这将成为河南省慈善事业稳步前进的坚实后盾。

在当今中国，慈善已成为一种逐渐深入人心的理念，无论是突发灾难的紧急救助，还是保障型的济贫助弱，慈善组织都发挥了极为重要的作用。党和国家对慈善事业的发展十分重视，先后颁布了一系列慈善组织法律文件。在实践中河南省慈善组织的发展取得了显著成绩，但也存在着一些的问题和不足。我们应以科学严谨的态度去分析这些尚待解决的问题，寻求最佳解决方案，全方位调动积极性，在遵从国家慈善组织相关法律的基础上，勇于创新，勇于实践，政府牵头，慈善组织运作，社会广泛参与，营造全民慈善的良好社会氛围，打造标杆性的中原慈善风尚，使河南省的慈善组织发展更上一层楼。

参考文献

陈如、曹源：《我国慈善组织公信力弱化的因素与对策——以汶川大地震为例》，《社会纵横》2010 年第 3 期。

闻晶：《新形势下中国慈善组织内部监管机制探讨》，《中国市场》2010 年第 48 期。

肖和保：《我国慈善组织的外部监督》，《湖南大学学报（社会科学版）》2011 年第 1 期。

郑远长：《慈善事业的现状与展望——以广东、浙江经验为例》，《社会福利》2009 年第 10 期。

林闽钢：《慈善组织社会问责探讨》，《东岳论丛》2006 年第 6 期。

B.24

社会性别视角下河南省老年人的养老保障问题研究*

蒋美华 王献峰**

摘 要：目前，在河南省，家庭养老虽仍然是老年人养老的首要选择，但已经呈现出弱化趋势；老年人的养老观念正在发生变化，养老方式和内容逐步走向多样化，养老保障意识正在增强。进一步分析发现，河南省老年人养老保障仍存在诸多问题，譬如养老保障水平较低、相关宣传工作不到位使老年人对养老保障认识不足、养老保障政策存在性别差异使老年女性养老处于弱势地位等。为此，需要从社会性别视角出发，推进适度普惠制养老保障制度建设、制定和完善养老保障的法律法规、建立老年群体的利益表达机制和协商机制、加大将社会性别意识纳入决策主流的力度以缩小养老保障政策中的性别差异等得力措施，予以积极应对和妥善解决。

关键词：养老保障 老年人 社会性别

作为一个农业人口数量众多、地区经济发展不平衡、老龄化形势严峻的中部大省，河南省老年人的养老保障问题尤为凸显。在有关老龄化问题的研究中，关注老年人的养老保障问题还需采用社会性别视角观察分析，才能更全面地反映老年男性和老年女性的养老保障现状及其存在的问题，进而在此基础上，提出更切实有效的、提升包括老年女性在内的全体老年人保障水平的政策建议。

---

* 本文为2011年河南省政府决策研究招标课题“社会性别视角下河南省老年人的养老保障问题研究”的阶段性成果（项目批准号：2011B739）。

** 蒋美华，博士，郑州大学公共管理学院教授，硕士生导师，主要研究方向为社会性别与社会发展；王献峰，郑州大学公共管理学院2009级社会学研究生。

为此，本课题组在河南省内对老年人的养老保障问题展开了深入的调查。调查从2011年4月开始，2011年10月结束，历时半年时间。本次调查共发放问卷350份，有效回收问卷322份，有效回收率达92%。问卷内容包括基本信息、生活现状与养老、经济状况与养老、城乡体制与养老、社会性别意识与养老、养老保障的认知情况六个部分，期望能较为全面地获得河南省老年人养老保障的相关资料。本次调查样本分布于河南省18个地市的城市和农村，并收集个案访谈资料20篇，有效地弥补了问卷资料中存在的不足。调查结束后，利用SPSS统计软件对问卷资料进行数据处理、检验和分析，并与定性方法相结合，对老年人的养老保障问题进行了具体的解读。

一 调查样本的基本情况

本次调查回收的有效样本位322份，样本的基本情况如下：

1. 性别分布

男性被调查者为157人，所占比例为49%；女性被调者为165人，所占比例为51%。男女两性被调查数量基本处于平衡态势。

2. 年龄构成

由于我国实行男女不同年龄退休政策，现行的法定退休年龄是男60岁，女干部55岁，女工人50岁。为此，本次调查从社会性别视角出发，将50~59岁的人群作为参照群体纳入了调查样本，希望能更全面地反映老年男性和女性的社会保障境况。本次调查中，50~59岁的被调查者为81人，占25%；60岁及其以上的被调查者为241人，占75%。其中，71~80岁的老年人为71人，占22%；81岁及以上的老年人为19人，占6%。值得关注的是，在其他年龄段，老年男性和女性的比例差别不大。但在81岁及以上的老年人中，老年女性所占的比例高达68%。这说明，从社会性别视角出发，高龄老年女性的养老保障问题尤其需要引起社会的关注。

3. 受教育水平

本次调查中，初中及初中以下被调查者所占的比例为77%。可见，在这次调查者被调查者普遍的学历较低，文化水平不高。而男、女老年人相比较，女性老年人受教育水平大大低于男性。

4. 职业类型

本次调查中，就老年人现在或以前的身份而言，农民所占比例为50%，是这次调查的主体人群，事业单位员工所占比例为16%，其他职业类型所占比例较少，且处于均衡态势。男女老年人相比较，老年男性在国家，企事业单位供职的较多，老年女性多是民企或外企员工、个体经营、农民等。

5. 户口类型

本次调查中，城市户口所占比例为34%，农村户口为66%，基本符合河南省城市农村人口分布的总体状况。男、女老年人的性别比例分布也基本符合河南省的实际情况。

6. 婚姻状况

本次调查中，离异或丧偶的老年人为62人，所占比例为19%。在男、女两性比较中，女性老年人离婚或丧偶的比例大约是男性的2倍，这部分老年女性尤其需要从社会性别视角出发给予更多的福利关照。

二　社会性别视角下河南省老年人的养老保障现状

2009年9月，国务院颁布了《国务院关于开展新型农村社会养老保险试点的指导意见》，确定从2009年10月起开展新型农村社会养老保险试点，同年河南省的21个县（市、区）参加全国的首批试点工作。2011年7月1日，城镇居民社会养老保险试点工作也已经展开。在这种背景下，河南省老年人的养老保障模式、态度、方式是否有所改变？他们的晚年生活是否得到了真正意义上的保障？他们对新型的养老保险制度有何预期、评价和建议？通过调研，笔者从社会性别视角出发，发现河南省老年人的养老保障呈现出以下境况。

（一）家庭养老仍然是老年人养老的首要选择，但已经呈现出弱化趋势

中华民族几千年以“孝”为核心的文化传统的影响和老年人对“老有所养，含饴弄孙，儿女承欢膝下”梦想的渴盼，使得家庭养老仍然是河南省老年人养老方式的首要选择。这种养老方式具体表现出以下两种情况：一种是老人与儿女生活在一起，帮助照顾孩子和料理家务，子女给予经济供养和精神慰藉；另一种

老人与儿女不生活在一块，儿女按时给生活费用于保障老年人的日常所需，平时给予一定程度的日常照顾。

本次调查显示，河南省老年人在回答“您更愿意和谁一起居住度过晚年”的问题时，有50%的被调查者选择了“与老伴、儿子共同居住”，39%的被调查者选择了“和老伴一起居住”，8%和3%的被调查者分别选择了“自己单独居住”和“到养老院居住”。调查结果表明，家庭养老在河南省老年人养老方式中仍占据主要地位，仍有89%的老年人会选择家庭养老作为自己的养老方式（包括与老伴，儿子共同居住和与老伴一起居住），有大约11%的老年人选择了自己单独居住或到养老院居住。

在居住形式的选择上，男、女两性老年人没有明显的性别差异，在选择家庭养老的方式中，男性所占比例为46.1%，女性为42.9%。但在对养老机构的态度方面，女性老年人对入住抵触情绪明显高于男性，竟达到了62%（见图1）。值得关注的一个现象是，无论男女，都有相当一部分人在面对这一选题时选择了说不清，我们认为，可能的解释是，当下已经有相当多的人意识到家庭养老的不足，认识到家庭养老将给年轻一代带来很大的压力，所以他们已经从理智上做好了接受新型养老模式的准备；但是，由于受到传统观念的制约，他们从感情上一时又难以接受“养儿不能防老”的现状。

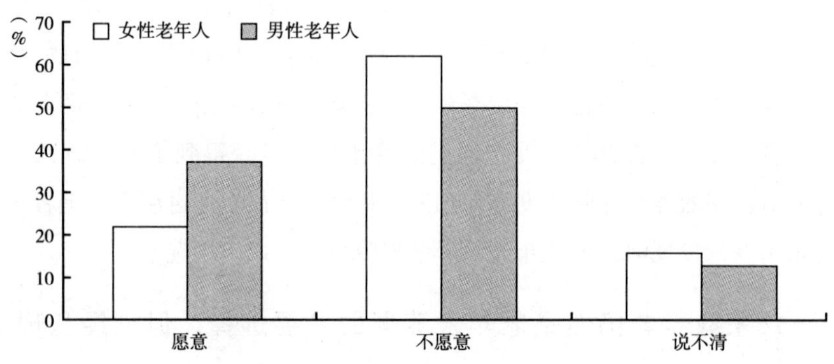

图1　男女老年人有关“您是否愿意到养老机构居住”的情况

虽然家庭养老在河南省老年人养老方式中仍占有很大比例，但在我们的访谈过程中，很大一部分的老年人已经预想到在今后社会成员高速流动的情况下，与子女居住在一起已经不太现实，他们也逐渐接受了在没有子女的陪伴下和老伴一

起居住或者到养老院居住等其他的养老方式。可以预测，在未来的一段时间内，家庭养老在河南省老年人养老方式中的主体地位将会受到很大冲击，将会呈现出明显弱化的趋势。

在我们的访谈过程中，周口市扶沟县A村的一位男性老人的谈话具有一定的代表性：“我们是一辈子和土地打交道，把子女供养大，上完学，参加工作，我们也就大半截入土了，我们也不指望到城市和儿子住在一起，到时候连个说话的人都没有。再说到城市后我们也不知道如何讲究卫生，到时候总是遭到儿媳妇的白眼。顶多他们有孩子，没人看护，我们帮着带带孩子，我们也只能做这些了。他们要是有时间的话，逢年过节的时候带孩子回老家看看我们就心满意足了，孩子也不容易，养活一家人压力挺大的。”他的老伴又补充了一句，不能常回家，但不忙的时候多回家打打电话，别让我们挂念。

可见，虽然老年人从内心仍然盼望和子女生活在一起，但由于生活方式、生活成本、养老观念的影响，许多老年人还是无奈地选择了自己居住或到养老院居住的养老方式。

（二）老年人养老观念的变化：养儿不一定防老，女儿一样能防老

自古以来，“养儿防老”是中国人亘古不变的养老观念，“养儿防老”也就成了我国最传统最主要的养老模式，“多子多福”、“儿子是自己的，女儿早晚是别人家的”、“嫁出去的姑娘泼出去的水”等养老观念的盛行也导致了男女性别比例的失衡和对女孩的性别歧视。在调查中，我们发现，近年来养儿防老的养老观念受到了前所未有的冲击，“养儿防老”不再是老年人养老观念中的主流意识，“养儿不一定防老，女儿一样能防老”，“自己依靠自己养老”的新的养老观念开始初露端倪。

调查结果显示，对于“养儿防老”一说，有24.3%的被调查者选择了“比较赞同”，33.3%选择了“赞同”，25.2%选择了“无所谓”，13.3%选择了“不赞同”，3.8%选择了“不太赞同”。可见，57.60%的被调查者选择了“比较赞同”和“赞同”，刚刚超过半数，说明养儿防老的传统观念在河南省老年人的养老意识中已经开始松动。老年男性和女性对于养儿防老观念上，基本趋向于一致，并没有突出的性别差异。

一般来说，老年人的养老包括三个方面：经济上的供养、日常生活中的照顾

和精神上的慰藉。经济供养是老年人养老的基础和核心，而随着生活水平的提高，日常生活中的照顾和精神上的慰藉也开始受到重视。在这些方面，由于女性自身的特点，女儿相比儿子承担的更多，在一定程度上也更适合承担养老的责任。这主要表现在三个方面。

1. 儿子在父母经济供养上的比例有限，老人自养十分普遍

老年人养老保障中经济供养主要是指为老年人提供稳定的收入，保障老年人的日常生活开支和人生发展需要。本次调查显示，在“您养老的主要经济来源”一题中，有69.3%的被调查者选择了依靠自己的劳动、积蓄和保险；选择“依靠子女给予”的为27.4%，选择“依靠亲友补贴”的为1.8%，选择“依靠政府帮助”的为1.5%。可见，河南省老年人养老经济来源中“依靠子女给予”占的比例并不高，再去掉“依靠女儿给予”所占的比例，“依靠儿子给予”所占的比例就会更少，而“依靠自己的劳动、积蓄和保险”却占了很大的比例。由此说明，河南省老年人在很大程度上还是依靠自己的劳动、积蓄和保险进行自我保障，“养儿防老”在实际生活中内涵的是一种情结，在老年人的晚年生活保障中能够给予的经济支持并不是很多。

2. 在日常生活中的照顾和精神上的慰藉方面，女儿比儿子更具有优势

日常生活中的照顾主要是为老年人的衣、食、住、行提供帮助，对于那些长期患病、丧失生活自理能力和高龄老人来说，日常生活中的照顾显得尤为重要。而精神上的慰藉主要是渗透到经济供养和日常生活中的照顾中。在“您感觉自己身体怎么样”的调查中，有20.5%的被调查者感觉自己身体很好，52.4%的被调查者感觉自己身体一般，25.7%的被调查者感觉身体不太好，1.4%的被调查者感觉自己身体很不好。“不太好”和“很不好”所占的比例达到27.1%，这是一个相当大的比例，说明河南省老年人的日常生活照顾面临着比较严峻的形势。在精神慰藉方面，俗话说“女儿是娘的贴心小棉袄”，一语道破女儿在父母精神慰藉中的重要地位。

在我们的访谈中，尤其是在农村，大部分都是儿子不孝顺的，但很少有女儿不孝顺的，再加上农村同村结婚或近村结婚的现象十分普遍，因此，女儿也具备了对父母进行日常照顾和精神慰藉的客观条件。因此，经常见到女儿隔三差五地到父母家照顾父母，给父母添置衣服，购买吃喝，再或者把父母接回自己家进行照顾。可以预测，在未来的一段时间内，女儿在父母的养老中将会扮演越来越重

要的角色，“养儿防老”的观念也会逐渐淡化和消退，“养女一样能防老”的观念将会被越来越多的老年人所接受。

（三）养老方式和内容逐步多样化，养老保障意识正在增强

为了更好地应对老龄化社会提出的挑战，政府、社会对老年人的养老保障问题给予了越来越多的关注，河南省老年人在养老方式上面临着更多的选择。在“目前主要靠什么养老”的调查中，有36.2%的被调查者选择了“离退休金及养老保险金来养老”，26.2%的被调查者选择了依靠“个人积蓄”来养老，1.9%的被调查者选择了“以房养老”，20.5%的被调查者选择了“家人供养”，1.4%的被调查者选择了依靠“商业保险”来养老。商业保险、以房养老、个人积蓄、离退休金及养老保险金都是自我养老的一种方式，并且被越来越多的老年人所接受。可见，在传统的家庭养老和以地养老的养老方式受到挑战的状况下，越来越多的老年人会选择多样化、组合型的新型养老方式来抵御晚年生活的风险。

然而，女性老年人和男性老年人在养老方式的选择中具有一定的性别差异性，38.1%的男性更注重选择离退休金，女性只占34.3%，男性选择个人积蓄方面有27.6%，而女性则只有24.8%，需要家人供养的女性高达23.8%，而男性只有17.1%，说明女性老年人在养老保障方面更多的是依靠家人或外来力量，而自我供养的比例并不高，养老缺乏自主性和独立性。

目前，随着经济水平和劳动收入的增加，对于相当比例的老人来说，养老内容已经在一定程度上超越了经济供养、生活照顾和精神慰藉三个方面，向着提高生活质量，充实晚年生活，追求自我发展的趋势进行。特别是对于一些高学历、高收入、高职位（退休前）的“三高”老人来说，他们追求生活质量和自我心理满足的愿望更为迫切，他们不再满足传统的吃饱穿暖为基本内容的人道主义的养老方式，他们对个人的发展，精神世界的丰富，社会事务的参与都表现出了极大的积极性。在对郑州市金水区一位女性退休机关干部的访问中，她这样说：“对于我来说，晚年生活没有什么后顾之忧，我有存款，有公费医疗，儿女孝顺，我现在身体还很好，我不能每天靠买买菜，做做饭，看看孙子来打发我的晚年生活，但我现在已经退休了，我不知道我剩下的大把时间能做什么？”

由于我国的社会养老保障制度还不健全，还不能覆盖到所有适合入保的老年人。随着市场经济的发展，无法预测的天灾人祸、收入的不稳定、家庭养老功能

的弱化、子女养老负担的加重都对老年人的晚年生活保障造成了很大的冲击，这也促使老年人养老保障意识的增强和选择多元化的养老方式来抵御这种冲击。在对“您是否参加了社会养老保障”的访问中，有47.6%的被调查者选择了“是”，说明河南省老年人的养老保障意识正在增强。

三　社会性别视角下河南省老年人养老保障存在的问题

目前，中国正处于社会转型的加速期，而在养老保障制度的改革进程中，河南省老年人在养老保障方面还存在着诸多问题亟须加以解决。

1. 养老保障水平较低，仅能保障老年人的基本生活需要

河南省作为一个农业大省和人口大省，在老龄化的社会背景下，老年人的养老保障工作面临严峻的形势。老龄人口数量大、经济发展欠发达、农村人口比例过高都给河南省老年人的养老保障工作带来了重重压力，也使得河南省老年人的养老保障仅仅维持在保障基本生活需要的水平。就以养老保障中的医疗卫生保障为例来说明，医疗卫生保障是否充分，对老年人的晚年生活幸福具有重要的影响。在我们对周口市某个农村的访谈中得知，参加新型农村合作医疗登记手续本身就很烦琐，而报账手续更为烦琐，一般来说，都是农民自己先拿钱看病，然后到报账中心或信用社去报销，但有些村庄距离保障中心和信用社很远，来回需要花费很长时间，再加上有些农民对报销范围不太了解，跑了几十里路去了，却被告知这个病不在保险范围之内，理赔程序给农民增加了许多不必要的麻烦，降低了农民的满意度。在“如果您生了小病，您通常会”怎么办的调查中，有37.5%被调查者选择了“及时看医生”，这其中，男性老年人占到53.6%，女性只有46.4%；55.4%选择了“不去看病，吃点药”；7.1%选择了“不去看病也不吃药”，这其中，男性老年人所占比例为33.3%，而女性的比例达到66.7%。在“如果您生了大病，您通常会怎么办”的调查中，有10.0%选择了“不去看病，能拖就拖”，37.0%选择了“简单看一下，不住院”，35.0%选择了“及时去看病”，15.0%选择了“去条件好的医院”，3.0%选择了“其他”。在“您在看病方面，最大的困难是什么”的调查中，有35.7%的被调查选择了“医疗费太高”，“附近没有好医院”所占比例为23.3%。从以上几组数据分析可以看出，河南省还普遍存在着看病难、看病贵的问题，这也在一个侧面说明河南省大部分

老年人的养老保障还处于维持基本生活需要的较低水平的养老阶段。而女性老年人相比男性，在看病难、看病贵的问题上面临着更为严峻的形势。

2. 老年人对养老保障认识不足，相关宣传工作尚不到位

对养老保障认识不足，这在农村老年人中表现得尤为明显。在“国家对于老年人养老保障的政策，您了解多少”的调查中，其中“没听说过”所占的比例为 30.5%，“了解一点”的为 66.2%，“比较了解”的比例仅为 3.3%。在养老保障认识不足这一方面，呈现出鲜明的性别差异。女性老年人对养老保障的了解程度明显低于男性老年人（见图 2）。在“您了解养老保障有关信息主要渠道”的调查中，通过“大众媒体宣传”的比例为 29.5%，“政府社会保障机构或保险公司的宣传”的比例为 21.9%，“朋友或家人介绍”的比例则为 35.2%，可见河南省老年人在了解养老保障有关信息的渠道中，“朋友或家人的介绍”作为一个非正式的渠道，所占的比例却超过了“大众媒体的宣传”和“政府保障机构或保险公司的宣传”正式渠道的宣传，说明了在养老保障信息的宣传中，相关宣传工作尚不到位。

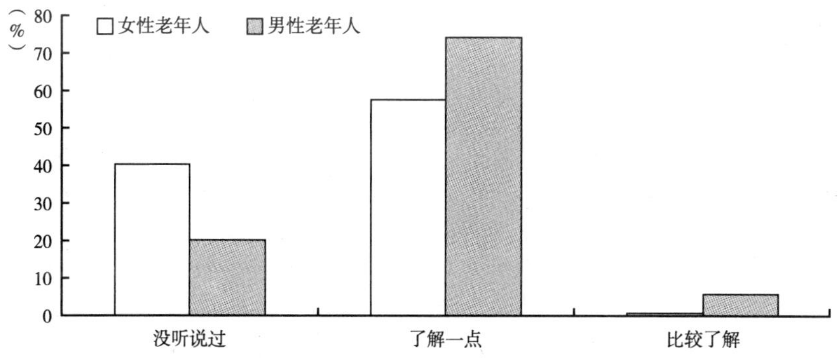

图 2　男女老年人有关“老年人的养老保障政策，您了解多少”的情况

3. 养老保障政策存在性别差异，老年女性养老处于弱势地位

中国的养老保障政策单从政策层面来看，对于每一个劳动者都是公平的，但是从社会性别视角来看，虽然男、女两性在养老保障上都受到了同样的关注，但男女两性在养老保障政策中的先天条件和后天收益并不是相同的，女性老年人在养老保障政策中处于弱势地位。根据中国目前最新的养老金缴纳和发放办法，基础养老金和个人账户养老金的多少都和本人缴费工资和缴费年数有直接关系，本人缴纳工资越多，缴费年数越多，养老金待遇水平越高。从缴纳工资来说，从计划经济到市场经济的转变，各行各业竞争日趋激烈，女性在就业中的不利地位，造成女性就业率低，有相当一部分的女性没有工作或没有正式工作，因而获取养老保险金方面大打折扣。即使有相当一部分女性参加了工作，缴纳了养老保险金，但就我国的目前男、女两性工资水平来说，女性平均工资水平低于男性是不争的事实，因此，从缴费工资上，男女两性本身就不是处于一个平等的地位。

从缴费年数来说，根据中国的养老保险金领取办法，男职工年满 60 周岁，女工人年满 50 周岁，女干部年满 55 周岁，可以按月领取养老保险金，但男女退休年龄的不同，直接造成了男女在养老保险上收益的不同。男女退休年龄最多相差 10 年，也就意味着女性老年人比男性老年人的个人养老金账户上少了 10 年的积累。根据世界卫生组织发布的《2007 年卫生报告》，中国人均寿命男性为 71 岁，女性为 74.1 岁，女性平均寿命长、退休时间早，因此女性的受保时间也相对较长。而按照现行的规定，个人账户领取的金额是个人账户的总积累金额除去计发月数，女性平均寿命的增长将使女性领取时间长，计发月数多，从而在同等条件下女性个人账户的养老金发放金额大大低于男性。

我们在调查中还注意到一个现象，在一定数量的家庭，女性的养老保障是依附于配偶或其他人的。在这样的家庭中，配偶或家庭成员中多有重大疾病需要人长期照料或配偶工资较高，可以养活一家人，因此女性便承担起了照顾重病家庭成员、料理家务的责任。由于女性的这些付出都是非付薪式的劳动，在社会评价标准上没有被正式认可，一旦她们的依附对象发生重大变故，她们的养老顿时就失去了保障，成为养老保障政策中的边缘群体。

案例 1：王奶奶的丈夫生前是一个企事业单位的员工，因为在单位上班期间遇到意外撞击而全身瘫痪，因此，王奶奶便从原来上班工厂辞职不干，回到家里专门照顾老伴，几十年就是靠丈夫单位的赔偿金和补助金生活，还可以维持生活。前年，丈夫因病逝世，王奶奶的生活一下子失去了经济来源，每月仅靠子女给的几百元生活，生活顿时陷入了困苦境地。

案例 2：李大娘家在农村，老伴于十几年前已经去世。前两年经村里人介绍，和邻村的王大爷结婚，住到了一块，儿子强烈反对她再婚，认为是丢人现眼，以不再赡养进行威胁；女儿比较支持，认为晚年有个伴，可以互相照应，因

为现在农村十年一动地，李大娘在邻村没有土地，只能靠王大爷的一亩薄田和女儿的接济生活。

可见，在现行的养老保障政策中，并没有注意到男、女两性在政策中的差异性和女性自身的发展特点，导致老年女性陷入贫困的概率远远高于男性。养老保障政策中性别盲点的存在，迫切需要在养老保障政策制定和实施中引入社会性别视角，确保男、女两性在养老保障政策中的公平和公正。

四　社会性别视角下解决河南省老年人养老保障问题的对策建议

养老保障关系到每一个劳动者的晚年生活是否幸福安康，关系到社会的和谐稳定。为此，针对前述问题，我们提出以下建议。

1. 推进适度普惠制养老保障制度建设，制定和完善养老保障的法律法规

对于河南来说，在很长一段时间，和全国各地一样，养老保障仍是一种“补缺型”制度。随着经济发展和老龄社会的到来，补缺型的养老保障制度越来越不能满足全省老年人养老保障需求，需要其向适度普惠制的方向转型。

适度普惠制的养老保障就是从社会公平、公正的视角出发，把养老保障的受益人群从一些特殊人群扩展到所有老年人，提高所有老年人的生活质量。把救济为主的养老保障措施转向公益性的社会养老保障服务，在城市和农村的最低生活保障制度建立以后，老年人的养老保障就不应该仅仅局限于经济和物质的救助层次，而应该起到为老年人晚年幸福生活服务的职能。养老保障为经济建设服务的目标也应该转向促进社会公平公正，让全部老年人，特别是农村老年人和老年女性能够享受到改革开放带来的丰硕成果。这需要重点解决两个问题：一是农村老年人的养老保障需求的满足问题，应进一步把广大农民纳入社会养老保障的范围之内；二是对社会弱势群体养老保障需求的满足问题，应进一步关注老年女性参与养老保障的境况及其受益情况。这就要在现有社会养老保障制度的基础上，坚持低门槛的保障原则，扩大社会养老保险的覆盖范围，在制定参保政策、规定缴费金额时，考虑到不同群体的实际状况和需求，对于高龄老年女性、离婚丧偶老年女性等一些困难，给予适当的照顾政策，以满足养老保障中不同群体的多样化需求。

目前，我国养老保障的相关法律法规还不完善，迫切需要在总结现有经验和教训的基础上，进一步加大改革力度，不断加以完善。从养老保障关系到每个劳动者的切身利益这一点看，相关法律法规的不完善也不利于保障包括女性在内的劳动者的晚年生活。

2. 建立老年群体的利益表达机制和协商机制，确保养老保障政策能够真正满足老年人的养老需求

养老保障政策的有效制定，需要有科学的发展观加以引导。长期以来，我们在制定和实施养老保障政策的时候，简单地认为，对于老年人来讲，只要保障他们衣食无忧，吃饱穿暖，身体健康就可以了，却忽略了他们晚年生活自身的发展能力，以及提高生活品质的需要。在制定和实施养老保障政策和措施的时候，老年群体也常常处于一种缺位的状态，导致许多本身是为了照顾老年人、提高老年人福利水平的政策和措施却得不到老年人的欢迎和认可。从社会性别视角来看，老年女性尤其是农村老年女性的社会参与度明显低于男性，她们的养老需求往往更是不能得到及时有效的表达。因此，在今后的养老保障的工作中，亟须建立老年群体的利益表达机制和协商机制，充分发挥包括老年女性在内的全体老年人参与社会建设、参与社会管理的主动性和积极性，认真倾听老年人的意见和建议，确保养老保障政策能够真正满足包括老年女性在内的全体老年人的养老需求。

3. 加大将社会性别意识纳入决策主流的力度，缩小养老保障政策中的性别差异

针对目前国内养老保障政策中存在的性别差异和性别盲点，我们可以在借鉴西方发达国家以及一些发展中国家经验的基础上，在养老保障制度设计及其整个运作过程中，进一步将社会性别意识纳入决策主流，使养老保障政策更能兼顾老年女性的利益，体现性别的公正性和平等性。譬如，针对女性因为承担生育和哺育子女的重任而导致在养老保障方面利益受损的情况，有的国家就建立了“家庭照顾的责任补偿政策”和“遗属津贴制度”来弥补这一缺憾。“家庭照顾的责任补偿政策”就是把女性生育、照顾小孩和做家务等非付薪式的劳动贡献，让专门机构进行评估和认定，确定其价值，由其配偶代其缴纳养老保障金。“遗属津贴制度”是西方国家针对男性工作、女性做家务的状况，在家庭

的主要经济来源——丈夫死亡后，配偶和未成年子女可以获得遗属金，避免家庭基本生活陷入困境而制定的制度。由于女性平均寿命一般都比男性长，因此这个制度的主要受益者主要是丧偶的妇女。在这一方面我们可以根据自己的情况加以借鉴。

此外，从社会政策运作的系统性出发，除了需要在养老保障政策中注重性别平等，还需要在退休政策、就业政策、教育政策等一系列政策中进一步强化社会性别意识，以提高女性在劳动力市场的竞争力和就业率，避免养老保障政策以外的性别歧视，形成全方位的体现性别公正和性别平等的社会政策运作体系，从而更好地提升包括老年女性在内的全体老年人的养老保障水平，促进整个经济社会又好又快地向前发展。

B.25 河南高等职业教育发展拐点分析与预测

王建庄*

摘　要：高等职业教育在河南经济和社会发展中占有重要地位。10 多年来，河南高等职业教育实现了跨越式发展，其规模的扩张已基本达到极限，正面临着由量的扩张到质的提高的战略转型，同时也面临着高等职业教育层次上移的发展机遇。本文通过对生源由富裕到短缺、政策由推动规模扩张到促进质量提高、高等职业教育自身发展规律的驱使等方面的研究，揭示了河南高等职业教育发展的新拐点，并就河南高等职业教育未来的发展趋势进行了分析与预测。

关键词：生源　高等职业教育　人力资源

一　引言

改革开放 30 多年来，河南高等职业教育实现了快速发展。到 2010 年底，在河南省 107 所普通高等学校中，有本科院校 45 所，高等职业院校 62 所；全省普通高等教育录取新生 555501 人，其中本科录取 251392 人，高等职业录取 304109 人。高等职业教育从学校数和录取新生数均已超过本科院校，基本占据了河南高等教育的半壁江山，为全省经济和社会发展培养了一大批高素质技能型人才。10 多年间，高等职业教育学校数从 1998 年的 33 所增加到 2010 年的 62 所，增长 87.88%；在校生由 1998 年的 6.99 万人增加到 2010 年的 53.05 万人，增加了 46.07 万人，增长 659.08%；校均规模由 1998 年的 2118 人增加到 2010 年的 8557 人，增长了 304.01%。

* 王建庄，郑州职业技术学院副院长，教授。

河南高等职业教育现有专任教师28951人，生师比为18.3∶1；馆藏图书达到3773.86万册，生均图书超过71册；教学科研仪器设备值达300288.37万元，生均超过5659.97万元。① 这些基本办学条件不但超过了限制招生指标，还基本达到或超过了国家监测的合格指标。

河南省高等教育起步晚、底子薄，加上河南人口多、负担重等特点，教育投入使财政感到十分吃力。这些因素导致了河南省高等教育整体上在全国处于中游偏下的位置，一些指标达不到全国平均水平。但就河南高等职业教育来看，整体状况在全国平均水平之上。2010年，全国1215所高等职业院校中有专任教师395016人，校均专任教师325人。② 而河南高等职业院校校均专任教师为467人，高出全国平均数142人；河南每10万人口高等职业教育在校生为1788人，③ 高于周边省市的平均值；全国1215所高等职业院校共有在校生9648059人，校均在校生为7941人，而河南高等职业院校校均在校生为8557人，超过全国平均数617人。④

由此可以看出，河南高等职业教育在全国同类教育中，发展较快，位次靠前，负担沉重。

二　河南高等职业教育出现新拐点

30多年来，河南高等职业教育规模一年比一年大，其规模的扩张已经基本达到极限。随着河南省“人口红利”期即将过去，高职教育的发展拐点已经凸显。

（一）生源变化：由过剩到短缺的拐点已经到来

多年以来，河南的考生面对着高校少、招生计划少而生源过多的现实，一再降低对优质高等教育的要求，绝大多数考生不求“985”、“211”，只要有大学可上就满足了。所以，河南的高职教育基本上有着较为充足的生源，这是“人口

① 河南省教育厅：《河南省教育统计提要（2010）》（内部资料）。

② 国家统计局：《中国统计年鉴（2010）》中国统计出版社，2011。

③ 河南省教育厅：《河南省教育统计提要（2010）》（内部资料）。

④ 根据《国家高等职业教育发展规划（2010～2015年）》和《河南省教育统计提要2010》（内部资料）整理。

红利”期给高等职业教育带来的最大生源效益。

有研究表明，中国人口结构正在由两头小、中间大的“纺锤形”向上大下小的“倒金字塔”形转变，与此相对应的是，国内的“人口红利”正在消失。在“人口红利”时期，河南省的高等职业教育面临充足的生源，多数高职院校都一再扩大招生规模，使河南的高等职业教育迅速扩大。1998 年以来的 13 年间，高等职业院校数由 33 所增加到 62 所，平均每年增加 2. 2 所。在校生由 6. 99 万人剧增到 53. 05 万人，平均每年增加 3. 54 万人。目前，河南省 62 所高职院校校均规模为 8557 人，有 28 所已超过万人，在校生最多的已经达到 17800 人。①

毫无疑问，数目庞大的青少年人口基数在河南高等职业教育发展过程中扮演着重要的角色，一旦这个角色出现市场短缺，势必带来生源的“退潮”。那种粗放的、低水平的、无发展特色的高等职业教育模式将面临巨大挑战。

人口发展规律告诉我们，对一个国家、一个地区，甚至是对整个人类来说，“人口红利”都不可能无限期持续。当我们的教育过分依赖由“人口红利”基数满足生源而站在岸边高喊“做大做强”时，便会失去进取和创新的动力，等来“人口诅咒”：面对生源的大退潮而丧失可持续发展的能力。在这个意义上，生源的减少至少可产生一种“倒逼”，使我们猛醒而重获新生。

表 1　2002～2011 年河南省高等院校招生情况统计

单位：人，所

年份	计划人数	报考人数	录取人数			录取学校
			合计	本科	高职	
2002	200185	354563	219375	90914	128461	918
2003	230272	430258	247823	103003	144820	1193
2004	341519	517634	357306	126515	230791	1442
2005	339978	629093	360791	137547	223244	1686
2006	338944	689896	358650	148823	209827	1731
2007	392276	790448	405634	172089	233545	1839
2008	448333	899791	462160	193358	268802	1892
2009	489707	876989	501910	214347	287563	2002
2010	541970	858780	555501	251392	304109	2127
2011	593389	762552	554245	263381	290864	2222

资料来源：河南省招生办公室。

① 河南省教育厅：《河南省教育统计提要（2010）》（内部资料）。

从整体来看，河南省的高等院校招生计划从2002年以来一直呈现递增的趋势，其间，计划数增加了393204人；录取学校数也是每年都在增加，其间增加了1304所。报考人数虽然在整体上是增加的，但突然于2009年出现下降，到2011年，已由2008年的899791人下降到762552人，减少了137239人，下降幅达15.25%。高职录取人数至2010年达到顶峰，2011年即出现明显下降。而本科招生情况却在强势增加。“三加两减”的现象呈现出河南高等职业教育生源由过剩到短缺的拐点。

2011年，在河南招生的高职高专第二批录取学校，第一志愿缺额达91929份；文科第一志愿不足计划数的学校747所，占文科招生学校数的80%；理科第一志愿不足计划数的学校942所，占理科招生学校数的95%。一些软硬件资源相对拮据的院校已经感受到了生源降温带来的强劲寒流。

（二）制度设计：政策的拐点正在到来

国家高等职业教育政策在适应经济社会发展对人才需求的基础上渐次演变。在教育功能方面，从强调其教育目标的单一性向社会需求性再向人的全面发展和权利的综合考虑，确立了大力发展的战略地位；在教育体制方面，由适应计划经济体制转型为与市场经济体制相适应；在人才培养模式方面，实现了由课堂教学的知识本位向提倡工学交替，注重人的素质与技能并重，以人为本的转型；教育体系由封闭半封闭走向全方位开放，促进校校之间，校企之间以及国内与国际之间的合作交流。其发展方向总的来说是不断扩大招生规模，形成了中国高等职业教育的规模优势。

根据经济社会发展的新要求和中国老龄化社会到来的客观现实，国家对高等职业教育的政策也在进行强力调整。

1. 统计口径发生变化

中国的高等职业教育处在一个尴尬的位置。一方面它是职业教育的最高层次，另一方面它又是高等教育的最低层次。改革开放30多年来，学界一直没有明确它的准确归属。教育部原来将这方面的业务归口在高教司，说明国家更看重高职教育的高等教育属性，社会也都这样认可；然而近年教育部各司职能调整，已把高职高专处归口到职业教育与成人教育司。在《国家中长期教育改革和发展规划纲要（2010~2020年）》（以下简称《纲要》）第二章“专栏1：教育事业发展的主要目标”中，也把“高等职业教育在校生”纳入“职业教育”一栏中。这说明国家已侧重高等职业教育的职业教育功能了。

2. 考试方法出现变化

改革开放30多年来，高等职业院校录取的新生必须经过国家考试，从而保证了高等职业教育生源的质量和数量。随着社会形式的发展，这种坚守了多年的局面将被打破。《纲要》在第十二章“考试招生制度改革”中明确指出：“逐步实施高等学校分类入学考试。普通高等学校本科入学考试由全国统一组织；高等职业教育入学考试由各省、自治区和直辖市组织。”也就是说，以后高中毕业生若就读高职院校，可以不再经过“国考”。这无疑就等于降低了高等职业教育的门槛，其在部分考生心目中的神圣意义也就不复存在。

这一制度的优势，在于对普通高中及以前教育逐步淡化应试教育的控制，有利于大学前的教育朝着素质教育的方向发展。它的直接作用则是导致更多的考生放弃专科层次的教育而去竞争本科院校。

3. 重视程度逐渐淡化

改革开放以来，中共中央、国务院对教育的改革和发展先后作出四次重要决策。两个《决定》都把高等职业教育提到了重要位置，而两个《纲要》则基本不提或淡化高等职业教育。

1985年5月27日发布的《中共中央关于教育体制改革的决定》，在论述到发展职业教育要以中等职业技术教育为主时提出：要“同时积极发展高等职业技术学校”。1999年6月13日发布的《中共中央、国务院关于关于深化教育改革全面推进素质教育的决定》则明确提出：“高等职业教育是高等教育的重要组成部分。要大力发展高等职业教育，培养一大批具有必要的理论知识和较强实践能力、生产、建设、管理、服务第一线和农村急需的人才。”而在1993年发布的《中国教育改革和发展纲要中》，基本上没有“高等职业教育”这个词组。而在2010年7月29日发布的《纲要》中，则主要强调“中等和高等职业教育协调发展”。

（三）战略转移：由量的扩张到质的提高的拐点即将到来

河南高等职业教育虽然实现了跨越式发展，但总体上仍徘徊在较低水平上，尚存在着许多老问题、新矛盾。这些问题和矛盾涉及国情、省情，关系到体制内

外，还有历史的、现实的、经济的、文化的等方面原因。河南是人口大省，要把沉重的人口负担转化为人力资源，就必须加快人口资源大省向人力资源大省的转变；随着老龄化社会的到来，还要尽早考虑由人力资源大省向人才资源大省的转变。高等职业教育作为培养高素质技能型人才的主要基地，是推动河南由人口资源大省向人力资源大省，进而向人才资源大省转变的关键。在建设中原经济区的大背景下，这个转变显得尤为重要。实现这个转变，解决发展中的问题和矛盾，必须转变发展方式。具体到河南高等职业教育，最关键的问题是将发展方式由量的扩张转移到质的提高上来，走内涵发展、提高人才培养质量的路子。河南正面临着由高等职业教育大省向高等职业教育强省的转变。

三　河南高等职业教育发展面临的主要瓶颈

（一）体制障碍，认识固化

高等职业教育的内外部管理存在着行政化倾向，《高等教育法》、《职业教育法》赋予高等职业院校的办学自主权难以全面落实。院校自身定位模糊，特别是办学者和管理者的观念还不明晰，少数传统的高等专科学校依然带有本科教育的色彩，一些中专升格的院校照搬中职教育模式。要么强调理论知识体系，忽视能力的培养；要么彻底丢弃理论，一味强调操作。这些问题虽然能在实践中进行调整，但少数职教工作者的认识却固定在现有层面，以专家自居而忽略了经济社会发展对人才的新要求和高职学生作为社会人的全面发展要求。

（二）校企合作止于形式

高等职业教育需要建立校企合作的办学机制和工学交替的教学模式，而无论是校企合作还是工学交替，都离不开行业企业参与。虽然许多学校都建立了专业建设指导委员会和实习培训基地，事实上这些合作基本上停留在文字层面，多数的合作都源于学缘、友缘、亲缘关系。还有就是处于浅层次的合作，学校为就业率考虑，企业为短期用人考虑的合作。在这个合作中，企业的积极性大多在于需要时有人，生产旺季时有学生供使用。校企合作很少考虑教育自身的特点和规律。目前的校企合作仍然停留在浅层面上。

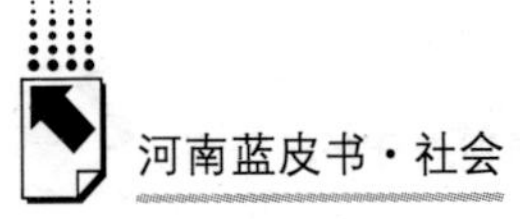

（三）社会对职业教育的偏见

许多考生都是在高考时未能被本科一、二、三批录取，无奈才报考高等职业院校，家长也认为是学习不好的孩子才上高职。在义务教育阶段和高中教育阶段，学校教育的氛围是指向重点大学、本科大学的。这些偏见，导致了高职生的自我鄙薄，影响了他们的职业生涯规划。其实高职学生大多数是优秀的，高考成绩不好，只是他们不适应这种评价方式，其实经济和社会发展并非需要考试型人才。

（四）师资队伍建设面临困境

高等职业教育的社会使命决定了它必须适应经济和社会发展的需要。根据当地经济社会发展实际情况，需要什么人才就培养什么人才，所以这类院校新开设的专业都是社会紧缺专业。这里实际上有一组矛盾，即人才培养的长期性和社会急需的紧迫性之间的矛盾。一个新的专业出现了，市场急需这方面的人才，恰恰因为急需，才会出现师资短缺的现象。能够承担紧缺专业教学任务的，多是在实践中锻炼出的能工巧匠，这些人可能不具有硕士以上学位，更不会有副教授以上职称，往往还不具备高校教师资格。一方面按照惯例，不具备上述条件是不能担任高校教学工作的，受编制等方面的制约也进不来；另一方面即使学校降格同意对其聘任，但这些具有实践经验的人才却不一定应聘，因为课时费偏低。

（五）理论研究滞后

河南高职教育的实践一直走在理论研究的前面，导致全省在办学过程中探索成本过高。在质量标准上，到底要培养什么样的人；在专业设置上，是考虑长远，还是只顾眼前；在评价方法上，是承接本科院校的模式，还是建立具有高职特色的评价机制；等等。目前这些问题还没有得到很好解决。从大的方面讲，如社会定位、管理模式、目标定位等，更是缺乏理论依据。这些缺陷导致了一些院校盲目追求热门专业，挖空心思设计华丽名称，一味扩大规模，忽略了软环境中的基础设施建设。

（六）经费投入不足，投入机制不完备

关于高等职业教育经费投入不足的问题，关键是我们十分紧缺的经费往往不能用到最重要的地方。目前一些地方经费拨付方式是“国库集中支付”，学校是“零账户”。数额达到一定规模就必须进行招投标。这是一个很好的办法，有效限制了学校领导的经济权限，建立了廉政风险防范机制。但一些负责招投标工作的人，并不了解人才培养工作的急需。有的学校，年前就根据教学急需作了建设某实验室的预算并被批准，但在招标中流标了。流标后招标人员不知道教学等着用，就留待等下一年再招，结果再流标。这种再招再流标使急需使用的人干着急没办法，其结果是：一届学生毕业了，实验室还没有建立起来。

（七）中高职教育衔接不畅

目前国内高职院校的生源，一是通过高考录取的普通高中生，二是中等职业学校对口升级的学生，三是五年一贯制、3+2分段制高等职业教育阶段的学生。学生入学都必须经过国家考试这道门槛。《纲要》已经制定了高等教育分类考试方案，但是中等职业学校的毕业生能否直接进入高一级学校学习，尚不明朗。

四　河南高等职业教育发展趋势展望

（一）生源继续减少，招生形势将进一步严峻

自2008年以来，河南高招报考人数逐年下降，目前尚未降到谷底。全省初中招生在2000年达到顶峰后，至今持续下降，从214.88万人直降到158.81万人，减少了56.07万人（见表2）。

表2　13年间河南省初中招生情况统计

单位：万人

年份	1998	2000	2003	2005	2006	2008	2010
人数	170.95	214.98	199.42	189.68	166.19	160.68	158.81

资料来源：河南省教育厅：《河南省教育统计提要（2010）》（内部资料）。

当年的初中招生人数在 6 年后影响到高等教育招生。参加 2012 年高等教育招生的考生主体是2006 年进入初中阶段学习的学生。2006 年初中招生比 2005 年减少了 23.49 万人，因此 2012 年高考报名人数减少是必然趋势。

考生数量减少，录取人数减少，考生的报到率也在下降。2011 年，河南省高等职业教育招生计划 339212 人，录取 290864 人，计划完成率 85.75%；实际报到人数 219188 人，报到率为 75.36%，有近 25% 的考生录取后不报到，考生诚信程度严重下滑，导致招生计划不能完成。

从问题的另一个侧面也可以看出，我们的高等职业教育质量远远不能满足考生的需要，考生用不报到来警示对教育质量的不满。

除了生源减少的客观因素之外，近年来高等职业招生的负面影响和少数高等职业院校的粗放式发展也是导致学校招生形势严峻的因素之一。

（二）入校门槛将持续降低

根据《纲要》规划，高等职业教育招生将逐步离开“国考”。2011 年，国内一些省份根据实际情况已经进行了试点，河南虽然仍坚守防线，但实际上大的趋势已经不可避免。在 2011 年，全省 62 所高职院校，且不说没有一所实现 100% 的报到率，就是生源充足的学校形势也不容乐观。少数学校计划完成率不到 10%，有的学校计划超过 1700 人，实际报到不到 100 人。高考满分为 750 分，高职录取分数线一再降低，先是降到 200 分，后又降到 180 分，最后缺额仍然很大的学校，150 分的考生也被录取。750 分的考题，平均每门课程只要拿到 20 分就能上大学，即使这样，有的学校还远远完不成计划，这个门槛实际上已经起不到任何作用了。

2012 年的河南高等职业教育招生，即使依然沿用“国考”的方法，或者有计划地试点放开，都很难重新打造以前的辉煌。考生和社会对高等职业教育的漠视程度不断提升，做到不可不上的地步不会主动选择上职业技术学校。

这些因素会带来招生方法上的恶性竞争。少数软硬件环境不良而政策监管又相对宽松的学校，会在招生中使用不正当的手段。用欺骗宣传，花钱买生源等方法来扰乱招生市场。个别基础教育阶段的工作人员会经不住诱惑、违背职业良心出卖生源。在这个竞争中，堂堂正正按规定办教育的学校将有可能暂时处于劣势。这些因素将导致河南高等职业教育的招生门槛持续降低。

（三）人才培养方案要更加科学，培养模式将发生明显变化

生源、政策、社会需求等客观因素，迫使高职教育内部必须尽快适应。专业建设将更加引起学校的重视，人才培养方案将不断优化。适应高职教育人才培养的模式呼之欲出，传统的教学方法将面临强力挑战，课堂教学效果将以人的全面发展的标准衡量。

职业教育传统的课程开设“三段论”，即先上公共课，再上专业基础课，最后再上专业课的模式也会实现变革。在遵循规律的基础上，实现教中学，学中做，边学边做，工学交替，是有利于培养目标实现的。这样变革的受益者显然是学生，当然，学校也会在这样的过程中重新找到可持续发展的途径。

（四）稳定运作的模式遭遇挑战，办学面临的不确定因素将有所增加

在生源有基本保证的前提下，高职院校能够按照招生计划来准备基本教育资源。即在计划招生条件下，学校会根据自己的资源来制订招生计划。生源这个基础发生变化，给学校办学带来了一系列不确定因素。除了占地、图书、建筑面积等相对固定的资源外，教师、仪器设备等都无法按计划准备。除了上述问题之外，还有学生的管理，专业调整、休学、转学、退学等都是不确定因素。

（五）规模扩张的势头将得到遏制，生均资源占有量也将得到明显提高

生源是一只看不见的手，在有效调节着办学规模。生源的减少，将使长期以来持续膨胀的高等职业教育规模实现负增长，这就给接受高等职业教育的在校生提供了逐步享受相对充裕的教学资源的机会。不仅是招生规模缩小直接导致了人均资源占有量的增加，同时，国家在基本办学条件方面也明确规定高等职业院校生均科研教学仪器设备值和生均图书数每年必须增加，前者要求每年要增加 10%，后者要求每年生均增加两本。据此预测，到 2012 年，河南高等职业教育在校生生均科研教学仪器设备值将达到或超过 6000 元，生均图书将接近 80 册。

（六）毕业生就业形势将进一步好转

导致高等职业毕业生就业形势好转的主要原因是这个层次人才的需求量大于增长量。高等职业学校的毕业生由于紧贴市场需求，就业数量总是高于其他层次的毕业生，但是就业期望值一直不高，就业质量也不尽如人意。随着富士康等大型企业入驻河南，特别是中原经济区的建设大幕开启，导致“刘易斯拐点”在河南提前到来。受到高等职业教育的学生，在需求增加的同时增量减少，使得他们毕业后，有望在提高待遇的同时实现专业贴近或对口，为他们职业生涯起步提供了一个良好的客观环境。

B.26

河南省妇女社会保障状况分析报告

行红芳*

摘　要： 本研究利用相关统计资料，对河南省妇女社会保障现状及存在的问题进行了分析，认为：河南省妇女受教育程度比过去有了较大程度的提高，绝大部分适龄女童能够入学；女性参加社会保险的人数稳定增长，但各个险种之间存在较大差异，其增长幅度从大到小依次为医疗保险、养老保险和生育保险；在社会救助方面，女性更容易成为城市低保制度的对象，而老年人则更容易成为农村低保制度的对象。这显示了城乡之间的差异。同时，本文结合实际情况，从社会政策和社会服务方面提出了若干建议。

关键词： 河南省　女性　社会保障　五保

一　研究背景及问题的提出

2011 年是创新管理体制，加强社会建设的关键时期。同时，由于 2000 ~ 2010 年河南省妇女儿童发展规划实施结束，2011 年是新的妇女儿童发展规划开始制定并实行的关键时期。俗语说：妇女能顶半边天。妇女的发展与家庭的稳定、整个社会的协调发展都有着重要的关系。

由于受到传统的“男强女弱”和“男尊女卑”观念的影响，女性一直在经济社会发展处于弱势地位。不论是个人的发展还是社会的发展，都离不开广大女性的参与和发展。因此，有必要来从性别平等的角度，来研究妇女的发展。

从实际情况来看，中国属于一种“大社会保障、小社会福利”的类型。国内的社会保障由社会保险制度、社会救助制度、社会福利制度和优抚安置制度构

* 行红芳，郑州市轻工业学院副教授。

成。这里主要从社会保险和社会救助制度来讨论问题。不论是社会保险还是社会救助制度，都与就业密切相关；而个人的就业质量如何与教育水平关系密切，因此研究某一群体的就业质量需要重视其教育水平与教育状况。因此，本文主要从教育、就业、社会保险、社会救助的层面来考察河南省女性的相关问题。在一些主要的社会经济指标方面，会同时参考全国的一些指标来进行参考和比较。

在改革和发展的过程中，随着政府和单位退出原有的社会福利领域，社会福利社会化应运而生。这要求社会福利主体的社会化、社会福利对象的社会化、社会福利内容的社会化和社会福利方式的社会化。① 在这种大背景下，建立社会福利的共责体系成为一种必然趋势。而从社会福利的实现手段和进程来看，离不开社会政策和社会服务两大内容。在社会政策方面，由于国内原有的社会保障政策的不完善，社会政策尤其是社会保障政策的发展扩张就成为一种必然趋势。在国内，其明显地表现为近年来政府将民生作为重要的领域，制定并实施了一系列的社会政策保障民生；在社会服务方面，政府推动了社会服务的专业化、职业化进程，不仅采取各种政策和措施促进社会服务机构的发展，而且促进了“政府购买服务”的发展。这使得中国新时期的社会政策和社会服务具有自己的特色。

二　河南省妇女社会保障现状及存在问题分析

从第六次人口普查的数据来看，河南省全省常住人口为 94023567 人，与第五次全国人口普查的 92558060 人相比，增加 1465507 人，增长 1.58%。年平均增长率为 0.16%。在全省常住人口中，男性人口为 47489938 人，占 50.51%；女性人口为 46533629 人，占 49.49%。总人口性别比（以女性为 100，男性对女性的比例）由 2000 年第五次全国人口普查的 106.58 下降为 102.06。② 从这里可以看出，河南省的人口性别比更趋于合理。同时，这么大规模的女性人口对于河南省社会保障制度提出了新的要求和挑战。

---

① 罗观翠、雷杰：《“社会福利社会化”的陷阱——以广州老人院舍为例》，《华东理工大学学报》2008 年第 1 期。

② 河南省统计局：《河南省 2010 年第六次全国人口普查主要数据公报》，2011 年 5 月 6 日；http：//www.ha.stats.gov.cn/hntj/ztlm/dlcrkpc/A062308index_1.htm。

1. 妇女教育水平和受教育年限有了较大提高，适龄儿童入学率和入学年限持续提高

教育是就业的基础。提高妇女的教育水平对于提高妇女基本素质和其社会经济地位都有重要作用。许多学者的研究已经揭示了教育，尤其是高等教育对于个人收入和社会经济地位的提升中有着重要作用。从河南省的基本况来看，妇女儿童受教育水平得到进一步提升。与2000年相比，2011年河南省小学适龄女童入学率保持在99.86%，绝大部分女童能够入学；妇女平均受教育年限为8.8年，提高1.4年。[①] 这表明全省小学、初中净入学率，小学五年巩固率和初中三年巩固率等指标均有了较大程度的提高。

2. 妇女就业参与率逐渐提高，但其劳动收入远远低于男性

在就业方面，至2010年底，河南省女性从业人员总数增加至2801.9万人，占全省从业人员总数的47.1%；[②] 从其就业领域来看，女性的就业主要集中在第一产业和第三产业，其在第一、第二、第三产业的比重分别为45.3%、14.5%和40.2%。这可能与女性的身体特征以及第三产业的发展需要有一定关系。在入职后的晋升过程中，由于各种因素的影响，女性更容易处于弱势地位，拥有更少的提升机会，这导致其收入也出现了较大差异。不论是城市还是农村，女性的劳动收入均低于男性，城镇和农村在业女性的年均劳动收入分别为男性的67.3%和56%。这显示就业领域的男女同工同酬仍然没有真正实现。

同时，男女相比，农村在业女性主要从事非农劳动的比例为24.9%，男性为36.8%；有外出务工经历的返乡女性从事非农劳动的比例达到37.8%。[③] 这显示了外出打工对于女性的影响，使他们更容易从事非农产业，从而实现收入来源的多元化和家庭收入的稳定增长。

3. 妇女参加社会保险的人数稳定增长，但各个险种增加幅度有较大差异

由于妇女就业的增长和女性劳动参与率的提高，以及河南省社会保障制度的

---

① 郭海方：《河南省妇女儿童发展规划实施十年，尊重女性关爱儿童氛围日益浓厚》，2010年12月31日《河南日报》。

② 郭海方：《河南省妇女儿童发展规划实施十年，尊重女性关爱儿童氛围日益浓厚》，2010年12月31日《河南日报》。

③ 中国全国妇联、国家统计局：《第三期中国妇女社会地位调查主要数据报告》，中国网，2011年10月21日，http：//www.china.com.cn/zhibo/zhuanti/ch - xinwen/2011 - 10/21/content_23687810.htm。

有序推进带来了参加三大保险的女性人数实现了有序增长。其中，参加基本养老保险的女性407.91万人，增加169.34万人，占妇女就业总人数的14.6%；参加基本医疗保险的女性364.02万人，增加260.7万人，占妇女就业总人数的13.0%；参加生育保险人数313.30万人，增加141.3万人，占妇女就业总人数的11.2%（见图1）。①

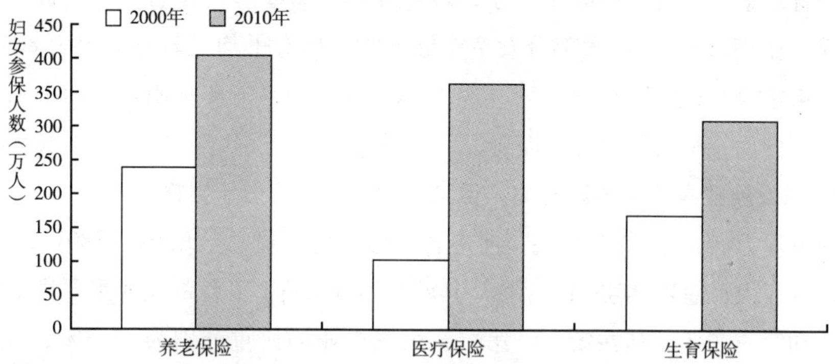

图1　河南省妇女参加三大保险的基本情况变化

从这里可以看出，尽管妇女参与三大保险的人数都有大幅度增长，但其内部存在一些差异。在三大保险中，参与基本医疗保险的增加幅度最大，其次是基本养老保险和生育保险。河南省妇女参加社会保险的情况在某种程度上是全国的缩影。从全国的相关数据来看，城镇妇女参加五大保险的人数也逐渐增加，养老和医疗保险参保人数最多；而农村妇女享有医疗保险的人数最多，其次是养老保险。②

4. 在社会救助方面，女性更容易成为城市低保的对象；而老年人则更容易成为农村低保以及社会救助的五保对象

国内的社会救助制度主要由城市居民最低生活保障制度、农村居民最低生活保障制度和五保制度这几大内容构成。其中，五保对象又可以分为集中供养的五保对象和分散供养的五保对象。至2011年第三季度末，河南省全省享受城市居

① 郭海方：《河南省妇女儿童发展规划实施十年，尊重女性关爱儿童氛围日益浓厚》，2010年12月31日《河南日报》。

② 河南省与全国数据的差异在于基数计算的差异，即河南省计算的是所有的女性就业人口，而全国只计算女性非农就业人口，没有将女性农业就业人口计入其中。

民最低生活保障人数1421748人，其中女性535533人，占全省享受低保人数的37.67%；老年人员204194人，占全省享受低保人数的14.36%；残疾人78405人，占全省享受低保人数的5.51%（见表1）。从这里可以看出，在城市居民最低生活保障方面，由于女性的弱势地位，女性占低保对象的比重是几类人员中最高的群体。

享受农村最低生活保障的人数是3669056人，其中，女性1090273人，占全省享受农村最低生活保障的总数的比重是29.72%；老年人1648944人，占全省农村低保总数的44.94%；未成年人368406人，占全省农村低保总数的10.04%，残疾人317180人，占全省农村低保总数的8.64%；农村最低生活保障家庭数2258093户（见表1）。从以上数据可以看出，在农村最低生活保障中，老年人居多，几乎占到总数的一半，而女性的比重近三成，居于第二位。

表1　2011年第三季度河南省城乡低保对象基本情况表

单位：人

	城市	农村	比率(农村:城市)
女　性	535533	1090273	2.04
老年人	204194	1648944	8.08
未成年人	—	368406	—
残疾人	78405	317180	4.05

资料来源：根据民政部公布2011年第三季度各省民政事业统计数据整理；http://www.mca.gov.cn/article/zwgk/tjsj/。

从这里可以看出，不论城市还是农村，妇女、老年人和残疾人都是最为脆弱的群体，是低保制度的主要对象。由于河南是农业大省、人口大省的省情，决定了农村低保对象的数量远比城市多得多，低保对象中农村女性是城市女性的2.04倍，农村老年人是城市老年人的8.06倍，农村残疾人是城市残疾人的4.05倍，从这里可以看出河南省城乡低保制度的差异。在城市中，女性成为最为脆弱的群体，享受城市低保的比重最大；而在农村，则是老年人成为最为脆弱的群体，女性居于其次。这与国内目前城乡二元式的社会结构有非常重要的关系。城市和农村由于退休制度所造成的差异。与农村相比，城市中的老年人退休人员多，退休金成为其较为稳定的收入来源，保证了基本生活水平，使其不至于成为低保制度的对象这是低保对象中农村老年人与城市老年人之比达到

8.08 的原因所在。而大多数农村老年人由于没有养老金，在失去劳动能力的情况下，不得不依赖于其他家庭成员，其独立性相对较弱。而农村老年人的这种相对弱势地位与我国目前的社会保障制度，尤其是养老制度有非常密切的关系。在农村老年人失去劳动能力的情况下，更容易陷入贫困状态，成为农村低保制度的救助对象。这在农村的女性老年人身上表现得更为明显，因为其对家庭成员的依赖性更强。

（2）城市和农村收入来源的差异。这可以从一些全国性的宏观数据中看出这一差异。至 2011 年，在全国城乡就业总人口为 7.58 亿中，女性 3.37 亿，女性就业者总量比 2000 年的 3.19 亿增加了 5.6%，占就业者总数的 44.8%。[①] 目前，中国女性人口的经济总参与率为 61.33%，低于男性 13.37 个百分点。另外，劳动年龄人口的劳动参与出现了性别和城乡差异。18～64 岁女性的在业率为 71.1%，其中城镇为 60.8%，农村为 82.%。[②] 从这里可以看出，农村女性的就业参与率更高，而城市女性的就业参与率相对较低。就业是最为主要的收入来源，这对于城市人口来说更是如此。由于就业与社会保障的高度关联性，使得城市女性更容易由于无就业导致无收入，无收入而导致其更相对更容易成为城市低保制度的对象。

五保制度是农村社会救助体系的有效组成部分。从其供养方式来看，农村现有的五保供养制度分为集体供养和分散供养两种形式。从河南省的基本情况来看，农村集体供养五保对象共计 203708 人，其中，女性 43403 人，占总数的 21.31%；老年人 186466 人，占总数的 91.54%；未成年人 7065 人，占总数的 3.47%；残疾人 26299 人，占总数的 12.91%。农村集中供养五保户数 199117 户。在分散供养方面，河南省农村分散供养五保人数 269291 人，其中，女性 55712 人，老年人 240178 人，未成年人 11178 人，残疾人 35749 人；农村分散供养五保户数 262284 户。[③]

---

① 夏毅：《近十五年中国妇女就业率和社会保障程度明显提升》，中国新闻网，2011 年 06 月 24 日；http：//www.chinanews.com/sh/2011/06－24/3136302.shtml。

② 全国妇联、国家统计局：《第三期中国妇女社会地位调查主要数据报告》，中国网，2011 年 10 月 21 日；http：//www.china.com.cn/zhibo/zhuanti/ch－xinwen/2011－10/21/content_23687810.htm。

③ 根据民政部公布的各省《2011 年第三季度民政事业统计数据》整理，http：//www.mca.gov.cn/article/zwgk/tjsj/。

表 2　2011 年第三季度河南省五保对象基本情况

单位：人

	集中供养	分散供养
女　　性	43403	55712
老 年 人	186466	240178
未成年人	7065	11178
残 疾 人	26299	35749

资料来源：根据民政部公布的各省《2011 年第三季度民政事业统计数据》整理，http：//www.mca.gov.cn/article/zwgk/tjsj/。

从以上基本情况来看，河南省农村现有的五保对象以分散供养为主、集中供养为辅。在各类别的五保对象里面，老年人是最为主要的五保对象，其次是女性，再次是残疾人。这也显示出农村老年人更容易成为“无劳动能力、无收入来源、无法定赡养人”的群体。这显示出农村老年人口的极度脆弱性。

三　对策与建议

1. 加大宣传力度，促进广大社会对于性别平等意识的接受，塑造男女平等的政策环境

要继续广泛深入宣传保障妇女合法权益的法律法规，宣传男女平等的基本国策，通过各种渠道向不同层面宣传性别平等的主要目标及政策措施，使男女平等的意识广为接受，进一步提高各级领导、广大群众的认识水平，在全社会形成推动性别平等的社会环境。

2. 将性别视角纳入政策制定和实施过程中，从制度上保证妇女的全面发展

在公共领域，确保女性有平等参与社会发展的权利，并使得这些应有权利能够得以实现，塑造公平竞争的环境，使女性可以平等地参与市场竞争。同时，完善现有的政策法规，将不符合性别平等意识的法律法规进行清理、补充完善，使男女平等能够得到法律上的保障。同时，加大财力、物力、人力的投入，跟踪督查职能部门落实职责。

在教育、就业、社会保障、住房等方面加大对女性的保护力度，使妇女享有平等的公共权利，并使这些社会经济文化权利能够得以实现。这些权利是女性参

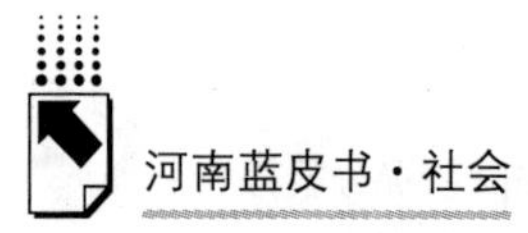

与社会竞争的基础，是妇女权利的体现。

3. 继续提高劳动年龄妇女的就业参与率及就业质量

由于社会保障是建立在劳动关系的基础上，社会保障权利的实现与就业关系密切。因此，妇女社会保障权利的实现、水平的提升在于提高其就业质量。关注和重视妇女就业，尤其是其中的特殊群体，如女性流动人口、女大学生、女残疾人等群体的就业质量，确保妇女享有与男性平等参与发展、平等分享经济社会发展成果；进一步完善促进妇女就业的法律法规和相关政策，并明确执法主体的执法权限、执法程序以及法律责任，使相关的政策措施更具操作性和约束力；制定有利于促进妇女就业的公共政策，从录用、培训、晋升、报酬、劳动保护等方面规范用人单位的用工行为，并在就业计划指标中，明确提出妇女所占的比例或份额。一是要保持经济的适度增长，创造足够多的就业岗位，使广大妇女有业可就；二是大力发展中小企业和第三产业，充分利用其新增就业岗位多、吸纳安置劳动力强、就业弹性系数大等优势，广开女性就业渠道；三是进一步加强对妇女创业意识培训和职业技能培训，增强妇女的人力资本，增强其在就业市场上的竞争能力，鼓励妇女自主创业或提高妇女就业能力；四是加强农村城市化和农民市民化的步伐，做好农村妇女劳动力的转移工作。五是推进家务劳动社会化的力度，加强对这一行业的规范管理，减轻在职妇女的家务负担，使其解除后顾之忧，充分发挥自己的聪明才智。

4. 扩大社会救助的覆盖面，重点关注农村老年妇女

由于农村老年妇女大多没有退休金，她们首要的经济来源是由与其关系密切的家庭成员提供，以至于其对他人的依赖性更强；一旦失去劳动能力或者家庭成员无法照顾时，非常容易成为农村低保对象或者五保对象。这需要一方面扩大现有的农村养老保险的覆盖面，将更多的农村老年人纳入养老保险的范围，真正实现“老有所养”；另一方面在现有的养老保险制度暂时不起作用的地区，需要社会救助制度及时介入，发挥其“安全网”的作用，使农村老年妇女的合理需要能够得到满足。在农村低保制度的运行过程中，需要进行动态管理，及时将符合条件的人纳入其中，使农村老年妇女得到更好的保护。

5. 继续推进生育保险和医疗保险，减少生育对于女性发展的影响

由于妇女特有的生理特征，她们承担着人类自身再生产的职能。这不光是妇女自身的事情，同时也是家庭和整个社会的事情。这使得与男性相比，妇女往往

在家庭中付出更多。许多用人单位正是基于这方面的考虑而不愿意雇用女职工。因此，要促进女性就业的一个前提就是要提供制度保障，尽量降低生育对女性职业发展的影响。这需要扩大生育保险的覆盖面，努力实现全覆盖，同时提高生育保险的保障水平。

6. 以社会工作职业化为契机，加强为妇女提供社会服务，促进其个人“增权”与集体“增权”

从现实情况来看，妇女处于弱势地位，既有社会的、制度方面的原因，也有妇女自身的原因。妇女地位的提高既与外在的制度、社会环境的改变关系密切，也与妇女自身的意识密切相关。前者通过完善相关的制度，采取相应的政策来实现；而后者则需要开展社会服务来实现，促进妇女社会工作的开展，提升妇女的主体意识。可以通过多种方式来进行宣传和动员，增强妇女的个体意识及其权利意识，实现妇女的个人“增权”与集体“增权”。

参考文献

罗观翠、雷杰：《“社会福利社会化”的陷阱——以广州老人院舍为例》，《华东理工大学学报》2008 年第 1 期。

河南省统计局：2011 年 6 月 16 日《河南省 2010 年第六次全国人口普查主要数据公报》，河南省统计局网站。

B.27

河南省知识产权政策现状分析与展望*

欧广远**

摘　要： 近年来，以落实《国家知识产权战略纲要》和《河南省知识产权战略纲要》为主线，河南大力完善各项知识产权政策法规，发挥知识产权制度在加快实现经济发展方式转变方面的积极作用，为提升中原经济区核心竞争力，实现全省经济跨越式发展提供了智力支撑。当前河南知识产权政策体系建设存在的主要问题，可以归纳为“散”、“软”、“慢”三点。即河南知识产权政策法规目前还缺乏体系性和完整性，不同部门出台的政策难以衔接；现有的知识产权政策法规中，鼓励促进的柔性规范多，惩戒违规的硬性规定少。“十二五”期间，河南知识产权政策体系建设的重点，应当是着力完善知识产权产出与利用、知识产权保护、知识产权人才培养等方面的政策法规。

关键词： 河南　知识产权　政策法规　立法体系

一　河南省知识产权事业的新发展

近年来，河南各知识产权管理部门按照省委、省政府提出的建设中原经济区、加快中原崛起和河南振兴的总体战略布局，以贯彻落实《国家知识产权战略纲要》和《河南省知识产权战略纲要》为主线，全面落实科学发展观，大力完善河南各项知识产权政策法规，充分发挥知识产权制度在加快实现经济发展方

* 本文系河南省软科学研究计划项目“促进河南经济发展方式转变的专利战略研究”（编号：112400450071）和“知识产权战略视野下的河南中医药产业发展与保护研究”（编号：112400450162）的阶段性成果。

** 欧广远，河南省社会科学院法学研究所，研究方向为知识产权、科技法、民商法、劳动法。

式转变方面的优势和作用，为提升中原经济区核心竞争力，实现全省经济跨越式发展提供了智力支撑。

1. 专利工作全面提升

河南省知识产权局通过制定一系列政策，以推进知识产权优势培育工程、知识产权保护工程、自主知识产权产业化促进工程、自主知识产权技术标准培植工程、百千万知识产权人才培养工程等五大工程为重点，深入实施知识产权战略，使河南专利工作得到了较大提升。

河南知识产权局积极开展区域知识产权试点示范工作。2010 年，共认定省级知识产权优势产业集聚区 6 个，传统知识产权保护试点区域 5 个，知识产权优势企业 11 个，优势区域 7 个。河南有 30 家企事业单位被确定为“全国第四批企事业知识产权试点单位”，2 家企业被批准为国家第二批企事业知识产权示范创建单位。目前，河南已经拥有国家知识产权示范城市 2 个，示范创建城市 2 个，试点城市 3 个。全省累计已培育 41 家知识产权优势企业和 30 个知识产权优势区域。近年来，全省年专利申请量和授权量持续增长，2010 年专利申请量达到 25149 件，累计专利申请量达 150366 件；专利授权量 16539 件，累计专利授权量 81729 件，[①] 技术含量较高的发明、实用新型申请以及职务性申请所占比例趋于合理。

全省知识产权系统继续开展“雷雨”、“天网”等知识产权执法专项行动和打击侵犯知识产权专项行动，形成了部门联合、上下联动的执法工作模式和知识产权保护的长效机制。河南省知识产权局协调 10 个省辖市建立了专利行政执法协作机制，并与福建省签订了专利行政执法协作协议。全省 2010 年开展专利执法维权专项行动 48 次，出动执法人员 722 人次，检查商场 282 家，检查商品 15860 件，查处假冒商品 300 余件，处理专利侵权纠纷 118 件。同时，还启动了河南省知识产权维权援助统一行动。河南省目前已拥有国家级维权援助中心 6 家、省级维权援助中心 8 家。

2. 商标事业迅速发展

河南省工商行政管理局不断创新政策和工作机制，保护注册商标专用权，把打击商标侵权作为商标监管工作中的重点。近年来，出台了《河南省打击假冒卷烟和规范烟草市场专项行动实施方案》等一系列与商标保护相关的政策文件。

---

① 河南省知识产权局办公室编《河南省知识产权公报》（内部资料），2011。

2010 年，全省工商系统共查处商标违法案件 3600 余起，涉案金额 2300 多万元，罚款 1400 多万元。其中，商标侵权假冒案件 2780 起，涉案金额 1600 万元，罚款 1130 万元；商标一般违法案件 820 起，涉案金额 700 万元，罚款 270 万元，移交司法机关处理案件 7 起。①

在强化日常行政执法的同时，河南工商系统还特别注重加强商品流通领域的商标监管，完善商标保护网络和工商执法联动机制，不断加大监管力度，促进和谐诚信市场秩序的形成。近年来，先后开展了保护“莲花”、“白象”等河南本土知名商标的专项整顿活动，有力地维护了本省知名商标的合法权益。同时，还开展了对“蒙牛”等外地企业所拥有的中国驰名商标的专项打假维权行动，活动成果得到了国家工商总局充分肯定。

2010 年，河南省全年商标申请注册量超过 2 万件，累计注册商标数量近 8 万件。被国家工商总局认定驰名商标 14 件，驰名商标累计达到 59 件。认定地理标志证明商标 3 件，累计达 17 件。新认定河南著名商标 251 个，累计达 1307 个。在商标数量快速增加的同时，河南工商行政管理局以健全中原经济区的发展环境为目标，围绕商标发展战略和商标监管职能，深入实施“商标富农”和“商标强企”工程，采取多种形式指导企业用商标权质押、解决融资难的问题。目前，已办理商标质押登记备案 5 件，贷款 2.5 亿元。

3. 版权和文化遗产保护能力提升

河南省新闻出版局（版权局）积极加强版权公共服务能力建设，在郑州、开封、洛阳增设了三个版权登记工作站，实行申请、受理、审核、公示的全程网络化服务，2010 年共完成作品版权登记 242 件，审核登记国（境）外版权引进贸易合同 164 件，确保了审核登记备案制度的统一性、权威性和严肃性。

河南省新闻出版局（版权局）开展了打击侵犯知识产权和制售假冒伪劣商品专项行动、打击网络侵权盗版专项治理“剑网行动”、印刷复制源头企业集中整治等专项治理行动。2010 年共立案查处侵权盗版案件 376 起，查缴侵权盗版出版物 47.6 万件，涉案设备 160 余套件，取缔非法经营单位、摊点 737 个，打掉黑窝点 11 个，关闭非法网站 29 个，移送司法机关案件 6 起，追究刑事责任 9 人，查处了一批情节严重、性质恶劣的侵权盗版大案要案。

① 河南省知识产权局办公室编《河南省知识产权公报》（内部资料），2011。

河南省文化厅开展了文化市场专项整治“闪电”系列行动，出动执法人员约13万人次，车辆9500辆次，警告和责令整改1800多家次，立案调查2268件，有效打击了文化领域的侵权盗版行为。河南省文化厅还加强了文化遗产名录政策体系和传承人体系建设，继续推进各级名录项目代表性传承人认定工作。截至2010年年底，全省共有国家级名录项目82项，省级名录项目295项，市级名录项目1050项，县级名录项目3569项。河南省级非物质文化遗产项目代表性传承人已经增加至452人，市县级传承人达到1826人。①

4. 地理标志和植物新品种工作保护稳步推进

河南省质量技术监督局不断加大知识产权保护工作力度，开展打假保名优行动，对假冒地理标志保护产品和假冒名牌产品依法给予打击。2010年，正阳三黄鸡、广武大葱、潢川金桂、陈化店矿泉水4种产品被国家质检总局批准为地理标志保护产品，全省地理标志保护产品总数达到38个。灵宝苹果、汝瓷等13个地理标志保护产品国家标准正式批准发布，全省制定地理标志保护产品国家标准总数达到18个。

河南全省农业植物新品种保护申请数量稳步提高，2010年申请总量达到634件，被农业部授权保护的农业植物新品种达到277件。河南农业科学院对新育成的74个新品种申请了品种权保护，其中38个品种获得授权，其中，玉米新品种“郑单958”和小麦新品种“郑麦9023”连续四年成为全国推广面积最大的授权作物品种，累计推广面积分别为3.2亿亩和1.6亿亩，为河南农作物品种的更新换代和国家粮食安全作出了重要贡献。②

5. 知识产权行政和司法保护力度加强

2010年，河南省公安机关共立侵犯知识产权犯罪案件192起，涉案金额1.1亿元；破案184起，抓获犯罪嫌疑人436名，其中，刑事拘留283人，逮捕141人；打掉犯罪团伙114个，摧毁制假售假窝点154个。全省检察机关的公诉部门共办理各类侵犯知识产权犯罪案件80件157人，其中，假冒注册商标犯罪42件89人，销售假冒注册商标的商品犯罪11件16人，非法制造、销售非法制造的注册商标标志犯罪16件32人，假冒专利犯罪1件1人，侵犯注册权犯罪8件15

① 河南省知识产权局办公室编《河南省知识产权公报》（内部资料），2011。

② 赵杰：《实施知识产权战略提升中原经济区的核心竞争力》，2011年4月20日《河南日报》。

人，侵犯商业秘密犯罪2件4人，有力地打击了侵犯知识产权违法犯罪行为。全省法院系统全年新受理一审知识产权民事案件1197件，审结1179件；其中，著作权案件618件，商标权案件289件，专利权纠纷137件，技术合同纠纷18件，植物新品种纠纷93件，其他知识产权案件42件；河南高级人民法院加强审判组织建设，推进知识产权审判三审合一工作，受理二审知识产权案件83件。

二　河南知识产权政策体系存在的主要问题和发展方向

1. 河南知识产权政策体系存在的主要问题

谋划好河南知识产权政策的整体布局，对于加快中原经济区建设、推动河南知识产权事业跨越式发展至关重要。党中央、国务院要求河南在中原经济区建设中，走出一条不以牺牲农业和粮食、生态和环境为代价的“三化”协调科学发展的道路。这更需要在制定政策法规时，充分发挥河南的人力资源、智力资源和文化资源优势，加快转变经济增长方式。而知识产权制度正是保护智力劳动成果、激励创新的基本制度，是自主创新体系的重要组成部分，是增强区域自主创新能力、建设创新型社会有力保障。

当前河南知识产权政策体系存在的主要问题，可以归纳为三个方面。

（1）“散”。知识产权工作涉及的部门多，领域广。以知识产权战略实施工作为例，就直接涉及知识产权局、工商行政管理局、新闻出版局（版权局）、财政厅、发展和改革委员会、工业和信息化厅、商务厅、国有资产管理委员会等共26个部门。这些部门都内设有政策法规处之类的机构，而各部门的政策法规处在制定文件时，却往往是各行其是，相互之间缺乏沟通和协调。因此，目前河南已经出台的各项知识产权政策法规之间还缺乏体系性和完整性。不同部门出台的政策之间的矛盾冲突之处屡见不鲜，在衔接方面存在一定困难。

（2）“软”。总体上看，河南现有的知识产权政策法规中，鼓励促进的柔性规范多，惩戒违规的硬性规定少，再加上知识产权行政执法队伍缺乏整合，在政策执行时更容易缺乏制度刚性。同时，部分相关部门工作作风“散、懒”，行政效率低下，在执法时存在选择性。某些部门甚至只在“知识产权日”等特定时段开展宣示性的知识产权执法活动，而忽视打击侵犯知识产权行为的日常工作。

（3）“慢”。不少社会急需的知识产权政策法规的制定和修改工作迟迟未能完成，使得河南知识产权事业发展在某些领域缺乏基本的政策框架和保障，难以适应知识产权工作日新月异的发展需要。例如，当《中华人民共和国非物质文化遗产保护法》自2011年6月1日生效之后，《河南省传统工艺美术保护办法》也需要进行相应的修改完善，但是目前这项工作还没有被提上议事日程。再以知识产权行政执法方面的政策为例，虽然在专利领域，国家知识产权局已经颁发了《专利行政执法办法》和《关于加强专利行政执法工作的决定》，但是河南的知识产权行政执法工作还缺乏完备的法制规范。

2. 河南知识产权政策体系建设的发展方向

2011年3月，河南省委书记卢展工到科技系统调研时指出，科技创新是动力，科技创新是活力，科技创新是民生，科技创新是未来，希望全省广大科技工作者进一步增强责任感、使命感，齐心协力推动河南科技事业又好又快发展，为建设中原经济区、加快中原崛起和河南振兴做出新的更大贡献。卢展工书记还强调，要推出更多具有河南特色的产品和品牌，培育更多拥有自主知识产权和自主品牌的企业。这为河南下一步的科技创新和知识产权工作指明了方向。

河南知识产权政策体系建设，应当紧紧围绕河南省委、省政府提出的《中原经济区建设纲要》和《河南省国民经济和社会发展第十二个五规划》的总体战略布局，坚持“四个重在”，整合资源，围绕以下三个重点方面争取取得新突破。

（1）以提升中原经济区核心竞争力为目标，围绕知识产权战略的全面实施整合相关政策资源。要进一步增加服务产业集聚区建设的知识产权政策。把产业集聚区建设与知识产权优势培育工作密切结合，加强对产业集聚区的知识产权优势培育，提升各类创新主体运用知识产权制度的能力，努力掌握更多的自主知识产权，培育更多的知名品牌。通过培育和认定一批产业集聚能力强、知识产权集群效应显著、具有较强核心竞争力的知识产权优势产业集聚区，大力发展知识产权产业，着力建设知识产权大省、强省，不断提升中原经济区的核心竞争力。

（2）突出河南历史文化优势，充分保护和利用河南文化遗产资源。应当加快推进知识产权战略实施，充分依靠智力资源、人力资源和文化资源的开发运用，培育并不断强化河南厚重的历史文化优势，为促进发展方式转变，以及支撑中原经济区建设和中原崛起，提供可持续的文化资源支持。

（3）整合知识产权执法系统，加大知识产权保护力度。要以全国打击侵犯知识产权专项行动为契机，进一步强化执法手段，严厉查处一批侵犯知识产权的大案、要案，形成坚决打击侵犯知识产权的强大合力。要加大知识产权纠纷案件的调处力度，提高调处机构的能力与效率，切实保护权利人与社会公众的合法权益。同时加大知识产权保护宣传力度，积极培育“尊重知识、崇尚创新、诚信守法”的知识产权文化，为中原经济区建设营造良好的社会环境。

河南知识产权政策体系建设是一项长期而艰巨的工作，各级党委和政府应进一步提高认识，加大对知识产权事业的投入力度，同时创造良好的社会环境确保相关政策法规的顺利实施。

三　河南知识产权政策体系建设的着重点

1. 形成有利于知识产权产出和利用的政策法规体系

（1）提高知识产权地方立法的效率，为知识产权战略实施营造良好的法制环境，同时着力减少知识产权政策法规之间的冲突。当前，《河南省促进高新技术产业发展条例（草案）》已经河南省人民代表大会常务委员会进行了初步审议。但是，《河南省非物质文化遗产保护条例》、《河南省产学研合作促进条例》等重要法规的立法工作还未正式启动。因此，要密切关注国际和外省市的知识产权立法新动向，积极开展立法预研工作，适时制定或者补充新的知识产权政策法规，同时修改现行地方法规中不适应知识产权事业发展的条款。这样才能不断增强河南知识产权政策法规的体系性，减少不同政策立法之间的冲突。

（2）增加扶植自主创新的激励政策。应当实行支持自主知识产权创造的财税、金融、政府采购等政策，大力发展创业基金和风险投资。要制定和完善促进具有自主知识产权技术产业化的特惠扶持政策，鼓励大学和科研机构在合理分享权益的基础上，将拥有自主知识产权的技术向企业转移。对于国家投资而且在一定期限内未实施的具有自主知识产权的技术，可以制定相应办法，促进其转让或实施。要采用有效手段启动和活跃知识产权交易市场，规范交易行为，保护合法交易，鼓励知识产权的消费。

（3）将知识产权指标纳入政府主导的各类科技评价、人才评价、业绩考核体系中。应当改变原有的科技鉴定、人才评价指标体系和管理模式，增加拥有专利权等知识产权的指标体系和比重。要将拥有知识产权的数量和质量及其保护和

管理制度建设状况作为高新技术企业资格认定、高技术产品评审、创新基金、职称评聘、奖励评审、企业和大学等领导者工作业绩的重要指标和条件。

（4）加大对知识产权事业的财政投入。应当制定保障政策，确保河南省、市两级财政预算中设立知识产权事业发展专项基金。专项基金既可以用于支持知识产权领域的基础设施和技术支撑体系建设、专门人才的培养、宣传教育和发展研究工作，也可以用于资助专利申请、商标注册及其他知识产权的产出，以提高自主知识产权的总量和质量。

2010 年，河南省的专利申请量居全国第 12 位，授权量居全国第 11 位。随着上述领域促进政策的制定和实施，“十二五”期间，河南的专利年申请量有望达到年均 3 万件以上，授权量则有望跻身全国前 10 位。

2. 创立知识产权人才培养和教育培训政策体系

发展知识产权事业离不开人才支撑。要把知识产权人才培养作为河南人才培养工作的一个重点，制定与实施全省性的知识产权人才培训政策规划，创立河南知识产权人才培养和教育培训政策体系。

（1）全面实施河南省知识产权“百千万”人才工程。2012 年，河南第二批知识产权“百千万”高层次人才选拔推荐工作有望启动。通过实施知识产权“百千万”高层次人才选拔和培养工程，河南在“十二五”期间有望重点培养出一百名精通知识产权制度和运用的战略人才，以提供高层次知识产权管理和服务并参与国家知识产权规则的制定；有望培养出一千名左右知识产权司法、行政执法和审查、管理的优秀人才，以及 1 万名左右的从事企事业单位知识产权工作及中介服务的专业人才。这些人才可以大幅提高河南知识产权保护、产出和管理的效率。

（2）普及知识产权普通教育，同时加强各类知识产权培训。

第一，应当充分发挥高等院校人才培养基地的作用，为本科生和研究生设立知识产权必修课，增设不同层次知识产权学位授予点，使高校成为培训知识产权高级专门人才的重要基地。通过在高等教育本、专科和研究生教学中开设知识产权课程，到 2015 年，河南高校毕业生中要有约 30% 的理工科学生、30% 的管理、经贸等学科以及 10% 其他学科的学生根据不同需求接受知识产权课程教育。

第二，知识产权行业组织和科研机构要配合政府知识产权主管部门，采取分散培训和基地培训相结合的办法，从知识产权的不同工作层面加强对政府和企事业单位领导干部及科技人员的在职知识产权知识培训，培养、造就一批懂管理、通业务、能维权的综合型知识产权管理人才。预计到2015年，河南要有50%以上大中型企业和高新技术企业的经营管理者，以及30%以上相关政府部门的公务人员接受知识产权基础知识的培训。

3. 健全知识产权保护的政策法规

（1）加大知识产权行政保护力度。有效率的产权制度离不开有效执行。一方面要加强对知识产权法律的有效执行，依法严厉打击各种侵害知识产权的行为；另一方面要进一步强化知识产权行政管理机关的执法地位和执法手段，建立多部门统一协调、快速联动的知识产权保护机制。此外，应当强化跨地市和部门的知识产权保护协作平台，形成地市、部门间协同保护知识产权的工作机制。

（2）增强知识产权行政和司法保护的衔接程度。2012年，河南应当加快知识产权专门法庭建设，完善和加强司法审判与行政执法“两条途径，并行运作，优势互补，司法终结”的工作机制，建立专门的、具有多学科综合素质的知识产权行政执法和司法队伍。要严格执法程序，规范执法行为，强化执法手段，提高依法保护知识产权的效率和水平。

4. 构建高效的知识产权工作体系

（1）着力推进政府行政管理体制改革，优化政府组织结构，理顺职能分工。要减少因不同知识产权部门之间的职责不清、权力冲突导致的管理不力和行政成本增加的问题，提高政府知识产权管理的效率和效能。2012年，应当重点加强河南知识产权战略领导小组的协调功能，并在适当时机推动建立统一管理专利、商标、版权等各类知识产权的政府职能机构。预计到十二五末期，“统一、精干、高效、廉洁、活力”的河南知识产权工作体系有望形成。

（2）重点建设高效的知识产权预警应急机制。2012年，政府有关部门的知识产权管理机构有望联合出台建立知识产权预警机制的政策规章。知识产权预警应急政策机制将包括预警和应急机构的建立、定向知识产权战略与策略研究、应急预案的准备、预警信息的监测采集、预警信息的综合分析、预警报告的发布与反馈评价、知识产权突发事件的实时处理等主要内容。

5. 构建完善的知识产权服务支持政策体系

（1）建设高质量和专业化的知识产权资源库。向社会公众免费提供更多完整、准确、高效的各类知识产权法律和技术信息、数据，提供检索、查新、分

析、预测和预警服务，使公众能够快捷、方便地进行相关信息的检索、查新和利用。预计2012年，全省将有望依托产业集聚区，建立3个分行业的知识产权数据库。

（2）制定政策积极引导和支持知识产权中介服务机构建设。预计到2015年，河南将基本形成以知识产权代理、信息、咨询、评估、交易、诉讼等社会化中介服务机构为主体，符合市场经济发展需要的知识产权服务产业，为创新主体提供优质高效的知识产权服务。全省知识产权中介服务机构到2015年有望突破百家。

6. 构建多元化的知识产权投融资支撑政策体系

（1）继续实施《河南省自主知识产权产业化促进工程年度推进计划》。在2012年，应当重点制定政策以保障各级政府对产业界急需的共性技术和基础平台技术的研发投入。要增加对关系到区域产业竞争力的关键技术和示范性技术的投入。各级政府可以通过以公共资金投入扶植产业技术创新联盟的方式，降低创新风险，引导新兴产业的研发投入，提高自主知识产权的总量和质量。

（2）加快行业协会、资产评估和担保机构等知识产权中介组织的发展。发达的知识产权中介组织有助于减少资金提供方和资金需求方在项目投资收益信息方面的不对等，降低投资风险，为知识产权所有人创办新企业和扩股融资创造条件，并且有助于鼓励知识产权的创造和产业化应用。争取到2012年末，全省商标权质押贷款余额比2010年底翻一番，达到5亿元。

总之，完善知识产权政策体系对于中原经济区建设具有不可替代的积极作用。应当从推动发展方式转变和塑造区域核心竞争力的高度出发，认识河南知识产权政策体系建设的重要性，把知识产权事业发展纳入宏观政策体系规划中并予以加强。

皮书数据库

中国社会科学院 社会科学文献出版社

首页 数据库检索 学术资源群 我的文献库 皮书全动态 有奖调查 皮书报道 皮书研究 联系我们 读者荐购 搜索报告

权威报告　热点资讯　海量资料

当代中国与世界发展的高端智库平台

皮书数据库 www.pishu.com.cn

皮书数据库是专业的社会科学综合学术资源总库，以大型连续性图书皮书系列为基础，整合国内外其他相关资讯构建而成。包含七大子库，涵盖两百多个主题，囊括了十几年间中国与世界经济社会发展报告，覆盖经济、社会、政治、文化、教育、国际问题等多个领域。

皮书数据库以篇章为基本单位，方便用户对皮书内容的阅读需求。用户可进行全文检索，也可对文献题目、内容提要、作者名称、作者单位、关键字等基本信息进行检索，还可对检索到的篇章再作二次筛选，进行在线阅读或下载阅读。智能多维度导航，可使用户根据自己熟知的分类标准进行分类导航筛选，使查找和检索更高效、便捷。

权威的研究报告，独特的调研数据，前沿的热点资讯，皮书数据库已发展成为国内最具影响力的关于中国与世界现实问题研究的成果库和资讯库。

皮书俱乐部会员服务指南

1. 谁能成为皮书俱乐部会员？

- 皮书作者自动成为皮书俱乐部会员；
- 购买皮书产品（纸质图书、电子书、皮书数据库充值卡）的个人用户。

2. 会员可享受的增值服务：

- 免费获赠该纸质图书的电子书；
- 免费获赠皮书数据库100元充值卡；
- 免费定期获赠皮书电子期刊；
- 优先参与各类皮书学术活动；
- 优先享受皮书产品的最新优惠。

社会科学文献出版社 皮书系列
SOCIAL SCIENCES ACADEMIC PRESS (CHINA)
卡号：7569357327996684
密码：

（本卡为图书内容的一部分，不购书刮卡，视为盗书）

3. 如何享受皮书俱乐部会员服务？

（1）如何免费获得整本电子书？

购买纸质图书后，将购书信息特别是书后附赠的卡号和密码通过邮件形式发送到pishu@188.com，我们将验证您的信息，通过验证并成功注册后即可获得该本皮书的电子书。

（2）如何获赠皮书数据库100元充值卡？

第1步：刮开附赠卡的密码涂层（左下）；

第2步：登录皮书数据库网站（www.pishu.com.cn），注册成为皮书数据库用户，注册时请提供您的真实信息，以便您获得皮书俱乐部会员服务；

第3步：注册成功后登录，点击进入“会员中心”；

第4步：点击“在线充值”，输入正确的卡号和密码即可使用。

皮书俱乐部会员可享受社会科学文献出版社其他相关免费增值服务

您有任何疑问，均可拨打服务电话：010-59367227　QQ:1924151860

欢迎登录社会科学文献出版社官网(www.ssap.com.cn)和中国皮书网（www.pishu.cn）了解更多信息

“皮书”起源于十七八世纪的英国，主要指官方或社会组织正式发表的重要文件或报告，并多以白皮书命名。在中国，“皮书”这一概念被社会广泛接受，并被成功运作、发展成为一种全新的出版形态，则源于中国社会科学院社会科学文献出版社。

皮书是对中国与世界发展状况和热点问题进行年度监测，以专家和学术的视角，针对某一领域或区域现状与发展态势展开分析和预测，具备权威性、前沿性、原创性、实证性、时效性等特点的连续性公开出版物，由一系列权威研究报告组成。皮书系列是社会科学文献出版社编辑出版的蓝皮书、绿皮书、黄皮书等的统称。

皮书系列的作者以中国社会科学院、著名高校、地方社会科学院的研究人员为主，多为国内一流研究机构的权威专家学者，他们的看法和观点代表了学界对中国与世界的现实和未来最高水平的解读与分析。

自20世纪90年代末推出以经济蓝皮书为开端的皮书系列以来，至今已出版皮书近800部，内容涵盖经济、社会、政法、文化传媒、行业、地方发展、国际形势等领域。皮书系列已成为社会科学文献出版社的著名图书品牌和中国社会科学院的知名学术品牌。

皮书系列在数字出版和国际出版方面也是成就斐然。皮书数据库被评为“2008～2009年度数字出版知名品牌”；经济蓝皮书、社会蓝皮书等十几种皮书每年还由国外知名学术出版机构出版英文版、俄文版、韩文版和日文版，面向全球发行。

法律声明

“皮书系列”（含蓝皮书、绿皮书、黄皮书）由社会科学文献出版社最早使用并对外推广，现已成为中国图书市场上流行的品牌，是社会科学文献出版社的品牌图书。社会科学文献出版社拥有该系列图书的专有出版权和网络传播权，其 LOGO（ ）与“经济蓝皮书”、“社会蓝皮书”等皮书名称已在中华人民共和国工商行政管理总局商标局登记注册，社会科学文献出版社合法拥有其商标专用权。

未经社会科学文献出版社的授权和许可，任何复制、模仿或以其他方式侵害“皮书系列”和（ ）、“经济蓝皮书”、“社会蓝皮书”等皮书名称商标专用权的行为均属于侵权行为，社会科学文献出版社将采取法律手段追究其法律责任，维护合法权益。

欢迎社会各界人士对侵犯社会科学文献出版社上述权利的违法行为进行举报。电话：010－59367121，电子邮箱：fawubu@ ssap. cn。

社会科学文献出版社